논어와 주판

시부사와 에이치 지음 · 노만수 옮김

페이퍼로드
paperroad

옮긴이 해제

일본을 굴기시킨 불멸의 상경商經

1868년 메이지 유신 이후 부국강병과 근대적 자본주의의 길로 매진하던 일본에서도 거대한 부를 쌓을 수 있는 기회가 눈앞에 펼쳐졌다. 윤리도, 도덕도, 공익도 망각한 채 오직 치부致富만을 위해 돌진하던 이들도 많았다. 당시에 도덕과 경제는 서로 반反하는 게 아니라 수레의 두 바퀴처럼 서로를 의지하며 굴러가야 '진정한 근대 자본주의'라는 부동의 신념을 지닌 시부사와 에이치와 같은 기업가가 있었던 것은 큰 행운이었다.

에도 시기인 1840년에 태어나 에도 말기, 메이지, 다이쇼 시대를 거쳐 쇼와 시대인 1931년까지 살다 간 시부사와 에이치는 일본의 근대화 과정인 이 네 시대를 거치면서 일본 자본주의의 초석을 닦은 인물로 큰 발자취를 남겼다. '일본 기업의 아버지' '일본 금융의 아버지' '일본 현대 문명의 창시자' '일본 근대 자본주의의 최고 영도자'로 불린다. 일찍이 그는 20대에 서양에 가 영국, 프랑스 등등 서방 선진 자본주의 국가의 산업 제도가 얼마나 우수한지를 몸소 체득했다. 그 후 일본의 조세, 화폐, 은행, 회계 제도를 선구적으로 개혁하며 500여 개의 기업체를 주도적으로 세웠다. 특히나 일본 산업계 그 모든 방면에서 '일본 최초'라는 수식어를 달 수밖에 없는 전무후무한 업적을 이룩한 경이적인 기업가였다.

『논어』(도덕)와 주판(경제)! 서로 달리 보이는 이 두 가지를 융합하는 것이 지금, 가장 중요한 자신의 임무라고 생각한 시부사와 에이치의 저작 『논어와 주판』은 일본에서 '비즈니스의 바이블'로 불리며 전해져 오는 책이다. 91세로 생을 마친 '일본 근대화의 아버지' 시부사와 에이치가 1873년 33세의 나이로 관계를 떠나 실업계에 투신한 이후 여기저기서 행한 강연을 1927년 추세도忠誠堂 출판사가 엮어 냈다. 송나라 주자학파의 주해가 붙지 않은 『논어』 『맹자』 『대학』 『중용』 등등 동양의 고전을 통해 유교적 기업 경영 이념이 어떠해야 하고, '유상儒商의 도'가 만세의 사표로서 얼마나 값진 것인가를 집중적으로 다뤘다. 출간된 후 '일본 상인의 나침반'으로 일본 기업가들이 추구해야 할 것이 단지 개인의 영리 추구에만 머무르는 게 아니라 사회적 기여와 공익임을 명백하게 가르쳐 주었다.

다산 정약용 선생은 정조 임금과 『논어』에 대해 묻고 답한 내용을 엮은 『논어대책』에서 "공자의 말 한마디 글자 하나인들 인간의 모범이 되기에 충분하며 세상을 지탱해 주는 벼릿줄이 되어 줍니다"라고 고백한 적이 있다.

대한민국이 세계에 가장 내세울 만한 굴지의 기업 삼성을 창업한 호암 이병철은 『호암자전湖巖自傳』 제9편 「취미편력趣味遍歷」에서 이렇게 토로했다.

"어려서부터 나는 독서를 게을리하지 않았다. 소설에서 사서史書에 이르기까지 다독이라 보기보다는 난독亂讀하는 편이었다.

가장 감명을 받은 책 혹은 좌우座右에 두는 책을 들라면 서슴지 않고 『논어』라고 말할 수밖에 없다. 나라는 인간을 형성하는 데 가장 큰 영향을 미친 책은 바로 『논어』이다. 나의 생각이나 생활이 『논어』의 세계에서 벗어나지 못한다고 하더라도 오히려 만족한다.

『논어』에는 내적 규범이 담겨 있다. 간결한 말 속에 사상과 체험이 응축되어 있어, 인간이 사회인으로서 살아가는 데 불가결한 마음가짐을 알려 준다. …중략…

그건 그렇다고 치고 나는 경영에 관한 책에는 흥미를 느껴 본 적이 별로 없다. 새 이론을 전개하여 낙양의 지가를 높이는 일도 있지만, 그것은 대체로 지엽적인 경영의 기술 면을 다루고 있는 데 지나지 않기 때문이다. 내가 관심을 갖는 것은 경영의 지엽보다는 그 저류底流에 흐르는 기본적인 생각, 인간의 마음가짐에 관한 것이다.

그러한 뜻에서는 『논어』와 함께 인간 형성의 기본 철학이 있는 전기문학에도 나는 더 큰 흥미를 느끼는 것이다.”

시부사와 에이치 역시 『논어』를 평생 좌우座右에 두고 “경영의 저류에 흐르는 기본적인 생각”을 터득해 갔다. 그리고 일본 근대 자본주의를 우뚝 일으켜 세웠다. 호암 이병철이나 시부사와 에이치나 ‘『논어』의 힘’으로 ‘수신제가修身齊家 천하 기업 경영’을 한 셈이다. 일본과 한국 경제계의 두 거목이 증명하듯, 『논어』는 과연 어디로부터, 왜, 그러한 힘이 쏟아져 나오는 것일까?

우선 시부사와 에이치는 『논어』를 ‘개인 윤리와 사회 윤리가 조화’를 이룬 수신의 자기 계발서이자 실용적인 경제·경영서로 보았다. 일본의 현대 경영 사상가인 이토오 하지메(伊藤肇, 1926년~1980년)는 그래서 "일본 기업가들은 수준을 갖기 위해 『논어』를 읽지 않으면 안 되었다. 공자의 가르침이 그들에게 영향을 미친 것은 일일이 헤아릴 수 없다"고 말했다.

시부사와 에이치에 따르면 공자는 '도리로 얻은 부는 오히려 빈천보다 더 낫고, 진실로 도리로 얻은 부는 부끄럽지 않다'고 했다. 정당한 도리와 방법으로 얻은 이익은 그 자체가 선이라고 한 게 공자의 주장이었다는 말이다. 시부사와 에이치의 이런 새로운 '공자 해석'은 『논어』에서 '『논어』·주판 통일이론'이라는 경제 윤리를 추출해 "한 손에는 건전한 부의 윤리를 강조하는 '『논어』', 다른 한 손에는 화식貨殖의 '주판'을 들고 당당하게 경제 활동을 하라"는 메시지를 던지고 있다. 이른바 '도덕·경제 합일설'이다. 또한 상업은 사리사욕을 위해서만이 아니라 공익을 동반해야 한다며 '공익과 사익의 통일'을 역설한다. 개인의 영리 활동이 공익과 국가의 부를 전제로 한다는 것, 즉 "개인의 이익 추구가 결과적으로는 국가와 공공의 이익으로 연결된다"는 아담 스미스의 『국부론』과도 관점이 일치한다.

물론 『논어와 주판』이 다루는 내용은 개인의 인격과 수신, 인생관, 처세술, 상식과 습관, 인의仁義와 부귀, 이상과 미신, 성패와 명운 등등으로 그 주제가 매우 광범위하다. 그러나 이 책의 요지는 제목 그대로 명쾌하다. 『논어』는 윤리, 주판은 경제를 상징하는데, 『논어와 주판』이 담고 있는 메시지를 한마디로 압축하자면 '의리합일義利合一=도덕·경제 합일=『논어』·주판 통일'이다. 진정한 부는 인의도덕에 기반을 두지 않으면 절대로 지속 가능할 수 없다는 말이다. 가령 『논어』 「술이述而」편 11장을 보자.

"만약 부가 추구해서 얻을 수 있고 떳떳한 것이라면, 비록 말채찍을 잡고 임금의 길을 트는 천한 일이라도 나는 하겠다. 하지만 구해서 부당한 것이라면, 내가 좋아하는 바를 하겠다."

시부사와 에이치는 "도리가 뒷받침하지 않은 부귀를 얻는 것보다 오히려 빈천한 편이 낫지만 만약 올바른 도리를 다하고 얻은 부귀라면 도리어 부끄러워할 필요가 없다"는 게 바로 공자의 전언이라고 해석하고 있는 것이다. 고로 그는 『논어』에는 결코 부귀를 천시하는 내용은 없었고, 공자가 '부귀=악'이라고 보았다는 해석도 후세의 오독이라고 단언한다. 본래 공자는 부귀하여 방탕해지는 것을 경계하고 있을 뿐인데, 이것을 가지고 공자가 부귀를 싫어했다고 이해하는 것은 잘못이라는 말이다.

시부사와 에이치가 보기에 에도 시대 이래 사무라이들은 상공업을 천시하고 상인을 비천한 자들이라며 깔보았다. 그리고는 현실과 유리된 주자학적 공리공담주의에 빠졌다. 이렇게 본래의 공자 말씀을 곡해한 송나라 주자학파의 주장은 메이지 유신 때까지 일본 문화와 교육의 패권을 장악했던 임가(林家, 에도 시대 유학자 하야시 라잔을 비조로 하는 일본 주자학)학파에 의해 농후한 색채를 더해 갔다. 그 결과 피통치 계급에 속하는 농민, 수공업자, 상인 등 생산계층은 도덕적 규범의 밖에 방치됐다. 그들 스스로도 도덕적 속박을 받을 필요가 없다고 여겼다. 그 결과 농·공·상 계급은 인의도덕을 깡그리 무시한 채 오로지 이익만을 추구하는 배금주의에 빠지고 말았다.

시부사와 에이치는 이러한 폐해를 해소하기 위해 '본래의 공자=『논어』'를 찾는다. 그는 송나라의 주자학에 뿌리를 둔 에도 시대의 유학은 '이利를 배척하고 인仁만을 강조'했기에 공자의 『논어』와는 다르다고 한다. 애초에 공자는 의義와 이利는 불과 물처럼 서로 섞일 수 없는 관계라고 주장한 게 아니라 '의리합일'을 외쳤다는 논지다. '부를 얻는 데 정당한 방법으로 얻지 않으면 영원할 수 없다'고 한 그의 '『논어』·주판 통일 윤리학'은 '정당한 방법으로 부를 얻은 것은 부끄럽지 않다'는 실학으로 귀결한다. 그래서 시부사와 에이치에게 『논어』는 최고의 윤리학 텍스트이자 실학적 경제·경영서였다. 사마천이 『사기』「화식열전貨殖列傳」에서 "부라는 것은 사람의 타고난 본성이라 배우지 않아도 누구나 얻고 싶어 한다富者, 人之情性, 所不學而俱欲者也"고 한 것처럼, 시부사와 에이치 또한 "부귀는 인류의 성욕과도 같은 가장 원시적이며 근본적인 욕구"라고 역설한 까닭이다.

이것이 바로 그가 말한 이른바 "『논어』와 주판은 일치"한다는 것, 즉 『논어』는 윤리학과 실학을 통섭한 책이란 말이다. '『논어』와 주판'은 곧바로 '도덕과 경제'로 제목을 고쳐도 무방한 셈이다. 그래서 시부사와 에이치는 『논어』는 고리타분하고 어려운 탁상공론의 고담준론이 아니라 '서민의 실용서'이자 만인이 그 가르침을 쉽게 따라 할 수 있는 '실천논어實踐論語'라고 여겼다. 이렇게 시부사와 에이치는 『논어』가 부의 축적과 생산 활동을 거부하고 천시했다는 전통적인 주자학적 해석을 배척하고, 『논어』 속에서 상도商道를 추출해 새로운 경제 윤리를 확립했다. 바로 '도덕·경제 합일' 혹은 '『논어』·주판 통일이론'이다. '『논어』라고 하는 윤리'와 '주판이라고 하는 경제적 재능'을 통일시켜야 한다는 것은 시부사와 에이치가 말한 바대로 "사무라이의 정신과 상인의 재능을 고루 갖추어야 한다"는 것이다. 이를 한국식으로 표현하자면 "서생적(선비적) 문제의식과 상인적 현실감각"의 통일이라는 김대중 전 대통령의 평생의 모토와도 같다고 할 수 있을 것이다.

독일의 사회경제학자 막스 베버(1864년~1920년)가 『프로테스탄티

즘의 윤리와 자본주의 정신』에서 지적한 것처럼 서구의 근대 자본주의는 금욕, 검소, 청렴한 프로테스탄티즘의 윤리관이 동력이었다. 19세기부터 20세기 전반까지 영국의 상인과 은행가들의 신용이 높았던 까닭도 그 덕분이었다. 당시 아메리카의 와스프(WASP, White Anglo-Saxon Protestant, 앵글로색슨계 미국 신교도)로 불리는 사람들도 신용이 가능하다는 평가를 받았다. 메이지 유신 이후 일본 기업가들이 영국 신사와 아메리카 실업가들을 존경한 이유는 단순히 그들의 경제력 때문만이 아니라 '신용'이라는 그들의 윤리 도덕성이었다고 한다. 그래서 시부사와 에이치 역시 지나친 배금주의와 이기주의에 빠진 일본의 상인에게 '도덕과 경제의 중심은 신뢰와 책임'이라는 유상儒商의 윤리관을 심어 주기 위해 열띤 강연을 했다. 그 결과로 모아진 책이 『논어와 주판』이었다.

오늘날 사회는 끊임없이 변화하고 치부의 방법도 날로 혁신하고 있다. 때문에 '『논어』와 주판'이라고 하는 100여 년 전의 상도도 '『논어』와 컴퓨터' 혹은 '『논어』와 주식' '『논어』와 ○○' 등등의 형태로 이름을 달리해서 부를 수 있을 것이다. 하지만 어떻게 이름이 변할지라도 『논어』는 유교 문화의 영원한 도덕 이념이고, '○○'은 치부의 본능이다. 그래서 시부사와 에이치는 『논어』는 없고 '○○'만 있는 서구의 공리功利 자본주의 이념을 직수입하지 않았다. 치부를 늘리는 과학 지식이나 치부 그 자체만을 중요시하는 서양의 공리주의功利主義를 배척하고, 오히려 서구식 자본주의 이념에 유교의 인의도덕을 현실적이면서도 탄력적으로 응용해 그만의 『논어』·주판 통일이론을 수립했다.

예컨대 『논어』 「이인里仁」편에 이런 말이 나온다.

　"부귀는 모든 사람이 바라는 것이지만 정당한 방법으로 얻은 것이 아니라면 부귀를 누리지 않아야 한다."

　실제로 공자는 자신이 생각하는 도리에 맞지 않는 정치를 하는 제후 들을 위해 일하면서 부귀를 누릴 생각이 없었다. 물론 부귀만을 표준으 로 삼아 인생의 가치를 판단하자면 공자는 확실히 열등한 삶을 살았다. 하지만 공자는 인의도덕과 이익 추구는 함께할 수 있다고 생각했기에, 차라리 "정당한 방법으로 얻은 것이 아니라면 부귀를 누리지 않아야 한다"고 했다. 역으로 "정당한 도리로 얻은 것이라면 부끄럽지 않고 당 연히 추구해야 한다"는 말이다. 바로 '『논어』·주판 통일이론'의 핵심이 다. 그럼 21세기의 오늘날 이러한 공자의 대원칙이 유효한가?

　몇 년 전에 노벨 경제학상을 받은 학자들이 관계한 금융기관이 붕 괴하고, 그 후에는 일류 회계감사법인과 공모해 사기극을 펼친 대기 업 엔론이 파산하며 전 세계적인 폐해를 낳았다. 그리고 100년에 한 번 올까 말까한 쓰나미처럼 불어 닥친 미국발 서브프라임 사태로 인 해 터진 금융·경제 위기가 전 세계에 엄습했다. 금융 위기는 금융 공 학이 낳은 파생금융상품derivative financial instruments에 의해 촉발됐다. 금 융 공학엔 인의도덕이라곤 전혀 없었다. 오직 돈이 돈을 불리는 꿍꿍 이만 있을 뿐.

　당연히 성장·황금만능주의에는 경제성장률을 높이고 이익을 확대 하기 위한 관심이 지나치게 커 경제 윤리를 망각하기 쉬운 경향이 있 다. 작금의 서브프라임 모기지(sub-prime mortgage, 신용등급이 낮은 저 소득층들을 대상으로 주택자금을 빌려 주는 미국의 주택담보대출상품, 즉 비우 량주택담보대출) 사태로 촉발된 금융 위기도 절대로 빚을 져서는 안 되 는 사람에게 빚을 지게 한 후, 그것을 파생금융상품으로 상품화하여 세계에 판매한 탓에 일어났다. 어떠한 금융 공학으로 포장을 하더라도 기본적으로는 사기꾼의 발상일 뿐이다. 하지만 미국 금융계의 대부인 그린스펀이 1929년 금융 공황처럼 현재의 미국발 금융 위기로 인해 미국이 세계에 큰 폐를 저질렀다고 사과를 했다는 소식은 들리지 않는다. 한편 세계 경제의 엔진이라고 하는 중국도 우유 파동을 겪고 저질 짝퉁 상품을 수출하며 윤리 의식의 마비를 보여 주기는 마찬가지다. 일본의 부동산 버블 경제나 한국의 부동산 투기 붐, 대기업의 불법 비자금, 편법 증여, 분식회계 등등 역시도 『논어』와 주판이 통일하지 않은 까닭에 일어난 일일 것이다.

그렇다면 이러한 일련의 사태를 보더라도 시부사와 에이치가 입에 신물이 나도록 열변을 토한 '도덕과 경제의 통일'은 예나 지금이나 가장 중요한 경제의 룰이지 않을까?

"한 손에는 『논어』, 한 손에는 주판"을 들고 세계 경제의 중심 국가로 굴기하고 싶은 중국에서 "기업 경영의 모럴이 중요한 지금, 기업 경영과 사회 경영의 균형을 다시 묻는 불멸의 바이블로서 꼭 읽어야만 하는 명저"라고 『논어와 주판』을 격찬한 까닭은 『논어와 주판』이 이른바 경제 활동과 윤리도덕은 서로 모순되는 관념이 아니라고 했기 때문이다. "도리를 어긋난 부귀는 나에게 뜬구름과 같다"는 공자의 말에서 여실히 엿볼 수 있는데, 이는 아담 스미스가 『도덕감정론』에서 "윤리 없는 경제는 악이다"라고 한 말과 일맥상통한다. 또한 다산 정약용 선생이 『유배지에서 보낸 편지』에서 "무릇 의롭지 못한 재물은 오래 지킬 수 없다凡不義之財, 不能久守"고 한 화식 경제관이나 진배없다.

100년 전 시부사와 에이치가 이렇게 기업가는 공공성과 사회성을 가져야 한다고 한 것, 즉 이익을 얻으면 장기적으로 사회에 환원해야 한다는 '『논어』·주판 통일=의리합일'설이야말로 오늘날 '착한 소비' '가진 자의 노블레스 오블리주' '사회적 기업' '공정 무역' 등등의 정신과 일맥상통한 주장이었던 셈이다. 고로 상업적인 부의 축적이 도덕적인 모럴에 기반해야 한다는 도덕·경제 합일 사상을 설파한 『논어와 주판』은 '기업의 사회적 책임Corporate Social Responsibility'과 관련한 선구자적 저서라고 할 수 있다. 때문에 일본에서는 "기업에 스캔들이 불거졌을 때마다 매스컴은 앞 다투어 시사부와 에이치의 사상을 인용해 기업계에 자성을 요구(이노우에 준 시부사와 사료관 관장, 중국 CCTV 〈대국굴기〉에서)"한다.

『논어와 주판』은 원래 전체 10장이다. 처세와 신조, 입지立志와 학문, 상식과 습관, 인의와 부귀, 이상과 미신, 인격과 수양, 주판과 권리, 비즈니스와 무사도, 교육과 정의情誼, 성패와 운명 등등이다. 쇼와 2년인 1927년에 초판이 나온 후 매우 빠르게 재판이 나오면서 일본 독자들의 큰 사랑을 받았다. 전후에도 출판사를 달리하여 증쇄를 거듭하며 "동양의 유교 문화와 서양의 관리 과학을 절묘하게 결합한 유가 경영학의 고전"이라는 평가를 받고 있다. 1981년 『동양잡지東洋雜誌』 앙케이트 조사에 따르면 『논어와 주판』이 기업 중견 간부들의 최고 애독서라는 조사 결과가 나왔다. 최근 일본의 상공회의소가 『논어와 주판』 원본 장정을 복제하는 등 열풍이 다시 불고 있다. 현재도 아마존 재팬에서 동양철학과 경제·경영 부문의 베스트셀러다. 조치 대학上智大學 와타나베 쇼이치渡部昇一 명예교수는 『논어와 주판이 가르쳐 주는 인생 번영의 길』(2009년 3월 출간)에서 그 동력의 배경은 바로 '중국 경제의 위상과 공자 신드롬'이라고 분석한다.

등소평의 개혁·개방 이후 자본주의를 실질적으로 도입한 중국은 경제성장을 급속도로 이루었지만 배금주의가 만연하고 도덕적인 퇴행이 벌어지고 있다는 지적이 많다. 그래서 중국 공산당 정부는 도덕을 바로 세우는 길을 『논어』에서 찾고 있다. 오랫동안 비림비공(批林批孔, 임표와 공자를 비판)을 표방하고 공자상을 파괴하던 중국 정부가 이제는 세계 각국에 공자 학교를 세우고 있다. 호북성 무한武漢의 화중華中 사범대학은 2006년에 처음으로 '시부사와 에이치 연구센터'를 세웠다. 2006년에 센세이션을 몰고 온 중국 CCTV의 프로그램 〈대국굴기大國崛起〉는 "한 손에는 『논어』, 한 손에는 주판"을 든 시부사와 에이치의 유상儒商 정신이야말로 "일본을 굴기시킨 비결"이라며 "중국 굴기의 출구는 '『논어와 주판』'에 있다"고 했다. "서양의 경영학에는 피터 드러커, 동양의 경영학에는 시부사와 에이치"라는 평가도 내렸다. 실제로 피터 드러커는 『경영학management』(1974)에서 "시부사와 에이치는 누구보다도 먼저 경영의 본질이 책임과 신뢰란 것을 꿰뚫어 보았다"며, 기업의 목적이 부의 창출일 뿐만이 아니라 사회적 기여라는 것을 시부사와 에이치에게서도 배웠다고 고백했다. 중국의 〈대화對話〉라는 프로그램은 시부사와 에이치의 유상儒商 사상을 "일본적 상도商道"라고 칭하기도 했다.

　『논어와 주판』은 목차에서 알 수가 있듯, 경제와 윤리의 상관성 외에도 인생의 여러 방면을 두루 이야기하고 있다. 때문에 어떤 측면에서는 한 권의 '인생 나침반'이 될 수가 있는 훌륭한 자기 계발서이기도 하다. 시장경제의 발전과 더불어 반드시 우리가 잊지 말아야 할 상도와 수신의 도를 가르쳐 주고 있는 양서인 셈이다. 지식 교육만 횡행하기에 덕목 교육도 함께 해야 한다, 여성 교육을 강화해야 한다, 비즈니스맨은 자유롭고 창조적이어야 한다는 주장은 오늘날의 한국에서도 유효한 목소리다. 단, 일본의 부국강병론에는 국가주의 냄새도 난다는 걸 유념해야 할 것 같다.

『논어와 주판』은 한 권의 저술치고는 중복되는 내용이 많다는 비판도 있다. 그래서 주장이 반복되고, 지나치게 짧은 소품 글이거나 '『논어』와 화식貨殖'이라는 큰 주제를 벗어난 몇 꼭지는 번역하지 않았음을 밝혀 둔다. 용어는 현대식으로 고쳐 가며 번역했다. 가령 저본에서 '지나支那'라 한 것을 중국이라고 했다.

옮긴이 노만수

논어와 주판

차례

16

제3장 올바른 판단력을 체득하라 _상식과 습관

제4장 정당한 부를 올바르게 쓰라 _인의仁義와 부귀

제11장 어질고 후덕한 풍속이 있는 마을에 살라 _「논어」 강의

일러두기

• 이 책은 시부사와 에이치澁澤榮一의 『논어와 주판論語と算盤』(추세도忠誠堂, 1927)을 저본으로 번역한 책이다. 1985년에 간행된 국서간행회國書刊行會 판본과 2008년에 간행된 가도카와角川 소피아 문고의 판본, 그리고 그의 『논어강의論語講義』(니쇼가쿠 출판부二松學舍出版部, 1925)를 번역에 참고했다. 특히 제11장은 『논어강의』에서 주로 경제·경영과 관련된 내용을 선별해 재구성한 것이다. 시부사와 에이치의 저서들은 기본적으로 강연이나 좌담 등을 모은 것이기 때문에 경어체로 번역했다.

• 『논어』 원문 번역에 정확성을 기하기 위해 서울대학교 중어중문학과 이강재 교수의 『논어 : 개인윤리와 사회윤리의 조화』(살림), 서울대학교 김학주 명예교수의 『논어』(서울대출판부), 한양대학교 국문과 윤재근 명예교수의 『사람인가를 묻는 논어』(동학사), 고려대학교 철학과 김형찬 교수의 『논어』(홍익출판사) 등 『논어』 한글 역서를 참조했다.

• 『논어』의 자구에 대한 독자의 이해를 돕기 위해 서양에서 가장 널리 읽히는 『논어』 영역본인 *The Analects of Confucius: A Philosophical Translation*(Ballantine Books; 1 edition, 1999)에서 해당 구절의 영어 번역 문구를 따와 옮긴이 주에 수록했다. 하와이 대학교 중국철학과 교수 Roger T. Ames와 상하이 푸단 대학교 석좌교수 Henry Rosemont, Jr가 공역한 책이다.

1

『논어』가 가르쳐 준 인생의 지혜

만약 지금 도덕을 논하면서 가장 중요한 게 무엇인가를 말해야만 한다면, 저는 공자孔子의 제자들이 공자의 언행을 기록한 『논어論語』라는 책이라고 생각합니다. 『논어』는 누구라도 대충을 읽어 보았을 것입니다. 여기서 논어論語는 도덕의 논리입니다. 하지만 그 안에 주판의 논리 바로 상업의 논리가 있다는 걸 모를 것입니다. 『논어』와 주판은 것 같기도 합니다. 그런데 저는 주판은 『논어』에 의해 더욱더 완벽해진다고 늘 생각해 왔습니다. 또한 『논어』도 주판에 의해 참된 치부致富의 도가 널리 행해질 수 있도록 합니다. 따라서 저는 『논어』와 주판은 헤어놓지 너무나 밀면서도, 지척처럼 너무나 가까운 관계라는 것을 시종일관 주장해 왔습니다. … 하나의 사물이 진보하려면 반드시 인간의 강렬한 욕망인 이 利益을 충분하게 펴하지 않으면 절대로 앞으로 나아가지 못합니다. 단지 공리공담에만 빠지고 허영만을 좇는 국민은 절대로 발전하지 못하는 게 진리이기도 하고요. 때문에 저는 가능한 정치계와 군부만 숭상추구하면서 발자하지 말고 상업계가 더 많은 힘을 기기를 바랍니다. 이게 바로 재부財富가 증가하도록 노력하는 것이고 국부國富를 축진하는 가장 좋은 방법입니다. 만약 상업의 발전을 전혀 일으키지 않으면 나라의 재부가 될 수 있습니다. 재부를 충진시키는 근원이 무엇이냐고 묻는다면 저는 단호하게 안의 도덕仁義道德이라고 대답하고 싶습니다. 왜냐하면 올바른 도리로 얻는 부가 아니면 그부는 아름답지도 않고 영원할 수도 없기 때문입니다. 그러므로 서로 동떨어진 책 놓여 읽는 『논어』와 주괄을 일치시키는 게 오늘날 우리들이 가장 시급하게 해야 할 임무인 것입니다.

▨ 하늘처럼 먼, 지척처럼 가까운 『논어』와 주판 ▨

만약 지금 도덕을 논하면서 가장 중요한 게 무엇인가를 말해야만 한다면, 저는 공자(孔子, 기원전 551년~기원전 479년)의 제자들이 공자의 언행을 기록한 『논어論語』라는 책이라고 생각합니다. 『논어』는 누구라도 대략은 읽어 보았을 것입니다. 여기서 '논어論語'는 '도덕의 논리'입니다. 하지만 그 안에 '주판의 논리' 바로 '상업의 논리'가 있다는 걸 모를 것입니다. '『논어』'와 '주판'은 서로 어울리지 않기 때문에 둘 사이의 거리가 너무나 먼 것만 같고, 둘은 몹시도 동떨어진 관계인 것 같기도 합니다.

그런데 저는 주판은 『논어』에 의해 더욱더 완벽해진다고 늘 생각해 왔습니다. 또한 『논어』도 주판에 의해 참된 치부致富의 도가 널리 행해질 수 있도록 합니다. 따라서 저는 『논어』와 주판은 하늘처럼 너무나 멀면서도, 지척처럼 너무나 가까운 관계라는 것을 시종일관 주장해 왔습니다.

제가 70세가 되던 해에 저의 친구가 어느 날 화첩 하나를 그려 주었죠. 그 그림 안에는 『논어』 책과 주판이 그려져 있었습니다. 한쪽에는 남자들이 쓰는, 검은 깁을 대고 차양은 다소 위로 휜, 높은 원통형 비단 예모禮帽와 주초(朱鞘, 주홍색 칠을 한 칼집)가 그려져 있었습니다. 하루는 학자이신 미시마 키(三島毅, 도쿄 대학 교수, 니쇼가쿠샤 대학二松學舍大學 창설자 옮긴이) 선생이 저의 집에 들렀다가 그 그림을 보시더니 이렇게 말씀하시더군요.

"매우 흥미롭네. 나는 『논어』를 연구하는 사람이고 자네는 주판을 전문적으로 좇는 상업인인데, 주판을 튕기고 있는 사람이 도리어 이렇게 『논어』와 주판의 관계를 완벽하게 설명해 주고 있는 이상 나도 『논어』를 연구하는 사람으로서 지금부터 당연히 주판을 열심히 연구하지 않을 수 없겠네. 가능한 자네와 함께 『논어』와 주판의 관계를 긴밀하게 결합시킬 수 있도록 노력해 보세."

나중에 미시마 키 선생은 『논어』와 주판에 대한 글들을 쓰셨는데요. '도리와 이익', 그러니까 '논어와 주판은 반드시 일치해야 한다'는 관점을 적지 않은 예증을 통해 증명해 주셨습니다. 저 또한 늘 그렇게 생각해 왔고요.

하나의 사물이 진보하려면 반드시 인간의 강렬한 욕망인 이식利殖을 충분하게 꾀하지 않으면 절대로 앞으로 나아가지 못합니다. 단지 공리공담에만 빠지고 허영만을 좇는 국민은 절대로 발전하지 못하는 게 진리이기도 하고요. 때문에 저는 가능한 정치계와 군부만 승승장구하면서 발호하지 말고 상업계가 더 많은 힘을 기르기를 바랍니다. 이게 바로 재부財富가 증가하도록 노력하는 것이고 국부國富를 촉진하는 가장 좋은 방법입니다. 만약 상업의 발전을 전혀 힘쓰지 않으면 나라의 부는 제로가 될 수 있습니다.

재부를 증진시키는 근원이 무엇이냐고 묻는다면 저는 단호하게 '인의도덕仁義道德'이라고 대답하고 싶습니다. 왜냐하면 올바른 도리로 얻는 부가 아니면 그 부는 아름답지도 않고 영원할 수도 없기 때문입니다. 그러므로 서로 동떨어진 채 놓여 있는 '『논어』와 주판'을 일치시키는 게 오늘날 우리들이 가장 시급하게 해야 할 임무인 것입니다.

▨사무라이 정신, 상인의 재능▨

옛날에 스가와라 미치자네(菅原道眞, 845년~903년, '학문의 신'이라고 불리는 헤이안平安 시대 학자 옮긴이)가 '화혼한재和魂漢才'를 부르짖은 것은 매우 흥미롭습니다. 이것과 비교해 저는 늘 '사혼상재(士魂商才, 메이지明治 시대 이전에 일본 사회는 사농공상士農工商 네 계급으로 나누어졌다. 사무라이士가 가장 존귀하고 상인이 가장 천했다. 여기서 사士를 우리나라 조선시대에 비교하여 해석하자면 '선비士'라고 할 수 있겠다. 옮긴이)'를 제창했습니다.

'화혼한재'의 뜻은 바로 이렇습니다. 중국은 유구한 역사와 뛰어난 문화를 꽃피워 공자, 맹자와 같은 성인과 현자를 많이 배출했기 때문에 정치와 문화 방면에서 일본보다 훨씬 발달했었지요. 그래서 일본은 일본 특유의 '야마토다마시이' 즉 일본혼日本魂에 기초해 반드시 한사漢士라고 하는 중국 사대부들의 문화와 학술을 배워 재능과 학문적 소양을 길러야만 한다는 게 바로 화혼한재입니다.

중국의 문물과 학문은 매우 광범한데요. 특히 공자의 언행을 기록한 『논어』가 그 중심적인 위치를 차지한다고 해도 과언이 아닙니다. 이외에 하夏나라의 우왕禹王, 은殷나라의 탕왕湯王, 주周나라의 무왕武王

과 주공周公 단丹 등의 사적을 기재한 『상서尚書』 『시경詩經』 『주례周禮』 『의례儀禮』 등이 있습니다. 그렇지만 그것들도 전부 공자가 편찬한 걸 로 전해지기에 한학漢學은 곧 '공자의 학문'이고, 공자가 바로 한학의 중심이나 진배없습니다.

『논어』는 공자의 언행을 기록한 서적이기 때문에 스가와라 미치자 네는 이 책을 가장 애독했습니다. 오진 천황(應神天皇, 제15대 천황, 재 위 270년~310년 옮긴이) 때 백제의 왕인王仁 박사가 『논어』와 『천자문』을 일본의 조정에 전해 주었지요. 스가와라 미치자네는 이것을 직접 손 으로 필사하고 초록抄錄하여 이세 대묘(伊勢大廟, 이세 신궁伊勢神宮, 미에 현三重縣 이세 시伊勢市에 있는 일본 황실 종묘 옮긴이)에 헌상했습니다. 이것이 바로 현존하는 『관본논어菅本論語』입니다.

'사혼상재土魂商才'도 같은 의미입니다. 사람이 세상에 바로 서기 위 해서 당연히 '사무라이 정신土魂'이 필요합니다. 하지만 단지 사무라이 정신만 있고 '상인의 재능商才'이 없으면 경제적인 자멸을 불러올 뿐이 죠. 그러므로 사무라이 정신과 더불어 상인의 재능이 없으면 안 됩니 다. 물론 사무라이 정신을 기르기 위한 책들은 매우 많습니다. 그렇지 만 제가 생각하기에, 역시 『논어』만큼 사무라이 정신을 배양하는 데 좋은 책은 없다고 해도 과언이 아닐 듯합니다. 『논어』야말로 도덕의 가장 깊은 뿌리가 되는 책이기 때문입니다.

그럼 '상인의 재능'은 어떻게 기를 수 있을까요? 상인의 재능도 『논 어』를 통해 충분히 배양할 수 있습니다. 얼핏 보면 도덕적인 책과 상 인의 재능은 관계가 없는 듯 보이지만, 그 '상재商才'라고 하는 것은 원 래 도덕을 뿌리로 두고 있기 마련입니다. 도덕과 동떨어진 채 부도덕, 기만, 겉치레, 경망스러움이 난무하는 상인의 재능은 단지 잔꾀나 약삭빠름에 지나지 않는다는 말이지요. 단언하건대 그것은 결코 참된 상인의 재능이라고 말할 수 없습니다.

따라서 상인의 재능이 도덕과 멀어지지 않도록 하기 위해서는 『논어』를 통해 상재를 길러야만 합니다. 물론 인생 처세의 올바른 도는 터득하기가 몹시도 힘이 듭니다. 하지만 『논어』를 숙독하고 음미하면서 살면 크게 깨달음을 얻을 수 있지 않을까요? 때문에 저는 일생 동안 공자의 가르침을 존경하고 믿으면서 『논어』를 처세의 금과옥조로 삼고 늘 저의 좌우에서 떠나지 않도록 했습니다.

일본에도 현인과 호걸은 매우 많습니다. 그중에서 전쟁에도 가장 뛰어나고 처세의 도리도 오묘한 인물을 손꼽으라면 바로 도쿠가와 이에야스德川家康입니다. 그는 처세의 도가 정교한 덕에 수많은 영웅호걸들을 복종시키며 15대로 이어지는 도쿠가와 막부를 열 수 있었습니다. 200년이 넘는 세월 동안 백성들이 안면고침(安眠高枕, 높은 베개를 베고 편안히 자는 태평 시대)할 수 있도록 하는 시대를 활짝 열어젖혔던 것입니다. 실로 위대한 업적입니다.

도쿠가와 이에야스는 또 처세의 도에 뛰어났기 때문에 여러 가지 훈시를 후세에 남길 수 있었습니다. 그의 「신군유훈神君遺訓」이 바로 우리들에게 수준 높은 처세의 도를 가르쳐 줍니다. 그런데 제가 「신군유훈」과 『논어』를 대조해 보았더니, 둘이 매우 닮았다는 걸 알 수 있었습니다. 대부분의 내용이 『논어』로부터 나왔습니다.

가령 「신군유훈」의 첫머리를 보세요.

"인생이란 무거운 짐을 지고 먼 길을 가는 것과 같다."

『논어』에서 증자(曾子, 기원전 506년~기원전 436년, 『효경孝經』의 저자라고 전해지는 공자의 제자 옮긴이)가 말했던 "선비라면 반드시 넓고 꿋꿋해야 하니 맡은 바 일이 무겁고 갈 길이 멀도다. 인仁을 자기의 일로 삼으니 그 또한 책임이 무겁지 않겠는가? 죽고 나서야 멈춰야 할 터이니 그 또한 갈 길이 멀지 않겠는가?"士不可以不弘毅, 任重而道遠. 仁以爲己任, 不亦重乎? 死而後已, 不亦遠乎?[1]라는 문구와 너무도 흡사합니다.

또 "자신을 탓하지, 다른 사람을 탓하지 말라"는 문구는 "본래 인仁이란 내가 일어서고 싶다면 남도 일어서게 해주고, 내가 이루고 싶다면 남도 이루게 하는 것이다. 내 입장을 비추어 남의 입장을 알아줄 수 있음이 바로 인을 실천하는 방책이다"夫仁者, 己欲立而立人, 己欲達而達人. 能近取譬, 可謂仁之方也已[2]라는 『논어』의 구절에서 나왔습니다.

그리고 "미치지 못함이 지나침보다 더 낫다"는 말도 과유불급(過猶不及, 정도가 지나치면 도리어 안한 것만 못하다는 뜻으로 중용中庸을 가리키는 말)[3]이라는 공자의 가르침과 같은 의미이죠. 더불어 "인내는 무사장구無事長久의 근본이고, 노여움은 가장 큰 적이다"라는 구절은 극기복례克己復禮[4]와 같은 뜻입니다.

또한 "사람은 단지 풀 같은 것임을, 이파리의 이슬처럼 떨어질 무게로다"라는 글귀는 안분지족安分知足을 일컫고요. 이 밖에 "불편함을 늘 생각하면 도리어 부족하지 않고, 마음에 욕심이 생기면 마땅히 곤궁할 때를 떠올려야만 한다"는 구절과, "오직 이기는 것만 헤아리고 지는 것을 모르면 해가 몸에 미친다"라는 문장이 있는데, 이것들 역시도 『논어』의 각 장에서 여러 차례 되풀이됩니다.

사람들은 흔히 임금의 자리를 세습하지 않고 덕이 있는 이에게 물려주거나 폭군을 토벌하는 선양방벌禪讓放伐, 혹은 역성혁명易姓革命이 한학의 가르침이라고 생각하기 일쑤입니다. 그래서 한학은 '주권이 천황에게 있다'는 일본의 국체國體와는 맞지 않는다고 여기지요. 이것은 하나만 알고 둘은 모르는 소리입니다. 아래와 같은 공자의 말을 들으면 곧바로 이해하실 수 있을 텐데요.

"공자께서 소韶를 일컬어 더할 나위 없이 아름답고, 더할 수 없이 선하다고 하셨다. 그러나 무武에 대해선 더할 수 없이 아름다우나, 더할 바 없는 선을 이루진 못했다고 말씀하셨다."子謂 韶, 盡美矣, 又盡善也. 謂 武, 盡美矣, 未盡善也.[5]

소악韶樂은 요堯임금과 순舜임금을 찬양하는 음악입니다. 모두들 아시다시피 요임금은 순임금의 덕을 좋아해 왕위를 물려주었습니다. 따라서 그 선양의 덕을 노래한 음악은 미와 선을 모두 이루었지요. 무악武樂은 주나라 무왕武王이 은나라의 폭군 주紂를 토벌한 일을 칭송한 노래입니다. 설령 무왕에게 덕이 있을지라도 그는 무력으로 역성혁명을 일으켜 천하를 얻었기 때문에 공자는 무악이 아름다우나 선을 이루지 못했다고 평가했습니다. 공자는 역성혁명을 바라지 않았다는 것을 알 수 있습니다.

그러나 어찌됐든 간에 사람을 평가할 때는 그 사람이 살던 시대를 고려하지 않으면 안 됩니다. 공자는 동주東周 즉 춘추전국시대 사람이기 때문에 주나라의 나쁜 점을 노골적으로 비평할 수 없었습니다. 그래서 주나라 무왕을 칭송한 노래를 "더할 수 없이 아름다우나, 더할 바 없는 선을 이루진 못했다盡美矣, 未盡善也"며 완곡하게 비평할 수밖에 없었던 것이지요.

물론 안타깝게도 공자는 일본의 만세일계(萬世一系, 기원전 660년에 즉위한 진무神武 천황부터 지금까지 2,600년이 넘게 한 부계 혈통이 일본 황실을 이었다고 주장하는 견해 옮긴이)를 보지도, 알지도 못했습니다. 만약 공자가 일본에서 태어났거나 일본으로 건너와서 견문을 넓혔다면 그 얼마나 찬탄을 했을지 모를 일입니다. 소악을 듣고 "더할 나위 없이 아름답고, 더할 수 없이 선하다"고 한 것보다 더욱더 크게 칭찬하고 존경을 표했을 수도 있었을 것입니다.

세상 사람 누구든지 공자를 논할 때는 공자의 정신을 잘 살펴야만 하지 않을까요? 종이 뒷면을 뚫을 정도로 사리의 깊은 뜻을 헤아리는 안광지배철眼光紙背撤의 정신에 바탕을 두는 안목이 없으면 피상적으로만 이해할 우려가 있다는 것입니다. 따라서 저는 오늘을 사는 사람들이 올바른 처세의 도를 오해하지 않기 위해서는 우선 『논어』를 '숙독'해야 한다고 생각합니다.

오늘날의 사회는 진보를 거듭하면서 서양의 새로운 학설들이 끊임없이 들어오고 있습니다. 하지만 서양의 정신도 제가 보기에는 역시나 옛것입니다. 동양이 수천 년 전에 말한 것과 완전히 같다는 말입니다. 단지 언어가 달라서인지, 어휘와 표현 방법이 다를 뿐인 게 많습니다. 그래서 나날이 새로워지는 서구 여러 나라들의 성취도 연구할 만한 가치가 있지만, 동양의 옛것에도 버리지 말아야 할 게 있다는 걸 꼭 기억해야 한다고 생각합니다.

천벌에 대한 단상

공자께서 말씀하셨지요.

"하늘에 죄를 지으면 빌 곳마저 없는 것이오."獲罪於天, 無所禱也.[6]

과연 하늘天이란 무엇일까요? 저는 하늘이 곧 천명天命이라고 생각합니다. 공자께서도 이런 의미로 하늘이라는 말을 썼을 것이라고 믿고요.

인간이 이 세상에 살고 있는 것은 천명입니다. 초목에는 초목의 천명이 있고, 길짐승과 날짐승에게도 그들의 천명이 있을 것입니다. 곧바로 천명은 '하늘의 배합配合'입니다. 같은 인간임에도 불구하고 술을 파는 이도 있고 떡을 파는 사람도 있기 마련입니다. 천명은 여하튼 성인현자일지라도 반드시 복종하지 않을 수 없습니다.

요임금도 자신의 맏아들인 단주丹朱에게 제위를 잇게 할 수 없었고, 순임금도 태자 상균商均에게 제위를 물려줄 수 없었습니다. 단주는 고집불통에다 말싸움을 좋아했고, 상균은 못나고 어리석어 천하의 지지를 얻지 못했기 때문입니다. 이것은 모두 천명의 꾸짖음이었기에 여하튼 인력으로는 어쩔 도리가 없었던 것이지요. 다시 말해 초목은 여하튼지 초목이기에 금수로 변신하고 싶더라도 그럴 수가 없고, 금수도 여하튼지 금수이기에 초목이 되고 싶더라도 절대 변할 수가 없습니다. 필경 이것이야말로 천명일 것입니다.

이로 미루어 생각해 보자면 인간도 천명에 따라 살 수밖에 없지 않은가요? 또한 이것은 너무나 자명한 이치이기도 합니다. 이른바 "하늘에 죄를 짓다獲罪於天"라는 공자의 말씀은, 사람이 무리한 흉내를 내부자연스런 행동을 한다는 뜻에 다름 아닙니다. 무리한 흉내를 내거나 부자연스런 행동을 하면 반드시 나쁜 결과를 얻기 마련입니다. 원래가 무리한 흉내나 부자연스런 행동은 스스로 응보를 부를 수밖에 없는 노릇인 거지요. 때문에 때가 되면 설령 책임을 벗어나고 싶더라도 스스로 부른 화에 대한 책임을 지지 않을 수 없습니다. 이것이 바로 "빌 곳마저 없다無所禱也"는 의미이고요.

공자는 『논어』 「양화陽貨」편에서 "하늘이 무슨 말을 하더냐? 사계절이 제대로 돌아가고, 온갖 것들이 생겨나지만, 하늘이 무슨 말을 하더냐?"天何言哉? 四時行焉, 百物生焉, 天何言哉?[7]라고 말씀하셨는데요. 맹자(중국 전국시대의 사상가, 기원전 372년~기원전 289년)도 『맹자孟子』「만장萬章상」편에서 "하늘은 말을 하지 않고, 행적과 사실로써 보여 줄 뿐이다天不信, 以行與事示之而已矣"라고 말했습니다.

이렇듯 사람이 무리한 흉내나 대자연의 이치에 어긋나는 행동을 하여 하늘에 죄를 짓는다고 하늘이 그 무슨 특별한 모양새로 말을 하며 그 사람에게 벌을 주지는 않습니다. 주위의 인간 세상의 만사로 그 사람이 고통을 느끼도록 할 뿐이지요. 이게 바로 천벌입니다. 하여 설령 인간이 천벌을 벗어나려고 갖은 애를 쓰더라도 결코 그것으로부터 벗어날 수는 없는 노릇입니다. 바로 자연의 사계절과 천지 만물의 생성처럼 천명은 사람에게도 예외가 아닌 것이지요.

그래서 공자는 『중용中庸』(공자가 전해 준 가르침의 핵심을 공자의 손자인 자사子思가 서술한 것으로 전해지는 책 옮긴이)의 첫머리에서 "천명은 이른바 본성이다天命之謂性"라고 말했습니다. 사람이 신에게 기도를 하든, 부처님에게 기도를 하든, 무리한 흉내나 부자연스런 행동을 하면 반드시 인과응보가 그 사람의 몸에 달라붙기 마련입니다. 도저히 도망칠 수 없는 노릇이지요. 그러므로 자연의 대도大道를 좇으면서, 무리한 흉내나 부조리한 일을 털끝만큼이라도 하지 말아야 합니다. 가슴에 두 손을 얹고 반성을 한다손 치더라도 양심에 꺼림칙한 일이 없는 사람이어야 한다는 말입니다. 그래야 공자가 말씀한 바대로의 자신감이 생기지 않을까요?

"하늘이 나에게 덕을 점지했거늘, 환퇴가 나를 어찌하겠는가?"天生德於予, 桓魋其如予何?[8](환퇴桓魋는 송나라의 병권을 쥔 사마司馬로 나무를 뽑아 공자를 압사시키려 했다는 이야기가 사마천司馬遷의 『사기史記』「공자세가孔子世家」에 나온다. 옮긴이) 이것이야말로 진정으로 몸이 편하고 마음의 안정을 찾는 길입니다.

▨ 공자의 인물 관찰법 ▨

사토 이치사이(佐藤一齋, 1772년~1859년, 에도 시대 유학자 옮긴이) 선생은 사람의 첫인상으로 그 사람을 판단하는 게 가장 착오가 적은, 정확한 인물 관찰법이라고 생각했습니다. 사토 선생의 저작인 『언지록言志錄』에도 이런 말이 나오는데요.

"사람을 처음 만날 때 살핀 관찰은 거의가 틀리지 않다."

사토 이치사이 선생의 말처럼 한 사람을 처음 만날 때 그 사람을 낱낱이 잘 관찰하면 그 사람에 대한 오해가 거의 불거지지 않을 수도 있습니다. 하지만 그 사람을 가끔 만나고, 더 나아가 날이 갈수록 점점 더 자주 만나다 보면 그 사람에 대한 생각이 너무 많은 나머지 도리어 정확하지 않은 판단의 함정에 곧잘 빠질 수도 있을 것입니다. 그래서 상대방에 대한 선입견이나 편견이 전혀 없고, 또한 이런저런 고려나 사적인 감정이 끼어 있지 않은 첫 만남 때야말로 상대방을 지극히 순수하게 관찰할 수 있는 경우가 허다할 것입니다. 또한 처음 만날 때 만약 상대방이 가식을 꾸미거나 겉치레를 떤다면 그러한 위선이 관찰자의 마음속 거울에 너무나 잘 비추어지지 않을까요?

하지만 가끔씩이라도 만나는 사이가 되면, 그렇지 않구나, 이러저러 하구나 하는 어림짐작, 혹은 다른 사람들의 반응이나 욕 그리고 논리를 들이대거나 하는 둥둥 이런저런 사정에 얽매여 생각을 지나치게 골똘히 하는 바람에 오히려 사람을 잘못 들여다볼 수 있습니다.

맹자孟子께서는 이렇게 말한 적이 있지요.

"사람을 살피는 데는 눈동자보다 더 좋은 것이 없다. 눈동자는 그 사람의 악을 감추지 못한다. 마음이 바르면 눈동자가 맑고, 마음이 바르지 않으면 눈동자가 흐리다存乎人者, 莫良於眸子, 眸子不能掩其惡. 胸中正則眸子瞭焉, 胸中不正則眸子眊焉."9 이른바 맹자 학파의 인물 관찰법인데요. 맹자는 사람의 눈동자로 사람의 좋고 나쁨을 관찰했다는 것을 알 수가 있습니다. 맹자는 심성이 정직하지 않은 사람은 여하튼간 눈동자에 먹구름이 끼여 있기 마련이라고 생각한 것이지요. 물론 마음이 착하고 정직한 사람이 눈동자가 맑고 명랑한 경우가 있을 것이기 때문에 눈동자로 사람의 인격을 감별하는 것은 상당히 정확할 수 있습니다. 하여튼 단지 사람의 눈동자를 세심하게 관찰하는 것만으로도 그 사람의 선과 악, 올바름과 그릇됨을 거의 알 수 있다는 게 맹자의 생각인데요.

공자는 이런 말씀을 한 적이 있습니다.

"그 사람이 하는 것을 곧장 바라보고, 그 동기를 살펴보고, 무슨 일을 하고 나서 편안해 하는지를 곰곰이 관찰해 보아라. 어찌 사람 됨됨이를 감추겠는가, 어찌 저라는 사람됨을 숨기겠는가?"視其所以, 觀其所由, 察其所安. 人焉廋哉? 人焉廋哉?10

사토 이치사이 선생의 '첫인상 인물 관찰법'과 맹자의 '눈동자 인물 관찰법'은 모두 쉽고도 빠르게 사람을 들여다보는 방법일 것입니다. 물론 한 사람을 바라보고 그 사람의 됨됨이에 대한 정확한 판단을 할 수 있는 방법이기도 하겠지만, 제 입장에서는 사람의 진면목을 정말로 이해하는 방법으로서는 부족한 면이 있지 않나 싶습니다. 왜냐하면 간단하고 재빠른 인물 관찰법이기 때문입니다. 그래서 저는 위에서 언급한 공자의 말씀이야말로 사람을 판단하는 가장 좋은 방법이라고 생각합니다. 그러니까 공자의 '보고視, 살피고觀, 관찰하는察' 3단계 인물 판별법이야말로 사람을 판단하는 가장 깊은 방법론이라는 것이지요.

결론적으로 이것이 바로 사람 보는 법에 대한 공자의 가르침인데요. 시視와 관觀이라는 한자는 일본어로 모두 '미루(ミル, 본다)'라고 읽습니다. 하지만 시視는 단지 육안으로 사람의 겉모습을 보는 것에 불과하지만, 관觀은 도리어 시를 뛰어넘는 의미이지요. 즉 관觀은 육안肉眼만이 아니라 심안心眼이 필요합니다. 겉모습을 볼 뿐만 아니라 '사람의 내재적인 마음'을 살핀다는 뜻입니다. 이것이 바로 공자가 가르쳐 주고 있는 인물 관찰법입니다.

다시 말하자면 우선 겉으로 드러나는 사람의 행동거지를 '보고視' 선악과 시시비비를 판단하고, 더 나아가 그의 행위 동기를 '살핀觀' 연후에, 그 사람은 무엇을 하고 난 뒤에 안심을 하고 무엇에 만족을 하며 사는지 등을 '관찰觀察'하면 그 사람의 진실한 인품을 명징하게 알 수 있다는 말입니다. 그러면 자연히 그 사람이 자신을 숨기고 싶더라도 그것은 도저히 불가능한 일이기 마련이지요.

사실 밖으로 드러나는 행위가 올바를지라도 그 행위의 동기가 되는 정신이 그릇되면 그 사람을 정직한 사람이라고 절대로 말할 수 없습니다. 그러한 사람은 때론 악을 저지를 수 있기 때문입니다. 또 겉으로 나타나는 행위가 옳고 동기를 이끈 정신이 곧다손 치더라도 만약 그 행위의 목표가 단지 자신의 영달과 배부름에만 머문다면, 그런 사람은 뜻밖에도 유혹의 함정에 쉽사리 빠질 수 있습니다. 따라서 행위,

동기, 목표, 이 세 가지가 모두 바르고 단정하지 못하면 그 사람을 완전히, 초지일관 올바른 사람이라고 말하기 어렵습니다.

▨『논어』는 서민의 실용서 ▨

저는 메이지 6년(1873년)에 관직에서 물러났습니다. 관직에 머물던 여러 해 동안 항상 꿈꾸어 오던 상업계에 몸을 담은 이후부터도 저는 늘 『논어』와 특별한 관계를 맺어 왔습니다. 막 상인이 됐을 무렵에 문득 마음으로 느낀 바가 있었는데요. 다름이 아니라 앞으로 매우 적은 돈을 벌더라도 처세를 잘하기 위해서는 어떤 뜻을 지니고, 무엇을 위해 돈을 벌어야 하는지를 궁리해야 하지 않나 하고 마음속으로 생각했던 것입니다.

그때 저는 문득 이전에 읽은 『논어』가 떠올랐습니다. 물론 저는 그전에도 『논어』는 한마디로 자신을 수양하는 일상의 도리가 적혀 있고, 결점이 가장 적은 처세의 잠언이라고 생각해 왔습니다. 그런데 골똘히 다시 생각해 보면서 '『논어』는 장사꾼들이 배움을 얻으면 절대로 안 되는 책이란 말인가?' 하는 물음을 가지게 되었죠. 결국 저는 만약 『논어』로부터 상업 활동의 도리를 깨우칠 수 있다면 저의 재능과 포부를 크게 펼 수 있을 거라는 결론에 이르렀지요.

아직도 기억에 생생한 일화가 있는데요. 그 당시에 다마노 세이리(玉乃世履, 1825년~1886년)라는 이와쿠니 번(岩國藩, 지금의 야마구치 현山口縣 야마구치 시山口市) 사람이 있었습니다. 서예와 문필의 재주가 범상치 않던 그는 훗날 대심원장(大審院長, 최고사법재판소장)이 됐죠. 제가 관직에 있을 때 몹시도 진지한 그와 나는 다른 사람들로부터 순리循吏라고 불리었습니다. 또한 우리 둘의 관계는 매우 친밀했지요. 우리는 동시에 메이지 헌법상 천황이 친히 임명하는 고등 관리인 칙임관勅任官에 임명되기도 했고, 둘 다 국무대신이 되기 위해 불철주야 노력했습니다. 그런데 갑자기 제가 관직을 그만두고 상업계에 투신하려고 하자 그는 매우 애석해 하며 저에게 그런 마음을 꼭 단념해 주기를 바랐습니다. 그리고 거듭거듭 저에게 관직에 계속 남아 주기를 청했지요.

저는 그때 이노우에 가오루(井上馨, 1836년~1915년, 정치가) 씨의 차관이었습니다. 이노우에 씨는 정부 제도에 대해서 내각과 의견이 달라 거의 매일 싸움을 하다 퇴직했습니다. 공교롭게도 저도 이노우에 씨와 함께 관직에서 물러났기 때문에 저 또한 내각과 싸움을 하고 그만둔 걸로 비추어졌지요. 물론 저도, 이노우에 씨도 내각과 의견이 달랐지만 저의 사직은 결코 내각과의 싸움 때문이 아니었습니다.

뜻한 바가 달랐을 뿐입니다. 여기서 분명히 밝히겠는데요. 저의 퇴직 사유는 다음과 같았습니다. 당시 일본은 정치에서도 교육에서도 점차 개혁이 절체절명의 과제였습니다. 그러나 일본은 아직 상업이 크게 번창하지 않은 상태였지요. 상업이 흥성하지 않으면 국부가 증진될 수 없는 노릇 아닌가요? 그래서 저는 다른 방면과 더불어 상업을 반드시 크게 진흥시키지 못하면 '일본이라는 나라에는 희망이 없다'라고 거듭거듭 생각했습니다.

그런데 당시까지는 '장사에는 학문이 필요 없다' '장사꾼이 학문에 눈을 뜨면 도리어 해가 된다'라는 짧은 생각들이 만연했었습니다. 이른바 "부자도 3대째가 되면 학식은 있으나 가산을 지키지 못한다賣家と唐様で書かく三代目"는 옛말이 여전히 큰 위력을 발휘했던 시대였지요. 여

러분도 아시다시피 가라요우唐様는 에도 시대 중기에 유행한 서체이고, 우리이에賈家는 가라요우를 쓰는 3대째 주인을 일컫는 말입니다. 제1대 할아버지가 갖은 고생으로 집안을 번창하게 해 큰 재산을 손자에게 물려줍니다. 손자는 남부러울 것 없이 넉넉하게 살며 멋들어진 가라요우 서체를 즐기지만 가문 경영을 제대로 하지 못해 결국 가산을 탕진하고 마침내 집까지 내놓게 됐다는 것을 비꼬는 속담입니다. 여하튼, 큰 부자도 3대째에 장사는 안 하고 학문에만 전념하다가 위험에 처할 수 있다는 생각이 지배적이던 시대가 있었는데요.

그런데도 저는 어리석게도 '『논어』'라는 유교적 학문에 의지해 돈을 벌어야겠다고 결심한 것이지요. 이렇게 장사에 대한 저의 생각이 바뀌었건만, 친구조차도 그런 저의 생각을 이해해 주지 않고 저의 사직이 정부와의 싸움 탓이라고만 지레짐작한 채 제가 잘못했다고 심하게 질책하면서 이렇게 충고했었죠.

"자네는 머지않아 장관이 되고 대신이 되어 함께 관직에서 나라를 위해 힘써야 마땅한 몸이 아닌가? 그런데 자네는 경멸스러운 돈에 눈이 멀어 관직을 버리고 상인이 되겠다니, 정말로 기가 막히네. 지금까지 자네를 그런 사람으로 보지 않았는데 말이야!"

그 당시 저는 다마노 세이리에게 온 정성을 기울여 반박했습니다. 그리고 마침내 그를 설득하고 지지를 얻어 냈었죠. 조보趙普가 '반 권의 『논어』'로 승상이 되어 나라를 다스리고, '반 권의 『논어』'로 자신을 수양했다는 반부논어半部論語('반 권의 『논어』'라는 뜻으로, 자신의 지식이 부족하다는 것을 겸허하게 인정하면서 배움의 중요성을 비유한 말이다. 승상 조보는 조광윤趙光胤이 송나라를 세우는 데 큰 공을 세웠다. 허나 어릴 때부터 싸움터에 나가느라 글공부를 제대로 못했다. 그는 늘 이 점이 염려스러워 혼자서 『논어』를 읽으며 학식을 키웠는데, 송 태조가 죽고 태종이 즉위하자 어떤 이가 조보는 겨우 『논어』밖에 읽지 못해서 큰일을 맡기기 어렵다고 험담했다. 조보는 태종에게 말했다. "평생에 아는 것은 『논어』밖에 없지만 '반 권의 『논어』'로 태조를 보필하고, 그 나머지 '반 권의 『논어』'로 폐하께서 태평성대를 여는 것을 보좌했습니다." 조보가 죽은 뒤 그의 책 상자를 열어 보니 과연 『논어』만 들어 있었다. 남송 때 나대경羅大經이 지은 수필집 『학림옥로鶴林玉露』에 실린 이야기다. 옮긴이) 고사를 인용한 덕이 컸습니다.

당시에 저는 다마노 세이리에게 『논어』야말로 내 일생을 관통하는 책이라는 것을 보여 주고자 이렇게 말했던 걸로 기억합니다.

"금전을 취급하는 게 왜 비천하단 말인가? 자네처럼 금전을 천하게 여기면 나라를 부강하게 할 수가 없네. 나라가 가난하면 나라가 또 어떻게 제대로 설 수 있겠나? 오로지 벼슬과 작위만이 고귀하다고 생각하는 것은 시대에 뒤떨어진 낮은 사고방식이네. 인간이 성스럽게 노동할 수 있는 곳은 비단 학문이나, 혹은 벼슬에만 있는 게 아니라 도처에 널려 있다는 생각이 귀중한 시대가 이제 왔다네. 나는 진심으로 관직만이 가치가 있다고는 생각하지 않네."

저는 또 『논어』의 이런저런 구절을 인용하며 그의 논리를 반박했었지요. 그리고 『논어』야말로 가장 흠이 없는 책이라고 생각하며 『논어』의 가르침을 표준으로 삼고 평생을 상인으로 살기로 다시 또다시 굳게 다짐을 했습니다. 어느덧 메이지 6년 5월의 일입니다.

그런 후 저는 자연스럽게 『논어』를 다시 열심히 공부해야만 했습니다. 저는 나카무라 케이우(中村敬宇, 1832년~1891년, 교육자) 선생과 시노부 조겐信夫恕軒 선생의 강의를 들었습니다. 하지만 처음에는 비즈니스에 너무 바쁜 나머지 『논어』를 끝까지는 공부하지 못했습니다. 그러다 최근부터 다시 대학에 계신 우노 데쓰야(宇野哲人, 1875년~1974년, 한문학자, 도쿄 대학 교수를 지냄 옮긴이) 선생에게 부탁을 해 『논어』 공부를 다시 시작했습니다. 우노 선생님은 주로 어린이들을 위해 『논어』를 강의하고 계시지만, 저는 꼭 강의에 출석해 꼬박꼬박 듣고 있습니다. 강의 시간에 여러 가지 질문을 하거나, 『논어』 해석에 대한 의견을 내놓기도 합니다. 너무나 흥미롭고 유익한 시간들입니다. 우노 선생님은 『논어』의 한 장 한 장을 강의할 때마다 학생들 모두가 정말로 이해를 한 후에야 다음으로 나가기에 학습 진도는 매우 느리지만, 그 대신 각 장과 구의 의미를 완전히 이해할 수 있어 어린이들도 모두 너무 재밌게 공부하고 있습니다.

하여튼 저는 지금까지 다섯 분에게 『논어』를 배웠는데요. 물론 그렇다고 제 자신이 학문적인 수준에 올라 있는 상태는 결코 아닙니다. 어느 장, 어느 구에서는 때로 그 깊은 의미를 알 수가 없어 너무나 속상할 때가 있습니다. 가령 『논어』 「태백泰伯」편 13장을 봅시다.

"나라에 올바른 도가 행해지는데도 가난하고 비천하다면 부끄러워해야 할 일이고, 나라에 올바른 도가 없는데도 부유하고 고귀하다면 이 또한 부끄러운 일이다." 邦有道, 貧且賤焉, 恥也. 邦無道, 富且貴焉, 恥也.[11]

솔직히 이 구절은 요즘에 와서야 그 깊은 의미를 알 수가 있었는데요. 요즘은 『논어』 공부를 오랫동안 계속한 보람이 있어서인지 깊이 궁리를 하다 보면 그 심오한 의미를 불현듯 깨닫는 곳이 적지 않습니다. 그러나 『논어』는 결코 어려운 학술서가 아닙니다. 어려운 책들을 읽는 학자여야만 해석을 할 수 있는 전문 서적도 아니죠. 저는 『논어』의 가르침은 드넓은 세상의 뭇사람들에게 효력을 발휘하기 때문에 단도직입적으로 '서민의 책'이라고 단언할 수 있습니다. 사실은 원래 해석이 쉬운 『논어』를 시간이 흐르면서 고리타분한 학자들이 어렵고도 까다롭게 만들고 말았지요. 농사꾼, 수공업 기술자, 장사꾼 같은 사람들이 지고지순한 『논어』에 관여를 하면 안 되는 것으로 변질시키고 만 것입니다. 이것이야말로 학자들의 너무나 큰 잘못입니다.

이런 사람들은 관청의 까다로운 문지기 구실아치와 같은 사람들로 공자님 입장에서는 자신의 학문을 세상에 전달하는 것을 크게 방해한 훼방꾼이나 진배없지요. 이러한 문지기 학자에게 부탁해서는 진짜 공자를 만나기란 불가능합니다. 공자는 결코 어려운 사람이거나 책상물림이 아니었습니다. 뜻밖에도 공자는 세상 물정에 아주 밝은 분으로 장사꾼이든 농사꾼이든 그 누구라도 만나 가르침을 주신 이웃집 아저씨 같은 분이었습니다. "가르치는 데 신분의 차별을 두지 않았다"有教無類[12]거나, "열 가닥 육포 한 묶음 이상의 작은 예물을 가지고 오는 사람에게 나는 가르침을 주지 않은 적이 없다"自行束脩以上, 吾未嘗無誨焉[13]고 한 구절에서 바로 공자의 이러한 면모를 알 수가 있습니다. 공자의 가르침인 『논어』야말로 '실용'과 '통속'을 함께 갖추어 알기가 쉬운 고전인 것이지요.

덕은 외롭지 않고 반드시 이웃이 있다

그 수가 적든 많든 간에 인재를 고르고, 그들을 재능에 따라 적재적소에 써야 하는 용인술이 중요하다는 말을 리더들은 항상 입에 달고 다닙니다. 또한 그 어떤 리더라도 용인술은 매우 어렵다고 생각하지요. 게다가 짐작건대 적재적소에 인재를 썼다손 치더라도 그 이면에는 종종 권모술수와 사심의 냄새가 날 때가 많습니다.

만약 자신의 세력을 확장하기 위해서라면 그 무엇보다 반드시 적합한 인물을 알맞은 자리에 앉혀야만 자기의 세력을 점점 더 깊이 심을 수 있고, 더 나아가 차츰차츰 자신의 지위도 공고해지기 마련일 것입니다. 이와 같은 권모술수를 발휘해야 마침내 자신의 계파 세력을 키워 정계, 비즈니스계, 혹은 사회의 그 어떤 조직에서든 패주覇主의 위세를 기세등등하게 떨칠 수가 있겠죠. 그러나 그러한 방식은 결단코 제가 배운 바가 아닙니다.

일본 역사를 통틀어 교묘하게 자신의 사람을 적재적소에 배치해 자신의 세력을 용의주도하면서도 일사불란하게 잘도 확장한 권모가로는 도쿠가와 이에야스에 견줄 만한 사람은 눈에 띄지 않습니다. 도쿠가와 이에야스는 자신이 거주하는 에도 성의 경비를 강화하기 위해 관동 지방 대부분은 자신이 특별히 아끼던 후다이다이묘(譜代大名, 도요토미 히데요시 세력과 건곤일척의 싸움을 벌인 세키가하라 싸움 이전부터 도쿠가와 집안을 섬겨 온 신하 옮긴이)들에게 지키도록 했습니다. 하코네(箱根, 가나가와 현神奈川縣 남서부에 위치, 도카이도東海道의 요충지 옮긴이) 관문을 통제하기 위해서 오쿠보(大久保, 1560년~1639년, 도쿠가와 막부의 가신 오쿠보 다다타카大久保忠敎 옮긴이) 사가미노카미(相模守, 사가미노쿠니相模國는 가나가와 현의 북동부를 제외한 대부분을 차지한 에도 시대 이전의 나라. 사가미노카미는 사가미노쿠니의 장관 옮긴이)를 오다와라(小田原, 가나가와 현에 있는 도시)에 배치했던 게 좋은 실례입니다.

흔히 말하는 삼가三家, 그러니까 미토가(水戸家, 에도 시대에 히타치常陸 즉 관동 지방의 동북단으로 지금의 이바라키 현茨城縣 지역 대부분을 다스림)로 하여금 동국(東國, 에도 시대 동부의 여러 나라)의 문호를 억제하게 하고,

비유가(尾州家, 에도 시대에 오와리尾張 즉 아이치 현愛知縣 서부 지대를 다스림)에게는 도카이(東海, 에도 시대에 교토에서 연해의 여러 나라를 지나 에도에 이르는 공용 도로의 하나)의 요충지를 억누르게 하고, 기슈가(紀州家, 기이紀伊 즉 와카야마 현和歌山縣 대부분과 미에 현三重縣 남부, 그리고 미에 현의 태반인 이세伊勢 지방을 다스림)에게는 기내 지방의 배후를 잡도리하도록 했습니다. 그리고 이이가몬노카미(井伊掃部頭, 이이씨井伊氏는 지금의 시가 현滋賀縣에 위치한, 에도 시대 히코네 번彦根藩의 번주 집안. 가몬노카미掃部頭는 헤이안 시대 궁내성宮內省에 속해 궁내의 시설 관리, 청소를 하는 관청인 카몬掃部의 장관 옮긴이)를 히코네에 두어 헤이안 왕성(平安王城, 지금의 교토 중심부)을 압박하는 따위의 일을 하게 했죠.

도쿠가와 이에야스는 인물을 이렇게 배치했는데, 실로 절묘함의 극치였지요. 이 밖에도 에치고越後의 사가키바라榊原, 아이즈會津의 호시나保科, 데와出羽의 사카이酒井, 이가伊賀의 도도藤堂 등도 도쿠가와 이에야스의 심복들입니다. 도쿠가와 이에야스는 이렇게 주고쿠(中國, 일본 혼슈本州의 서부 지구. 오카야마岡山, 히로시마廣島, 야마구치山口, 시마네島根, 돗토리鳥取 등 다섯 현)와 규슈(九州, 일본 남서부에 위치한 섬으로, 일본에서 세 번째로 크다. 후쿠오카福岡, 사가佐賀, 나가사키長崎, 오이타大分, 구마모토熊本, 미야자키宮崎, 가고시마鹿兒島 등 일곱 현을 포함)의 요충지에 자신의 수족들을 앉힌 것은 물론이거니와, 일본의 구석구석까지 심복들로 하여금 지키게 했습니다. 이렇게 다이묘大名의 손과 발을 꽉 묶어 놓았기에 도쿠가와 막부는 300년 동안이나 패업을 교묘하게 지켜 낼 수 있었던 것이죠. 물론 도쿠가와 가문의 패도가 일본의 국체에 들어맞는지, 그렇지 않은지는 제가 새삼스럽게 비평할 필요는 없겠지만 여하튼 간에 적당한 장소에 적절한 인재를 배치하는 수완은 일본 역사상 도쿠가와 이에야스에 필적할 만한 인물은 찾기 어려운 것만은 두말할 나위가 없는 듯합니다.

그런데 저는 용인술에 관한 도쿠가와 이에야스의 지혜를 배우고 싶어 끊임없이 고심하고 있지만 그 목적은 완전히 다릅니다. 저, 시부사와 에이치는 어디까지나 시부사와 에이치만의 마음으로 사람들을 대하고, 사람들을 쓰고 싶습니다. 저는 도쿠가와 이에야스의 용인술을 도구로 삼아 제 자신의 세력을 확장하겠다든지, 사심을 풀어헤치겠다는 생각은 털끝만큼도 해본 적이 없지요. 단지 평소에 품고 있던 저의 뜻은 '적재적소에 인재를 쓰고 싶다'는 소박한 마음일 뿐입니다.

그리하여 만약에 인재를 적재적소에 쓰는 업적을 이룬다면 그들 인재들은 나라와 사회에 공헌하는 본래의 길을 걸어갈 것이고, 이는 곧바로 저, 시부사와 에이치가 나라와 사회에 기여하는 길이기도 할 것입니다. 저는 이러한 신념 아래 인재를 기다리고 있습니다. 권모술수의 색채로 다른 사람을 모욕한다거나, 약통 속의 약처럼 언제나 자기 뜻대로 쓸 수 있는 물건으로 인재들을 취급하는 업보는 절대 짓지 않을 생각입니다.

모든 사람은 자유롭게 활동할 수 있는 천부의 권리를 갖고 있습니다. 만약에 시부사와 에이치가 활동하는 무대가 좁다면, 곧바로 시부사와 에이치의 곁을 떠나 자유롭게 자신의 드넓은 무대를 개척하여 능력과 개성을 마음껏 펼쳐 보이기를, 저는 충심으로 바랍니다. 이는 사람은 평등하지 않으면 안 된다는 말이기도 합니다. 더불어 절제와 예양禮讓이 있는 평등이어야만 합니다. 저를 덕으로 대해 주시는 분들이 계시듯, 저 또한 덕으로 사람을 대하고 싶습니다. 저는 세상 사람들은 서로를 지지한다고 믿습니다. 그래서 오만하게 굴지도 말고, 남을 얕보지도 말며, 서로 용서하고 참고 양보하며, 털끝만큼도 서로 등지어 떨어지지 말자는 게 저의 신조입니다. "덕은 외롭지 않고, 반드시 이웃이 있다"德不孤, 必有隣[14]는 공자의 말씀이기도 합니다.

𒀭 두 종류의 선배 𒀭

세상 사람들은 싸움은 그 어떤 경우에라도 절대로 하지 말아야 할 절대악이라고 말하곤 합니다. 심지어 "왼뺨을 맞거든 오른뺨을 내밀라"라는 말도 있는 지경이지요. 이런 상황에서 다른 사람과 경쟁을 하고 싸움을 한다는 게 도대체 이로운 것일까요? 불리한 것일까요? 이 문제는 사람들마다 제각각의 답을 갖고 있을 거라고 생각합니다. 어떤 사람은 싸움을 절대적으로 배척하지 않으면 안 된다고 생각하고, 또 다른 어떤 사람은 싸움이 불가피한 경우도 있다고 생각할 것입니다.

저 개인적으로는 사람들끼리의 경쟁은 절대적으로 배척해야만 하는 게 아니라 도리어 매우 필요한 그 무엇이라고 생각합니다. 저에 대해서 세간에서는 너무나 원만하고 너그러운 사람이라고 힐난하는 소리도 들립니다. 하지만 저는 그렇게 '싸움은 절대로 피하고 본다'는 것을 유일무이한 처세의 방침으로 삼고 있는 그런 사람이 결코 아닙니다.

『맹자』「고자告子 하」편에 이런 말이 있습니다.

"적국의 침입이 없으면 나라가 망하기 쉽다無敵國外患者, 國恒亡."

이 말처럼 한 나라도 건강하게 발전을 거듭하려면 상공업이든, 학술이든, 과학 기술이든, 외교이든 그 모든 방면에서 다른 나라와의 경쟁을 피할 수 없습니다. 다른 나라와의 경쟁을 통해, 반드시 이겨야만 하겠다는 의기양양함이 없으면 도태되기 마련입니다. 한 개인도 마찬가지입니다. 사방의 경쟁자와 싸워서 반드시 이겨 나가겠다는 투지가 없으면 그 사람은 절대로 앞으로 나아갈 수 없습니다.

후배들을 이끌어 주는 선배들도 크게 보아 두 가지 종류가 있는 듯합니다. 첫째로, 여하튼 간에 온화하면서도 친절하게 후배들을 대해 주며 절대로 나무라거나 따돌리지 않는 선배들입니다. 그런 선배들은 후배들을 적으로 생각하는 행동을 절대로 하지 않으면서, 후배들이 그 어떤 결점과 잘못이 있더라도 절대로 비난하지 않습니다. 칭찬하고 감싸주기만 할 뿐입니다. 당연히 후배들은 이러한 선배들을 신뢰하고, 마치 자애로운 어머니처럼 여기고 존경합니다. 하지만 후배들을 이렇게 대하는 선배들이 과연 진정으로 도움이 되는 사람일까요? 저는 회의적입니다.

또 다른 종류의 선배는 완전히 정반대입니다. 그들은 후배들을 마치 적같이 여기면서 후배들을 나무라는 걸 마치 즐거움으로 삼는 듯합니다. 후배에게 작은 티끌이 있더라도 성난 천둥처럼 노하면서 엄하게 꾸짖고, 성한 데가 없을 정도로 철저하게 때려눕혀 버리고 맙니다. 후배가 실책이라도 할손 치면 냉엄한 판관이 되어 혹리酷吏처럼 후배를 가혹하게 다루고 맙니다. 태도가 이렇게 엄격한 선배들은 늘 후배들로부터 환영을 받지 못하고 원한을 사기 일쑤입니다. 하지만 이러한 선배들은 과연 백해무익한 존재들일까요? 청년 제군 여러분들이 곰곰이 생각해 보기를 진심으로 바랍니다.

후배에게 그 어떤 결점이 있더라도, 혹은 후배가 그 어떤 잘못을 저질렀더라도 끝까지 비호해 주는 선배의 독실하면서도 친절한 마음은 정말로 고맙기 그지없습니다. 하지만 주위에 이러한 선배들로만 꽉 차 있다면 후배의 분발심은 요절하고 말 것입니다. 가령 후배가 잘못을 저질러도 선배가 용서를 해줍니다. 심지어 후배가 실책을 할 때마다 선배가 구원을 해줍니다. 이렇게 되면 후배는 미리미리 무사태평에 빠진 채 그 어떤 일을 하더라도 면밀한 주의력을 기울이지도 않고, 경솔함이 몸에 배어 분발심이라고는 도저히 찾아볼 수 없게 됩니다.

이와 반대로 후배에게 고시랑고시랑 잔소리를 해대며 후배의 실언이나 경솔한 말꼬투리를 잡고 늘어지는 선배가 있으면 그 주위의 후배는 우유부단하지 않고 항상 자신의 일거수일투족에 주의를 기울이면서 만사에 온 힘을 들여다 부을 것입니다. 감히 태만하게 굴지 않으면서 행동거지가 신중해질 것입니다.

이렇듯 후진을 달달 볶는 선배들은 후배들이 만약 실언을 하거나 실책을 하면, 심지어 후배를 욕하는 데만 만족하지 않고 후배의 아버지의 존함까지 들먹이면서 이렇게 욕을 해댑니다. "도대체가 너의 아버지 때부터 이런 모양이지!" 그런데 이런 선배 밑에 있는 후배는 만약에 이미 엎질러진 실책이 있더라도 자신이 다시는 이런 잘못을 되풀이하지 않도록 노력할 뿐만 아니라, 아버지의 이름마저 수치스럽게 하고 온 가족의 명예를 더럽힐 수 있다는 생각에 어떻게든 분발하려는 투지가 넘쳐 나게 마련입니다.

▓ 대장부의 시금석 ▓

과연 무엇이 진짜 역경일까요? 실례를 들어 설명을 하고 싶습니다.

세상은 당연히 평화롭게 순리대로 돌아가도록 해야 하는 게 제대로 된 이치입니다. 하지만 평온한 물에도 물결이 일고 조용한 공중에도 바람이 불듯이, 물처럼 잔잔한 국가와 사회에도 때로는 변란이나 혁명이 일어나기 마련이죠. 이것을 평화로운 시대와 비교하자면 분명히 역경이라고 할 수 있을 것입니다. 사람의 삶도 변란의 시대에 살거나 태어나면 어쩔 수 없이 역사의 격랑에 휩싸이는 불행을 겪기 마련이고요. 그럼 이거야말로 진짜 역경인가요? 과연 그렇다면 저 자신도 역경에 처해진 한 사람일 것입니다.

저는 일본 사회가 가장 불안하고 요동을 치던 1868년 메이지 유신(明治維新. 메이지는 1868년부터 1912년까지의 연호다. 1867년 10월 도쿠가와 요시노부德川慶喜 쇼군이 교토의 천황에게 권력을 되돌려 주는 대정봉환大政奉還 선언을 한 후 1868년에 에도 막부가 멸망하고 메이지 신정부가 탄생했다. 옮긴이) 전의 에도 막부 말기에 태어난 후, 여러 가지 변혁의 도가니에서 살아오면서 지금에 이르렀습니다. 되돌아보자면 메이지 유신 전후야말로 진정한 사회 변화의 시대였습니다. 재능이 출중한 자라도, 또한 노력가일지라도, 뜻밖의 역경에 직면했지 뜻밖의 순경順境을 맞닥뜨리지는 못했습니다.

저는 메이지 유신 전에는 천황을 옹립하고 막부를 멸망시키자는 존왕토막尊王討幕과, 서양 오랑캐를 배척하고 나라의 문을 닫자는 쇄국정책인 양이쇄항攘夷鎖港을 주장하느라 동분서주했습니다. 하지만 얼마 지나지 않아 도쿠가와 막부 분가分家 중의 한 집안인 히토쓰바시가一橋家의 가신이 됐다가, 또 나중에는 에도 막부의 신하가 됐습니다. 훗날에는 또 도쿠가와 쇼군의 아들인 민부공자(民部公子, 에도 막부의 마지막 쇼군인 도쿠가와 요시노부德川慶喜의 동생 옮긴이)를 수행하여 프랑스에 다

녀왔습니다. 하지만 일본에 돌아와 보니 이미 막부는 무너지고 세상은 천황의 왕정으로 회귀를 했더군요.

이러한 대변혁의 시대에 저의 지혜와 능력은 부족했지만, 저는 전심전력을 다해 분투하고 노력했다고 생각합니다. 하지만 사회 변화와 정치체제의 혁신을 맞닥뜨려서는, 제가 그 어떤 안간힘을 쓰더라도 어찌할 도리가 없이 이런저런 역경에 빠져 버리고 말았습니다. 그 역경의 수렁에서 가장 곤혹스러웠던 순간들이 지금도 여전히 눈에 선합니다. 물론 그 당시에 대다수의 인재들이 저처럼 역경에 빠졌다는 것은 부인할 수 없는 사실인데, 이러한 대변란의 시기에는 역경을 피할 도리가 없었던 게 분명합니다. 큰 파란은 비록 항상 있는 게 아니지만, 시대의 추이에 따라 인생의 작은 파란은 결코 피할 수 없나 봅니다. 단, 사람은 역경에 처했을 때 그 역경의 원인을 세심하게 살펴야 합니다. 다시 말해 그 역경의 원인이 자기 탓인지 다른 사람들 탓인지, 아니면 자연적인 역경인지를 잘 살핀 연후에 그에 상응하는 대책을 내놓아야 한다는 말이죠.

물론 자연적인 역경은 대장부를 대장부답게 기를 수 있는 대장부의 시금석입니다. 그렇다면 역경이 닥쳤을 때 우리들은 어떻게 대처하는 게 좋을까요? 신도 아닌, 저와 같이 평범한 사람은 이 방면에서 그 무슨 특별한 비책이 있는 게 아닙니다. 필경 이 사회에서도 그러한 비책을 알고 있는 사람은 없을 것이라고 생각합니다. 그런데 제가 역경에 처했던 당시의 체험에서, 그리고 도리에 맞는 상식선상에서 생각해 보자면, 그 어떤 사람일지라도 자연적인 역경에 빠졌을 경우에는 우선 이것이 나 자신의 본분, 즉 운명이라고 여기고 받아들일 수 있다는 각오를 단단히 하는 게 유일한 대책인 듯합니다.

사람이 만약 이렇게 지족知足을 하면, 역경은 비록 그 사람을 힘들게 하지만 초조하게 하지는 않습니다. 자연적인 역경은 천명天命이니 어찌할 도리가 없다고 체념을 하면, 그 어떤 처지에 놓여도, 그 어떤 역경에 처하더라도 마음은 평정심을 유지할 수 있다는 말입니다. 그런데 이러한 자연적인 역경을 억지로 인위적인 재앙으로 해석하다 보면, 또한 인위적인 힘으로 이 자연적인 역경을 뒤바꿀 수 있다고 궁리를 하다 보면, 도리어 고뇌만 더 많아지고 말짱 도루묵과 같은 일만 쌓여가다 마지막에는 역경의 악순환에 빠지고 말 것입니다. 이것은 결국 그 어떤 대책도 내놓을 수 없는 최악의 순간을 스스로 조장하는 꼴에 지나지 않습니다.

따라서 자연적인 역경을 맞닥뜨리면 우선 천명이라고 생각하며 마음의 평상심을 찾는 게 가장 좋고, 천천히 그리고 차분하게 명운의 도래를 기다리면서 불요불굴의 정신으로 공부를 계속하는 노력이 최상의 비결입니다. 그럼 반대로 인위적인 역경에 처했을 때는 어떻게 하는 게 최상의 대책일까요?

인위적인 역경은 대다수가 자신이 조장한 것이기 때문에 우선 자신을 반성하고 잘못을 철저하게 고치면서 남의 탓을 하지 않는 게 가장 중요합니다. 그래서 공자께서는 이렇게 말씀하셨는지도 모릅니다.

"다른 사람이 나의 가치를 알아주지 않는다고 걱정하지 말고, 네가 다른 사람의 가치를 제대로 알고 있는가를 걱정하라."不患人之不己知, 患不知人也.[15]

"다른 사람이 나를 알아주지 않는다고 근심하지 말고, 내가 그럴 만한 능력이 없음을 근심하라."不患人之不己知, 患其不能也.[16]

"군자는 허물을 자기에게서 찾고, 소인배는 남을 책망한다."君子求諸

乙, 小人求諸人.[17]

사실 인간사는 대부분이 '자기가 하기' 나름입니다. 만약에 자신이 분투하고 각근면려恪勤勉勵의 땀을 흘리면 자신이 바라는 소원을 성취할 수 있습니다. 그런데 많은 사람들은 자신이 피땀을 흘려 행복의 명운을 열려 하지는 않으면서, 오히려 남의 탓이나 하늘 탓이나 하면서 자신이 고의적으로 말썽을 일으키다 마침내는 역경의 구렁텅이에 불쑥 빠지고 맙니다. 만약 여러분들이 이렇게 살면서도 도리어 순경에 처해 행복한 생활만을 영위하기를 바란다면 아마도 그것은 불가능한 일일 것입니다.

바닷게는 등딱지에 맞는 굴을 판다

저는 처세의 방침으로 지금까지 늘 '충서忠恕'라는 일관된 사상과 원칙을 유지하고 있습니다. 예로부터 종교가, 도덕가라는 사람들 중에서 석학과 홍유鴻儒가 수없이 배출되어 도를 가르치는 법을 세워 왔지요. 하지만 필경 수신修身, 즉 몸을 바르게 하는 일 하나에 전념했다고 생각합니다. 수신의 도를 복잡하게 말하면 이해하기가 어렵겠지만, 간단하게 말하면 자신의 몸 주위의 일을 가리키는 말입니다. 젓가락을 집고 내리는 사이에도 충분히 그 의미가 담겨 있습니다. 저는 수신의 의미를 가족을 대하면서도, 손님을 대하면서도, 다른 사람에게서 온 편지를 대하면서도, 그러니까 그 모든 것을 대하는 데 '성의를 다하는 것'이라고 생각합니다.

공자께서 말씀하셨습니다.

"대궐문에 들어갈 때는 몸을 굽혀 절하는 듯이 하여 송구스러운 모습을 지었다. 설 때는 중앙을 피했으며, 문을 지나면서 문지방을 밟지 않았다. 임금이 서는 자리를 지날 때는 안색을 긴장되게 하고, 빠른 걸음으로 지나, 말을 아끼듯 과묵했다. 옷자락을 잡고 당에 오를 때는 절하듯 몸을 굽혔고, 숨을 멈춘 듯이 했다. 나와서 계단을 내려올 때는 화락한 얼굴빛으로 즐거워했으며, 층계를 다 내려와서는 총총걸음이 단정했고, 다시 제자리로 돌아와서 경건하고 조심스러웠다." 入公門,

鞠躬如也, 如不容. 立不中門, 行不履閾. 過位, 色勃如也, 足躩如也, 其言似不足者. 攝齊升堂, 鞠躬如也, 屛氣似不息者. 出, 降一等, 逞顔色, 怡怡如也. 沒階, 趨進, 翼如也. 復其位, 踧踖如也.[18]

이 말에 수신의 의미가 유감없이 설명되어 있습니다. 또 대제를 지내는 예법인 향례享禮, 예를 갖추어 맞아들이는 빙초聘招, 그리고 의복, 기거에 대해서도 차근차근 말씀하셨고, 더 나아가서 음식에 대해선 이렇게 가르치고 있습니다.

"밥은 매 찧은 흰 쌀밥은 싫어하지 않았고, 회는 가늘게 잘 썬 것일수록 싫어하지 않았다. 밥이 쉬어 냄새가 나거나, 생선이 상한 것과 고기 썩은 것은 먹지 않았다. 빛깔이 나빠도 먹지 않았고, 냄새가 나빠도 먹지 않았으며, 알맞게 익지 않아도 먹지 않았다. 먹을 때가 아니면 먹지 않았다. 바르게 잘라지지 않았으면 먹지 않았고, 간이 맞지 않아도 먹지 않았다. 고기가 많아도 밥보다 더 먹지 않았고, 오직 주량은 정하지 않았지만 주정을 부리는 일이라곤 없었다." 食不厭精, 膾不厭

細. 食饐而餲, 魚餒而肉敗, 不食. 色惡不食. 臭惡不食. 失飪不食. 不時不食. 割不正不食, 不得其醬, 不食. 肉雖多, 不使勝食氣. 唯酒無量, 不及亂.[19]

이것들은 지극히 비근한 사례이지만 도덕과 윤리야말로 이런 비근한, 흔히 우리들 주위에서 보고 들을 수 있을 만큼 알기 쉽고 실생활에 가까운 예에 깃들어 있는 게 아닐까요? 그래서 수신이란 우선 자신의 일거수일투족에 주의를 기울이는 것에 다름 아니고, 그 다음에 유의해야만 하는 것은 자신이 깨닫는 것입니다. 어떤 사람은 자신을 너무 과신해 분에 넘치는 희망을 품는 경향이 있기도 합니다. 그런 사람들은 단지 용감하게 앞으로 나아가는 것만 알지, 본분을 지키는 걸 몰라 무턱대고 실패를 향해 맹진하는 우를 범할 수 있습니다.

바닷게는 자신의 등딱지에 맞는 굴을 판다고 합니다. 크지도 않고, 그렇다고 작지도 않게 자신의 몸 크기에 꼭 알맞는 굴을 파는 것이지요. 저도 이렇게 자신의 역량에 맞게 본분을 지키자는 태도가 수신의 출발점이라고 생각합니다. 이것이 바로 시종일관 굳게 지켜 오던 저, 시부사와 에이치의 본분이었습니다.

대략 10년 전의 일입니다. 어떤 사람으로부터 꼭 대장대신(大藏大臣, 재정부 장관)이 되고, 일본은행 총재가 되어 주기를 바란다는 부탁을 받은 적이 있습니다. 하지만 저는 이미 메이지 6년에 뜻한 바가 있어 비즈니스계에서 '나의 굴'을 파기 시작했습니다. 때문에 그때에 다시 벼슬이라고 하는 굴을 파낼 수가 없어 그들의 호의를 강하게 거절했지요.

공자께서 말씀하셨습니다.

"비유컨대 산을 쌓아 올리는 데 흙 한 삼태기가 모자라 멈추어도 내가 멈춘 것이요. 비유컨대 땅을 고르는 데 한 삼태기의 흙을 덮어, 나아가더라도 내가 나아간 것이다."譬如爲山, 未成一簣, 止, 吾止也. 譬如平地, 雖覆一簣, 進, 吾往也.[20]

정말로 나아갈 때와 물러날 때를 아는 출처진퇴出處進退의 지혜야말로 가장 중요한 수신의 도가 아닌가 하고 생각합니다. 그러나 '본분을 지켜라'라고 해서 진취적인 기상을 잊어버리라는 말은 절대 아닙니다. '일을 이루지 못하면 죽음도 두려워 하지 말아야 한다.' '큰 공은 작은 것에 얽매이지 않는다.' '사내대장부가 한 번 결심하면 추호의 두려움도 없이 파부침주(破釜沈舟, 항우가 진秦나라 군사와 싸울 때, 강을 건넌 후 밥솥을 부수고 배를 침몰시켜 다시는 돌아가지 않을 결심을 했다는 이야기로 『사기』「항우본기項羽本紀」에 나온다. 옮긴이)의 각오로 혼자서라도 일을 꼭 이루어 내야 한다.' 이러한 말들은 모름지기 건곤일척의 승부수를 던져 보아야 한다는 뜻이지만, 자신의 본분을 잊어버리라는 말은 결코 아닙니다. 이른바 "일흔에 마음이 바라는 대로 좇아도 됐고, 할 바를 넘어서지 않았다"七十而從心所欲, 不踰矩[21]는 공자의 말씀도 본분에 맞추어 나아가야 한다는 뜻입니다.

   그 다음으로 청년 제군들이 가장 주의를 해야만 하는 것은 희노애락喜怒哀樂입니다. 특히 청년뿐만 아니라 사람들이 대체로 처세의 도를 잘못하고 있는 주된 까닭은 칠정七情을 조절하지 못하는 탓입니다. "〈관저關雎〉는 즐거우면서도 음란하지 않고, 슬프면서도 마음을 상하게 하지 않는다"關雎, 樂而不淫, 哀而不傷[22]라는 공자의 말씀이 희노애락을 조절하라는 가르침인데요. 저 또한 때로는 술을 마시고 노래를 부르며 놀지만 음탕하지도 않게, 마음을 상하지도 않게 하며 늘 절도를 지키려고 노력합니다. 요약컨대 저의 '이즘(ism, 주의主義)'은 성심성의誠心誠意입니다. 저의 수신의 도는 바로 '그 무엇에든 성의를 다하는 것' 외에는, 그 무엇도 아닙니다.

▨ 득의의 때, 실의의 때 ▨

사실 대부분의 사람들에게 수많은 화禍는 득의得意의 때, 즉 일이 잘 풀려 나갈 때 싹틉니다. 득의의 때에는 누구나 우쭐해지는 경향이 있기 때문에 화를 자초하고 마는 것이지요. 때문에 살아가면서 이 점에 주의를 해, 득의의 때일수록 방심하지 말고 실의의 때일수록 낙담하지 말아야 합니다. 평상심을 유지하며 늘 도리에 맞게 길을 걷고 행동거지를 조심하는 게 가장 중요하다는 말입니다.

더불어 꼭 유념해야 하는 것은 큰일과 작은 일에 대한 고려입니다. 실의의 때에는 누구나 작은 일에 주의를 기울이지만, 많은 사람들은 득의의 때에 도리어 작은 일을 얼렁뚱땅 생각하며 깊은 사려를 보이지 않는 경향이 짙습니다. '이렇게도 작은 일을…' 하는 둥둥 하며 작은 일을 가볍게 보는 태도에 쉽게 빠지는 것이지요. 하지만 득의의 때든 실의의 때든 항상 큰일과 작은 일 그 모두를 치밀하게 마음 쓰지 않으면 뜻밖에도 잘못을 쉽게 범할 수 있습니다. 이 사실을 잊어버리면 절대 안 됩니다.

그 누구라도 큰일이 닥치면 어떻게 처리해야 좋을지 정신을 집중해서 주도면밀하게 계획을 짜지만 작은 일은 이와 다르게 바보처럼 은근슬쩍 지나쳐 버리는 게 세간의 풍토입니다. 그렇다고 온갖 시시콜콜한 일에 편집증 환자처럼 마음을 쓸 정도로 작은 일에 구애를 받는 것은 헛되이 정신을 소모시키기 때문에 무슨 일이든 지나치게 마음을 둘 필요는 없습니다. 물론 큰일도 그렇게 걱정하지 않고도 이루어 낼 수 있는 경우가 있습니다. 때문에 일의 크고 작음에는 구분이 있지만, 표면적인 관찰로만 경솔하게 그 중요성을 판단할 수는 없는 노릇입니다. 작은 일이 도리어 큰일을 이루게 하고, 역으로 큰일이 의외로 작은 일이 되는 경우도 있기 때문입니다. 그래서 모든 일을 크고 작음에 관계없이 그 성질을 잘 고려한 연후에 적절하게 처리하는 게 중요합니다.

그러면 우선 큰일을 처리할 때 어떻게 해야 좋을까요? 우선 그 일을 잘 처리할 수 있을지 말지를 생각해야 합니다. 물론 사람들마다 제각각 마음이 다르기 마련입니다. 어떤 사람은 자신의 득실을 한쪽에 제껴 놓고 가장 좋은 처리 방안을 고민하고, 또 어떤 사람은 자신의 모든 것을 희생하기도 합니다. 이와 반대로 어떤 사람은 자신의 득실만을 최우선으로 고려하며 사회적인 모든 것을 안중에 두지 않습니다. 모든 사람들이 제각기 그 생김새가 다른 것처럼 마음 씀씀이도 다르기 때문에 한결같은 답안이 나오기는 무리일 것입니다.

만약 저에게 어떻게 처리하는 게 좋을지를 묻는다면 이렇게 대답하고 싶습니다. 저는 우선 일을 어떻게 처리해야 도리에 맞는지를 고려합니다. 그리고는 도리에 맞게 일을 처리하는 방안이 국가와 사회에 도움이 되는지를 고려합니다. 그런 연후에 이렇게 하면 나에게 좋은가, 좋지 않은가를 따집니다. 이렇게 생각을 한 후, 비록 나에게 이익이 되지 않지만 도리에 맞고 국가와 사회에 도움이 되는 경우라면 저는 반드시 '작은 나'를 버리고 도리를 좇습니다. 시비득실, 도리와 불합리를 따져 본 연후에 몸소 일을 시작하는 게 좋은 방법이라고 생각하고 있는 것이지요.

하지만 반드시 세밀하고 주도면밀하지 않으면 안 됩니다. 도리에 맞기에 곧바로 시행한다든지, 공익을 배반하는 것이기에 곧바로 버려서는 안 된다는 뜻입니다. 어떤 일은 보기에 도리에 맞지만 여러 각도에서 보면 불합리한 경우도 있습니다. 어떤 일은 지금 당장 공익을 배반하는 것 같지만 시간이 지나면 사회에 유리하지 않은가를 고려해 보아야만 합니다. 단숨에 시비곡직, 도리와 불합리를 속단하지 말고 모든 일의 속사정을 진지하게 고려해야 한다는 말입니다. 만약 조치가 합당하지 못하면 모처럼의 노력이 수포로 돌아가 버리기 마련이니까요.

사람들은 자칫하면 작은 일을 깊게 고려하지 않고 경솔하게 결정하고 맙니다. 매우 부적절한 경우죠. 작은 일이기에 목전에는 당연히 사소한 일로 보입니다. 그 누구라도 가볍게 여기기 마련이고요. 하지만 경시하던 작은 일이 쌓이고 쌓이면 큰일이 된다는 것을 잊으면 안 됩니다. 작은 일이 때로는 큰일의 실마리가 되기도 하지 않습니까. 원래는 들깨처럼 하찮은 일에 지나지 않던 작은 일이 생각지도 않게 큰 문제가 되어 사람을 괴롭히기도 합니다. 또 어떤 사람은 작은 일로 점점 나쁜 일을 저질러 결국에 악인이 되고 맙니다. 처음에는 사소한 사업으로 생각했지만 점점 크나큰 폐해를 빚는 경우도 허다합니다.

이와 반대로 어떤 사람은 작은 일 덕분에 일가의 행복을 이루기도 하지요. 이것들은 모두 작은 일이 쌓여 얻어진 결과입니다. 사람에게 폐를 끼치거나 자기 고집불통대로 하는 일이란 작은 것이 쌓여 점점 크게 변한 것에 불과합니다. 이러한 폐단이 쌓이고 쌓이면 정치가는 정치계에 악영향을 미치고, 사업가는 비즈니스계에서 낙오하고, 교육자는 제자들을 잘못 가르치고 맙니다. 때문에 작은 일이라고 반드시 작은 일인 것은 결코 아닙니다. 사회에서 무조건 작은 일과 큰일을 구분하거나 서로의 경중을 따지는 것은 제가 보기에 필경 군자의 도가 아닌 듯합니다. 하여 모든 일은 대소를 나누지 말고 늘 같은 태도로 고려하고 처리해야만 합니다.

이 밖에 한마디를 더 거들자면, 득의감에 너무 우쭐하지 말라는 것입니다. "이름을 떨침에는 늘 가난과 아픔의 날이 있고, 일의 실패는 우쭐함이 많았던 때의 탓이다"라는 옛말이 있습니다. 정말로 맞는 말입니다. 곤란함에 처해서도 꼭 큰일을 다루듯이 모든 일을 처리했기에 명성을 떨치는 경우가 많은 게 세상의 순리입니다. 세상에 성공한 사람으로 보이는 이들에게는 반드시 '그 곤란함을 잘 견뎌 냈다' '그 고통을 잘 이겨 냈다'라는 경험이 있기 마련입니다. 바로 곤란할 때 전심전력으로 모든 일을 대했다는 증거인 것이지요.

그런데 실패의 징조에는 수많은 득의의 날이 엿보입니다. 득의의 때에 공교롭게도 작은 일을 앞에 두고 '설마 천하의 무슨 일이든 이루지 못하는 게 있겠어'라는 기개로 어떤 일이든 가볍게 처리했기에, 자신의 눈어림을 벗어나는 큰 낭패를 보고 어쩔 수 없는 실패의 수렁에 빠져 버립니다. 작은 일이 쌓여 크게 되는 것이 당연한 이치니까요. 때문에 사람은 득의의 때일수록 우쭐해 하지 말고 작은 일이든 큰일이든 똑같이 사려분별을 주의 깊게 기울이는 게 가장 중요합니다. 미토고몬水戸黃門 도쿠가와 미쓰쿠니(德川光圀, 에도 시대 전기 미토 번水戸藩의 2대 영주, 일본 최초의 기전체 역사서인 『대일본사大日本史』를 편찬하고 미토학의 기초를 닦았다. 도쿠가와 이에야스의 손자 옮긴이)의 벽서壁書 중에 "작은 일을 모두 통달하면 큰일이 닥쳐도 놀라지 않는다"라는 글귀가 있습니다. 지금까지 제가 했던 말을 한마디로 함축하는 명언입니다.

2 | 평생의 뜻을 세워라

입지(立志)와 학문

저희들과 같은 보통 사람들은 뜻을 세울 때 흔히 다양한 괴로스러움에 맞닥뜨리곤 합니다. 눈앞의 사회 풍조로 휘둘리기도 하고, 또는 한때의 주위 사정에 영향을 받아 수많은 사람들이 자신의 능력을 고려하지 않은 채 무턱대고 자신의 기량과 어울리지 않는 영역에 매진하고 합니다. 하지만 이것은 진정한 입지(立志)라고 할 수 없습니다. 그러기 위해서는 우선 자신의 머리를 냉정하게 식힌 후 자신의 장점과 단점을 면밀하게 비교, 고찰한 연후에 자신이 한 몫의 일을 감수할 수 있는 탓에, 애초에 뜻을 세울 때 좀 더 신중하게 고려할 필요가 있습니다. 그러나 심체가 건강하고 두뇌가 명석하여 뜻을 신장할 수 있는 방향으로 뜻을 세우는 게 관건입니다. 동시에 자신의 조건과 상황이 자신의 육표에 발을 맞추어 줄 수 있는가도 깊이 고민해 보아야 되겠지요. 가령 심체가 건강하고 두뇌가 명석하여 뜻을 세무에 두었다고 합니다. 하지만 만약 재력이 뒷받침해 주지 않는다면 그 소원은 공염불로 그칠 수 있습니다. 때문에 일생을 통해 견디낼 수 있는 것을 자신의 뜻한 바로 세우는, 즉 그것을 애초부터 입지(立志)의 방침으로 세우는 게 바람직합니다. 그런데 색깔의 유형에 활짝핀 채 심사숙고하지 않고 한순간의 충동으로 한평생의 뜻을 세우거나, 자신의 바람과는 정반대의 일을 계획한다면 결국 대업을 완성하기란 어려울 것임에 분명합니다. 만약 큰 뜻(立志)의 기둥을 세웠다면 이제는 가지와 잎파리 되어 줄 작은 뜻(小志)을 날마다 어떻게 뻗어 나아갈 것인가를 궁리해야 합니다.

🞖잃어버린 무사도🞖

도쿠가와 막부 말기에도 보통의 농農, 공工, 상商 교육과 사무라이 교육이 전혀 달랐다는 점은 여전히 남아 있던 나쁜 인습이었습니다. 사무라이들은 모두 수신제가修身齊家를 근본으로 하며, 자신을 수양하는 교육뿐만 아니라 다른 사람을 어떻게 다스릴지를 배웠습니다. 바로 경세제민經世濟民이 사무라이 교육의 취지였던 셈이지요. 이에 비해 농민, 수공업자, 상인들에 대한 교육은 다른 사람을 어떻게 다스리고 국가를 어떻게 이끌 것인가에 대한 교육이 아닌, 단지 아주 얕은 수준의 천박한 교육에 불과했습니다.

당시 사람들 중에서 무사 계급의 교육을 받을 수 있는 이들은 매우 극소수였습니다. 때문에 이른바 교육은 모두 데라코야(寺子屋, 에도 시대에 서민의 자제들을 가르치기 위해 설립된 초급 교육기관으로 사무라이, 승려, 의사, 신관들이 주로 독서, 서예, 주판 등을 가르쳤다. 가마쿠라 막부 시대와 무로마치 막부 시대에 사원이 교육을 완전히 담당하던 것에서 기원함 옮긴이)에서 실시됐습니다. 절의 스님이나 부호 노인들이 교육을 담당했었죠.

당시에 농, 공, 상의 활동 범위도 나라 안일 뿐, 나라 밖과는 전혀 교류를 하지 않았기 때문에 그들에 대한 교육은 아주 초보적인 수준에 머물렀죠. 게다가 주요 상품은 모두 다 막부나 번의 다이묘들이 운송과 판매의 기축을 장악하고 있었기 때문에 농, 공, 상 계급과의 관계는 아주 적었습니다.

당시에 이른바 평민이라고 하는 농민, 수공업자, 상인 계급들은 단지 무사 계급의 도구에 지나지 않았죠. 더더욱 낭패였던 일은 사무라이들이 제멋대로 평민들을 구타하고 살해하는 참혹한 야만 행위가 자유로웠다는 사실입니다. 이러한 정황은 가에이(嘉永, 일본의 연호, 1848년~1854년)와 안세이(安政, 일본의 연호, 1854년~1859년) 시대에 이르러 점점 바뀌었으며, 경세제민의 학문을 공부한 사무라이들은 존왕양이(尊王攘夷, 교토의 천황을 옹호하고 서양 오랑캐를 배척하자는 운동) 이론을 주창하고 결국에는 메이지 유신이라는 대변혁을 이루어 냈습니다.

저는 메이지 유신 이후 얼마 지나지 않아 대장성(大藏省, 재무부)의 관리가 됐는데, 당시의 일본에는 아직 과학 교육이 전혀 없었다고 해도 무방할 지경이었습니다. 무사 교육에는 비록 여러 가지 고상한 정신이 깃들어 있었지만 농민, 수공업자, 상인 계급의 교육에 그러한 내용은 전무했지요. 뿐만 아니라 보통교육도 저급한 수준에 머물렀고 태반이 정치성이 짙은 교육에 국한됐습니다. 비록 해외 교역이 시작됐지만 국제 무역에 대한 지식은 없었습니다. 나라를 부강하게 키우고 싶은 열정은 강렬했지만 어떻게 부국강병을 할 수 있을 것인가에 대한 지식이 전혀 없었던 것이지요.

히토쓰바시一ッ橋 고등상업학교는 1874년 메이지 7년에 세워졌지만 몇 차례나 폐교가 되어 버렸습니다. 이것은 곧바로 당시 사람들이 '상

인은 높고도 깊은 지식이 필요 없다'고 생각했다는 것을 방증하고 있습니다. 저는 그래서 다른 나라와 무역 교류를 하기 위해서는 과학 지식을 꼭 배워야 한다고 목이 쉴 정도로 강렬하게 주장해 왔습니다. 다행스럽게도 행운이 점점 찾아와 1884년인 메이지 17년, 1885년인 메이지 18년에는 이러한 경향이 점점 더 두드러져 과학 지식을 배운 인재들이 속속 배출되기에 이르렀습니다.

그로부터 지금까지 단지 3, 4년이라는 짧은 시간 동안에 일본은 다른 나라와 비교해도 전혀 뒤지지 않을 정도로 물질문명이 발달을 거듭해 왔다고 자신합니다. 하지만 그 사이에 또 엄청난 폐해가 싹트고 말았는데요. 바로 도쿠가와 막부의 300년 태평성대를 이끈 쇼군의 무단정치가 그 폐해를 싹트게 한 근본적인 원인일 것입니다. 다름이 아니라 에도 시대 당시에는 사무라이 중에서 고상하고도 원대한 성품을 지닌 이들이 적지 않았지만, 오늘날에는 그러한 사람들이 아예 사라져 버렸다는 것입니다. 다시 말해 재부가 쌓이고 경제가 발전을 거듭하고 있지만 애석하게도 무사도 정신이라든지, 또는 인의도덕이라고 하는 것이 지금의 일본 사회에서 송두리째 사라져 버린 것이지요. 즉 정신교육이 완전히 쇠퇴해 버렸다는 말입니다.

1873년 메이지 6년경부터 물질문명이 급속도로 촉진되어 오늘날에 이르렀습니다. 그리고 지금은 엄청난 부를 쌓은 민간 기업인들을 전국적으로 볼 수가 있고, 국부 또한 크게 증가했습니다. 하지만 뜻밖에도 인격 수양은 메이지 유신 이전에 비해 크게 퇴보하고 말았습니다. 아니, 퇴보가 아니라 소멸됐다고 해도 과언이 아닐 것입니다. 물질문명의 진보는 정신문명의 퇴보가 아닌가 하는 생각이 들 정도입니다.

저는 늘 정신의 상승과 물질의 증가는 동반되어야만 한다고 주장해 왔습니다. 여전히 그런 신념은 변함이 없습니다. 이런 점에 비추어 보면 사람은 역시 신앙을 갖는 게 좋을 듯합니다. 저는 비록 농가에서 출생했지만 다행스럽게도 한학을 공부한 덕분에 일종의 신앙을 가질 수 있었습니다. 저는 극락이든 지옥이든 그런 것에는 전혀 관심이 없습니다. 단지 바로 지금 정정당당하게 살면서 행동거지와 성품이 바른 사람이 우수한 인재라는 것을 종교처럼 믿고 있습니다.

공자는 이런 말씀을 하신 적이 있는데요. "바탕이 겉꾸밈보다 두드러지면 거칠고, 겉꾸밈이 바탕보다 두드러지면 간사하다. 바탕과 겉꾸밈이 잘 어우러진 연후에야 군자이다."質勝文則野, 文勝質則史, 文質彬彬, 然後君子.[23]

공자는 사람은 외형과 내용이 조화롭게 균형을 갖추지 못하면 훌륭한 인물이라고 할 수 없다고 말하고 있는 것입니다. 여하튼 내심이 성실하고 고결한 정신을 갖고 있더라도 밖으로 풍겨 나오는 언동이 예의에 어긋나서 정신에 걸맞지 않으면 그런 사람은 야비한 촌놈에 지나지 않습니다. 거꾸로 내심은 야비하지만 겉꾸밈이 좋아 아름답게 보이는 사람이 점점 더 늘어나는데, 이런 이들은 결코 칭찬받을 만한 인물이 아니지요. 이것은 마음은 조금도 없으면서 미사여구를 늘어놓는 일을 하는 벼슬아치나 마찬가지입니다. 때문에 사람은 문(文, 외면)도 질(質, 내면)도 모두 부족함이 없이 밸런스를 유지하고 있어야 비로소 군자라고 부를 수 있습니다.

이러한 상태를 문질빈빈文質彬彬이라고 말합니다. 질質은 소질素質의 질로 마음씨가 소박한 것을 가리키고, 문文은 문절文節의 문으로 말을 꾸미는 것을 가리킵니다. 또 빈빈彬彬은 색과 무늬 따위가 잘 조화를 이루고 있는 것을 일컫습니다. 야野는 도시 밖인데, 여기서는 야비한 짓을 뜻합니다. 사史는 국가의 예식이나 서적을 담당하는 관명이고요.

사람은 외형이든 내면이든 한쪽으로만 치우치기 십상입니다. 예의를 갖추어 알랑거리거나, 검약이 지나쳐 인색해지는 것 그 모두가 한쪽으로 치우친 것에 지나지 않습니다.

그렇다고 해서 알랑거림이 나쁘기에 다른 사람의 좋은 점을 칭찬하는 것을 보고 오만하고 불손한 태도로 위선자로 매도하거나, 또는 인색하면 안 되기에 돈을 물 쓰듯 하고 마치 돈에 초월이라도 한 듯 자만에 빠지는 것도 좋지 않지요.

오늘날은 물질에 빠진 채 정신은 공허한 청년들이 많은 듯합니다. 그 까닭은 여러 가지겠지만 동양 도덕에 관심이 적어지면서 니체의 도덕은 알아도 『논어』의 도덕설은 알지 못하는 탓입니다. 저는 자동차에 대해 무척 잘 알고 있더라도 『논어』를 잘 알지 못하는 사람은 훌륭하다고 평가하지 않습니다. 그래서 저는 『논어』를 들고 청년 여러분들께 동양 도덕을 불어넣고 싶습니다.

도요토미 히데요시의 장단점

난세의 호걸은 예법에 구속되지 않습니다. 어쨌든 가도家道에 얽매이지 않은 사례는 비단 메이지 유신 시절의 원로들뿐만이 아니었습니다. 어느 시대이든 간에 난세에는 모두 그랬었나본데요. 저 또한 수신제가의 경지를 이루었다고 제 입으로 말하지는 못합니다만, 희세의 영웅인 호다이코(豊太閤, 도요토미 히데요시豊臣秀吉, 1537년~1598년) 역시 예에 구속되지도 않고, 가도도 잘 고르지 못한 사람이었습니다. 물론 이것은 크게 칭찬할 만한 일은 아니지만, 난세에 살아남기 위해서 그러한 운명을 걸을 수밖에 없었다면 지나치게 심한 질책만을 할 수는 없겠지요.

도요토미 히데요시의 가장 크나큰 단점이 있었다고 한다면, 그것은 수신제가를 이루지 못한 것과, 계략은 있다손 치더라도 치국평천하治國平天下의 경략이 없었다는 것입니다. 만약에 그의 장점을 거론하라면 말할 필요도 없이 그의 노력과 용기, 그리고 기지일 것입니다. 이렇게 열거한 도요토미 히데요시의 장점 중에서도, 장점 중에 장점이라고 지적해야만 하는 것은 그의 노력입니다. 저는 도요토미 히데요시의 노력을 정말로 경탄해 마지않는데, 청년 제군 여러분들도 꼭 그의 노력에서 깨달음을 얻기 바랍니다. 무슨 일이든 그 일의 성공은 성공의 날에 조성되는 게 아니라 날마다 성공의 날로 달려가는 지난한 노력의 과정이 배양시키는 것이지요.

도요토미 히데요시가 희대의 영웅이 될 수 있었던 가장 큰 원동력은 바로 그의 공부였습니다. 히데요시는 오다 노부나가(織田信長, 1534년~1582년, 무로마치 막부室町幕府를 단절시킨 일본 센코쿠戰國 시대의 무장 옮긴이)의 조리토리(草履取り, 옛날 무가에서 주인의 짚신을 들고 따라다니던 하인 옮긴이)로 지낼 때 기노시타 도키치木下藤吉라고 불리었습니다. 겨울이 오면 항상 노부나가의 짚신을 자신의 품속에 품고 다닌 덕에 노부나가의 짚신은 늘 따뜻했지요. 특별한 노력을 하지 않고서는 이렇게 섬세하게 일을 하기란 도저히 불가능한 노릇이지요.

또 노부나가가 아침 일찍 외출을 하려 할 때는 아직 시종들이 수발을 들어야만 하는 시각이 오지 않았음에도 불구하고 항상 히데요시만이 노부나가의 부름에 달려갔다고 전해집니다. 이것도 도요토미 히데요시가 비범한 노력가였다는 것을 증명해 주는 예입니다.

덴쇼天正 10년(1582년), 오다 노부나가가 혼노지本能寺에서 그의 부하인 아케치 미쓰히데明智光秀에게 급습을 당해 자결을 할 때 도요토미는 빗추(備中, 지금의 오카야마 현岡山縣의 서부)에서 모리 데루모토毛利輝元를 공격하고 있었습니다. 하지만 그는 '혼노지의 변'을 듣고 곧바로 모리 데루모토와 강화를 맺었습니다. 그리고 모리 데루모토에게 활과 조총 각각 500개, 30기의 기병을 빌린 후 그들을 인솔해 주고쿠中國로부터 재빨리 회군, 교토와 단지 수 리밖에 떨어지지 않은 야마자키山崎에서 미쓰히데와 격전을 벌여 마침내 미쓰히데를 격파하고 그를 주살했죠. 그리고 미쓰히데의 머리를 혼노지에 효수했는데, 그때까지 도요토미가 소비한 날짜는 오다 노부나가가 혼노지에서 자결한 후 단지 13일, 요즘으로 따지자면 2주 안의 일이었습니다.

당시는 당연히 철로도 없고 기차도 없었던 만큼 교통이 몹시도 불편했을 것입니다. 하지만 도요토미는 교토에서 반란이 일어났다는 소식을 주고쿠에서 접하고 곧바로 신속하게 적장과 강화를 맺었습니다. 더더구나 적장의 병기와 군사들까지 빌린 후 군대를 이끌고 와 교토의 반란을 진압했지요. 이러한 일련의 일을 하느라 소요한 시간이 불과 2주간도 안 걸렸습니다. 이것은 도요토미 히데요시가 평범하지 않은 수완가라는 것을 증명해 줍니다. 만약 이렇게 주도면밀한 정신이 없었다면, 단지 지모만으로는 주군을 위한 복수를 완벽하고도 신속하게 수행하지 못했을 게 뻔합니다. 빗추에서 세쓰쓰攝津의 아마가사키尼ヶ崎까지 밤낮을 가리지 않고 재빠르게 행군한 덕에 반란을 매우 신속하게 진압할 수 있었던 것이지요.

이듬해인 덴쇼 11년(1583년)에 도요토미 히데요시는 시즈가다케靜が

岳싸움에서 시바타 가쓰이에柴田勝家를 멸하고 드디어 천하를 통일합니다. 덴쇼 13년(1585년)에 히데요시는 이미 간파쿠(關白, 천황이 성인이 된 후에도 정사를 좌지우지하는 섭정 대신)의 자리에 올랐습니다. 이렇게 그가 천하를 통일하기까지는 혼노지의 변이 일어난 지 만 3년밖에 걸리지 않았죠. 물론 그는 천성적으로 뛰어난 인물이었지만 그의 노력과 성실함이 없었다면 이러한 성과를 결코 얻지 못했을 겁니다.

도요토미 히데요시가 오다 노부나가를 모신 지 얼마 지나지 않았을 때 한 번은 이틀 만에 기요스 성(淸洲城, 지금의 아이치 현愛知縣 기요스 시淸須市)의 성벽을 수리해 노부나가를 놀라게 했다고 합니다. 비록 전설에 불과하지만 모두 패관稗官 역사소설의 터무니없는 이야기로만 치부할 수는 없을 것입니다. 히데요시만큼의 노력과 성실을 갖는다면 이러한 일은 언제든 해낼 수 있을 테니까요.

🎴 도요토미 히데요시의 젓가락질 🎴

청년들 중에는 자신은 큰일을 하고 싶은데 천거를 해주는 사람도 없고, 지지를 해주는 사람도 없다고 탄식하는 경우가 흔합니다. 물론 그 어떤 뛰어난 준걸일지라도 자신의 재능과 포부를 알아주는 선배라든지 사회가 없다면 그것을 펼칠 수 없을 것입니다. 또한 힘이 있는 선배를 지인으로 두었다든지, 힘이 있는 친척을 둔 청년은 자신의 기량을 인정받을 기회가 많을 것입니다. 이런 청년은 비교적 행운아에 속하겠죠. 하지만 이것도 보통의 재능을 갖고 있는 사람의 이야기입니다.

만약 어떤 한 청년이 정말로 능력이 있고 두뇌가 우수하다면 비록 유력한 지기나 친구, 선배 그리고 친지들이 없더라도 사회는 결코 그를 매몰시키지 않습니다. 지금의 사회는 인구도 많고, 관계官界에서든 회사에서든, 심지어 은행에서도 정원이 넘쳐납니다. 그러나 선배나 상사가 안심하고 일을 맡길 수 있는 인재는 극히 드물죠. 때문에 우수한 인재라면 그 어떤 곳에서든 몹시 필요합니다. 밥상 위에 이미 진수성찬은 차려 있고, 먹든지 안 먹든지는 전적으로 젓가락을 드는 사람의 손에 달려 있기 마련인 것입니다. 산해진미를 헌상해 놓고, 맛난 음식을 손수 젓가락으로 집어 입에 넣어 주는 선배라든지 상사는 결코 존재하지 않습니다. 모두 자기 자신이 직접 젓가락질을 해야 식도락을 즐길 수 있는 것이지요.

도요토미 히데요시는 일개 필부匹夫에 지나지 않았지만 간파쿠라는 산해진미를 맛보았는데요. 하지만 이런 진수성찬을 오다 노부나가가 젓가락으로 집어 도요토미 히데요시의 입에 넣어 준 것은 절대 아니죠. 도요토미 히데요시가 자신의 젓가락을 손수 들어 간파쿠라는 옹골차게 맛난 음식을 집어먹은 것일 뿐입니다. 그 누구라도 그 무언가 하나의 일을 하고 싶다면 자신의 젓가락으로 직접 집어먹지 않으면 절대 그 일을 성공시킬 수 없습니다. 세상의 당연한 이치입니다.

그 누구든지 처음부터 아무런 경험이 없는 얼굴 새파란 청년에게 막중한 일을 맡기지는 않습니다. 도요토미 히데요시처럼 시대의 걸출한 인물도 처음 시작할 때는 주군 오다 노부나가의 짚신을 챙기는 아주 하찮은 조리토리 직책부터 시작했을 뿐입니다.

지금도 고등교육까지 받은 어떤 청년들은 나이 어린 애송이 점원처럼 주판을 튕기며 장부 정리하는 것을 큰 인물이 자질구레한 일에 몰두하는 바보스런 짓이라고 생각하는 것 같습니다. 그래서 그런 일을 시키는 선배는 사람을 쓰는 용인술을 알지 못한다고 불평불만에 가득 차 있기도 할 것입니다. 맞습니다. 너무나도 우수한 인재를 비루한 일에 집중하라고 하는 것은 인재 관리 측면에서 보자면 현명한 결정이 아닙니다. 당연히 손해만 보는 바보스런 짓일 것입니다. 하지만 선배들이 그렇게 불이익을 보는 정도로 사람을 쓰는 데는 분명 나름의 이유가 있지 않을까요? 결코 바보스런 결정이라고만 속단하기는 어려울 것입니다. 그 결정의 이유는 당분간 선배의 의중에 맡겨 놓고, 후배 자신은 맡겨진 일을 능히 감당할 수 있든 없든, 우선 그 일에 온 힘을 기울이며 구슬땀을 흘려 보는 게 마땅한 자세가 아닐까요?

맡겨진 일에 불평만 일삼는다든지, 초장에 사직을 하고 그만두는 청년이라든지, 하찮은 일이라고 경멸하면서 최선을 다하지 않는 사람은 모두 다 전도유망하지 않습니다. 그 아무리 작고 자질구레한 일일지라도 그것이 큰일의 한 부분이라는 것을 알지 못한 채 그 일에 영원히 만족하지 못한다면 과연 어떻게 큰일을 이루어 낼 수 있을까요? 가령 시계의 작은 바늘이 게으르게 돌아가면 큰 바늘은 멈추게 마련이고, 하루에 제아무리 100만 엔을 주무르는 은행일지라도 잔돈 계산이 틀리면 그날의 장부 정리를 마칠 수 없는 노릇입니다.

청년 제군 여러분들은 아직 젊어 혈기가 왕성하기에 작은 일을 중요시하지 않을 수 있습니다. 하지만 작은 일을 계속 경솔하게 처리하다 보면 나중에는 큰 문제를 일으킬 수 있는 꼬투리가 될 수 있습니다. 단언건대 작은 일을 대충대충 얼버무리는, 진지하지 못하고 경솔한 사람은 결코 큰일을 이루어 낼 수 없습니다. 미토 번水戶藩의 2대 번주인 도쿠가와 미쓰쿠니의 벽서에는 이런 말이 있습니다.

71

"작은 일에 통달하면 큰일이 닥쳐도 놀라지 않는다."

비즈니스 방면이든 군사 방면이든 그 어떤 일을 하더라도 이러한 생각과 자세를 갖지 않으면 낭패를 볼 수가 있을 것입니다. 옛말에 "천리 길도 한 걸음부터"라고 했습니다. 자신은 좀 더 큰일을 해야만 하는 사람이라고 자신감에 넘쳐나더라도 대업은 작은 일이 집적되어야 이루어질 수 있다는 게 진리라는 말일 것입니다. 때문에 아무리 하찮고 작은 일일지라도 멸시하지 말고 성심성의껏 하는 자세야말로 대업을 이루는 첫걸음입니다.

일개 농민의 아들에 불과하던 도요토미 히데요시가 센코쿠 시대의 걸출한 영웅이던 오다 노부나가에게 중용을 받을 수 있었던 이유도 바로 이것일 것입니다. 도요토미 히데요시는 주군의 짚신을 주군 대신 챙기는 하찮은 일도 마치 나라를 세우는 대업처럼 온 몸을 다 바쳤습니다. 작은 부대를 맡았을 때에는 한 부대의 대장으로서의 임무를 완벽하게 이뤄 냈습니다. 그래서 오다 노부나가의 신뢰를 한 몸에 받으며 마침내 파격적으로 발탁되어 시바타 가쓰이에柴田勝家, 니와 나가히데丹羽長秀와 어깨를 나란히 할 수 있는 신분으로 올라설 수 있었던 것입니다.

공자의 이런 말씀이 떠오르는군요.

"절제 있는 생활을 하면서 잘못 되는 경우는 없다."以約失之者鮮矣.24

자신에게 엄격해 아무리 하찮은 일일지라도 다소곳이 성의를 다하면 실패는 드물다는 말입니다. 이렇듯 안내원을 하든 서무를 하든지 간에 자신에게 주어진 일은 목숨을 바치는 한이 있더라도 행동을 절제하면서 건방 떨지 않고, 자신을 엄격하게 다스리며 임무를 완벽하게 해내면, 그 사람의 앞날은 전도유망할 수밖에 없습니다.

▓ 큰 뜻과 작은 뜻의 조화 ▓

천성적으로 성인인 사람의 일은 잘 모르겠습니다만, 저희들과 같은 보통 사람들은 뜻을 세울 때 흔히 다양한 곤혹스러움에 맞닥뜨리곤 합니다. 눈앞의 사회 풍토에 휘둘리기도 하고, 또는 한때의 주위 사정에 영향을 받아 수많은 사람들이 자신의 능력을 고려하지 않은 채 무턱대고 자신의 기량과 어울리지 않는 영역에 매진하고 맙니다. 하지만 이것은 진정한 입지立志라고 할 수 없습니다.

특히 지금과 같은 사회 질서에서는 일단 뜻을 세웠다가 다른 쪽으로 방향을 틀어 버리면 상당한 불이익을 감수할 수 있는 탓에, 애초에 뜻을 세울 때 좀 더 신중하게 고려할 필요가 있습니다. 그러기 위해서는 우선 자신의 머리를 냉정하게 식힌 후 자신의 장점과 단점을 면밀하게 비교, 고찰한 연후에 자신이 가장 잘할 수 있는 방향으로 뜻을 세우는 게 관건 중의 관건입니다. 동시에 자신의 조건과 상황이 자신의 목표에 발을 맞추어 줄 수 있는가도 깊이 고민해 보아야 되겠지요. 가령 신체가 건강하고 두뇌가 명석하여 뜻을 학문에 두었다고 합시다. 하지만 만약 재력이 뒷받침해 주지 않는다면 그 소원은 공염불로 그칠 수 있습니다.

때문에 일생을 통해 전념할 수 있는 것을 자신의 뜻한 바로 세우는, 즉 그것을 애초부터 입지의 방침으로 세우는 게 바람직합니다. 그런데 세간의 유행에 휩쓸린 채 심사숙고하지 않고 한순간의 들뜸으로 한 평생의 뜻을 세우거나, 자신의 바람과는 정반대의 일을 계획한다면 결국 대업을 완성하기란 어려울 것임에 분명합니다.

만약 '큰 뜻大立志'의 기둥을 세웠다면 이제는 가지와 이파리가 되어 줄 '작은 뜻小立志'을 날마다 어떻게 펼칠 것인가를 궁리해야 합니다. 어떤 사람이든 모종의 사건을 접하다 보면 그것에 따라 마음을 움직이며 다른 희망을 품기 마련입니다. 예를 들면, 어떤 한 사람이 하나의 일로 사회로부터 존경을 받았습니다. 이 일은 그가 하나의 희망을 품을 수 있도록 격렬하게 그를 자극했지요. 그 사람은 희망을 이룰 수 있다는 자신감에 넘쳐났습니다. 바로 이때의 희망이 '작은 뜻'입니다.

그런데 이 작은 뜻을 실천하기 전에 마땅히 주의를 기울여 보아야 할 게 있습니다. 여하튼 간에 그 작은 뜻이 애초에 세운, 바로 그 평생을 통해 이루어 내야 할 큰 뜻의 범위를 벗어나면 안 된다는 것이지요. 이것은 매우 중요한 원칙입니다. 작은 뜻은 그 성질상 늘 변하기 마련입니다. 하지만 작은 뜻이 자신의 근본적인 큰 뜻을 동요시키면 절대로 안 됩니다. 달리 말해 작은 뜻과 큰 뜻이 서로 모순에 빠지지 말아야 한다는 것이고, 둘은 당연히 조화롭게 일치해야 한다는 말입니다.

이상은 자신의 뜻을 어떻게 펼칠 것인가를 말한 것인데, 그럼 옛 선인들은 어떻게 뜻을 세웠을까요. 공자의 입지를 한 번 보죠.

저는 평소에 『논어』를 저의 처세와 행동거지의 규범으로 삼고 있는데 여러분들도 『논어』라는 책을 통해 공자가 어떻게 입지를 펼쳤는가를 알 수 있을 것입니다.

"나는 열다섯에 배움에 뜻을 두었고, 서른 살에는 자립을 했으며, 마흔 살에는 미혹되지 않게 됐고, 쉰 살에는 천명을 알게 됐고, 예순 살에는 귀로 듣는 대로 모든 것을 순조로이 이해하게 됐고, 일흔 살에는 마음 내키는 대로 좇아도 법도를 넘어서지 않게 됐다."吾十有五而志于學, 三十而立, 四十而不惑, 五十而知天命, 六十而耳順, 七十而從心所欲, 不踰矩.[25]

위 구절로 추측해 보건대 공자는 15세에 벌써 자신의 지향점을 세운 듯합니다. 하지만 그가 말한 "지학_{志學}"이란 게 자신이 평생 동안 학문을 업으로 삼겠다는 의미인지는 불명확합니다. 그럼에도 공자가 학문을 추구하는 데 전심전력을 다했다는 것은 부인할 수 없는 사실이죠. 30세에 "이립_{而立}"했다는 것은 공자가 30세에 이미 탁월하게 독립을 한 우수한 인물이란 뜻일 겁니다. 그러니까 30세에 공자는 스스로 수신_{修身}, 제가_{齊家}, 치국_{治國}, 평천하_{平天下}를 할 수 있는 인물이 됐다는 것이지요. 그럼 40세에 "불혹_{不惑}"했다는 것은 무슨 의미일까요? 공자는 이미 입지를 세웠기에 다른 어떤 외부의 자극에도 그 뜻이 흔들리지 않는 경지에 올랐다는 의미일 것입니다. 하는 일마다 그 모두가 자신의 입지에 부응하고 한 걸음 한 걸음을 내디딜 때마다 자신의 입지와 어울리는 결과를 내놓았기에, 이미 입지가 견고해졌다는 말입니다.

이걸로 우리는 공자가 15세부터 30세 사이에 입지를 세웠다는 것을 알 수 있습니다. 15세에 지학을 할 때에는 입지가 아직 견고하지 못한 채 여전히 주저주저하는 머뭇거림이 있었습니다. 그러다 30세가 되자 입지가 확고한 결심으로 굳어집니다. 40세 때에는 입지가 드디어 큰 성과를 거두고요. 정리하자면 큰 뜻의 입지는 인생이라는 건축물의 틀이고, 인생을 살다가 펼쳐지는 소소한 작은 뜻은 단지 입지를 장식해 주는 수식어에 불과하다는 것입니다. 그러므로 한 번 입지할 때 충분한 고려를 한 연후에 실천에 옮겨야 합니다. 그렇지 않으면 입지라는 건물이 중도에 와르르 무너지는 우를 범할 수 있기 때문입니다.

요약하자면 입지, 즉 큰 뜻은 인생이라는 건축의 골자_{骨子}이고, 작은 뜻은 그것을 수식해 주는 인테리어 디자인이기 때문에 애초부터 둘의 관계를 잘 궁리하며 확실하게 정립해 두는 게 좋습니다. 그렇지 않으면 훗날 모처럼 세웠던 건축물이 중도에 무너지는 꼴에 처할 수 있을 것입니다.

이렇듯 입지는 인생의 중요한 출발점이기 때문에 그 누구라도 큰 뜻과 작은 뜻의 조화, 즉 입지의 모양새를 세심하게 궁리하는 걸 간과해서는 절대로 안 됩니다. 입지의 요체는 바로 자신을 아는 것, 즉 자신의 능력과 자신의 몸을 고려해 그것에 알맞게 적당한 방침을 결정하는 것입니다. 누구라도 그 정도 선에서 뜻을 세운다면 인생의 행로에서 결코 헛발은 내딛지 않을 것입니다.

▨ 어진 사람만이 사람을 좋아할 줄도, 미워할 줄도 안다 ▨

적지 않은 세상 사람들이 저라는 사람을 판단하기를 전혀 싸움이라곤 하지 않은 사람으로 생각하는데요. 물론 저 또한 다른 사람과 싸우는 것을 싫어하기는 하지만 그렇다고 전혀 싸움을 하지 않는 사람은 결코 아닙니다. 만약에 올바른 길을 걸을 양 치면 싸움은 도저히 피할 수 없는 게 아닐까요? 싸움이라곤 결단코 하지 않고 세상을 살아간다손 치면 선이 악에게 지고 마는 현상이 벌어지든지, 정의가 실현될 수 없는 세상이 도래하고 말 것입니다. 저는 비록 어리석지만 올바른 도의 입장에 서서 악과 싸우면 싸웠지, 악과 싸우지도 않으면서 마냥 원만하게 짐짓 중용인 양 하지는 않을 작정입니다. 인간은 비록 원활한 처세를 할지라도 전혀 모서리가 없거나 원칙이 없거나 할 수는 없습니다. 옛 노래에도 이런 가사가 있지 않습니까?

"지나치게 둥글면 전향하기 쉽다."

저는 세상 사람들이 생각하듯이 그렇게 원만한 사람이 아닙니다. 얼핏 보면 원만한 것처럼 보이지만 실제로는 어딘가 둥글지 못한 곳이 있습니다. 젊었을 적에는 정말로 원만한 성격이 아니었습니다. 지금 칠십 고개를 넘어서도 누군가가 저의 신념을 꺾을손 치면 저는 결코 싸움을 사양하지 않습니다. 특히 제가 올바르고 정당하다고 믿는 부분에서는 그 어떤 상황에 처해지더라도 결코 다른 사람에게 양보하지 않을 결기가 아직도 제 몸 안에 가득 차 있는 것 같습니다. 이것이 바로 제가 원만하지 않은 점인가 봅니다. 그래서 정의롭지 못한 악은 미워하지 않고는 못 배기나 봅니다.

자공이 공자께 여쭈었습니다. "모든 마을 사람들이 좋아한다면 그 사람은 어떠합니까?" 공자께서 말씀하시기를, "좋은 사람이라 할 수 없다"고 했습니다. "그러면 마을의 모든 사람이 미워하는 사람은 어떠합니까?"라고 자공이 묻자, 공자께서 말씀하셨습니다. "그 역시 좋은 사람이라 할 수 없다. 마을 사람들 중에서 착한 사람들은 그를 좋아하고, 그 마을의 선하지 않은 자들은 그를 미워하는 것만은 못하다."子貢問曰, 鄕人皆好之何如? 子曰, 未可也. 鄕人皆惡之何如? 子曰, 未可也. 不如鄕人之善者好之, 其不善者惡之.[26]

만인으로부터 호감을 받는 경우와 만인으로부터 미움을 받는 경우 둘 다 좋지 않다는 말이지요. 주자朱子는 공자의 위와 같은 말씀을 해석하길, "마을의 선한 사람들이 좋아하고 마을의 나쁜 사람들 또한 미워하지 않는 사람은 그의 행동에 필시 영합하는 마음이 있고, 마을의 나쁜 사람들이 미워하고 마을의 좋은 사람들조차 좋아하지 않는 사람은 그의 행동이 반드시 선한 자의 편이든 불선한 자의 편이든 자기의 입장을 갖지 못하는 무실無實"이라고 했습니다.

사실 인간은 늙었든 젊었든 그 누구를 막론하고 이렇게 원만하지 않은 점이 있기 마련 아닌가요? 그렇지 않은 사람의 일생이야말로 가치가 전혀 없고, 그 무슨 의의도 없을 것입니다. 인생의 처세는 가능한 원만할 필요가 있지만 그렇다고 지나치게 원만할 필요도 없습니다. "과유불급過猶不及"이지요. 바로 공자가 『논어』「선진先進」편에서 말한 바대로, 지나치게 원만한 사람은 도리어 쉽게 변하고 말아 결국 전혀 품위가 없는 사람이 되고 맙니다. 저는 단연코 그런 사람이 아니라, 솔직히 말해 모난 곳이 있는 사람입니다. 하나의 실례를 들어 증명하고 싶은데요. 물론 증명이라는 말이 조금은 이상하기는 하지만 여하튼 하나의 이야기를 들려주고 싶습니다.

물론 저는 어릴 적부터 완력에 의지해 다른 사람과 다투던 기억일랑은 전혀 없습니다. 하지만 젊을 적에는 지금과는 다르게 생김새부터가 강렬한 느낌이 없지 않아 다른 사람들 눈에는 지금보다도 더 싸움을 곧잘 했던 것처럼 보였을 게 분명합니다. 실제로 제가 다른 사람과 한 싸움은 전부 논쟁의 방식이거나 권리를 쟁취하는 싸움이었지 힘에 의지하는 싸움은 단 한 번도 없었습니다.

1871년 메이지 4년, 제가 막 31세가 되던 해였지요. 대장성에서 총무국장을 역임하고 있었습니다. 당시 대장성의 출납 제도에 일대 개혁이 시행됐습니다. 개정법이 반포되어 서방의 부기 제도가 실시되고, 전표傳票로 금전을 출납하게 됐습니다. 당시 출납국장의 성함은 잠시 접어 두겠는데 그분은 개정법을 반대하는 사람이었습니다. 전표 제도가 실시된 후 저는 자주 과실이 있다는 것을 발견했기 때문에 책임자인 그를 질책하기에 이르렀죠. 원래 제가 발의해 실시한 개정법에 반대 의견을 갖고 있던 그 출납국장이라는 남자가 오만하고도 서슬이

시퍼런 얼굴을 한 채 어느 날 제가 근무하고 있는 총무국장실에 냅다 들이닥쳤습니다.

그는 노기를 잔뜩 품은 서슬로 저에게 곧추 다가왔고 저는 그 남자가 무슨 말을 하는지 조용히 듣고 있었죠. 그 남자는 전표 제도를 둘러싼 과실에 대해서는 일언반구의 사죄도 없이 제가 개정법으로 실시한 서구식 부기 제도에 대해서만 이러쿵저러쿵 불만을 잔뜩 늘어놓았습니다.

"당신이 하나부터 열까지 그 모든 것을 미국의 꽁무니를 따라 하면서 개정법을 발의하고 부기법으로 출납을 하게 해서 이런 잘못이 터져 나온 것이오. 책임은 과실을 범한 당사자인 당신에게 있는 것이오. 당신이 개정법을 발의했기에 모든 잘못은 당신 탓이란 말이오. 부기법 따위를 당신이 애초부터 시행하지 않았다면 나도 이런 과오를 범하지 않고 편안히 일을 하고 있을 거란 말이오."

이렇게 그 출납국장은 언어도단과도 같은 폭언을 일삼으며 반성의 기미라고는 전혀 보이지 않았는데요. 저는 무척이나 놀랐지만 성을 내지 않으며 순순한 말투로 조곤조곤 알아듣도록 설명을 해주었죠.

"출납의 정확성을 기하기 위해서는 반드시 서양식 부기에 의해 전표를 사용해야만 합니다."

그러나 출납국장은 저의 말을 조금도 귀담아 듣지 않았습니다. 두세 마디의 말다툼이 오간 끝에 그의 얼굴빛이 붉으락푸르락 해지더니 그가 나의 눈을 겨냥해 주먹을 휘두르기 시작했죠. 그는 몸집이 작은 저와 비교하면 신장이 매우 큰 편이었는데도 노기가 폭발해서인지 다리를 휘청거리는 게 아무리 보아도 그다지 강하게 보이지 않았습니다. 저는 어찌됐든 청년기에 무예를 상당히 연마하면서 신체를 단련했기에 완력이 없을 리가 만무했죠. 만에 하나 그가 폭력을 쓰는 무례함을 저지른다면 저 역시 전혀 망설이지 않고 단숨에 그를 제압해 버리려고 했죠.

어쨌든 그 남자는 의자에서 벌떡 일어서서 막무가내로 손목을 치켜들더니 주먹을 휘두르면서 마치 아수라처럼 맹렬하게 저에게 달려드는 것이었습니다. 저도 하는 수 없이 몸을 획 돌리며 잽싸게 의자에서 두세 걸음 떨어져 뒤로 물러났지요. 그의 주먹이 허공을 가르고 그가 우물쭈물하는 사이를 틈타 기회를 놓치지 않고 곧바로 태연한 태도로 꾸짖기 시작했습니다.

"이곳은 공무를 보는 사무실입니다! 당신에게 분명히 말하겠는데 만약에 인력거꾼이나 마부처럼 야만스런 행동을 했다가는 절대로 용서할 수 없습니다. 신중하게 생각하시길 바랍니다!"

제가 이렇게 큰소리로 나무라자 그제야 그는 돌연 무식하고 비천한 촌사람처럼 행동한 자신의 과오를 깨닫고는 곧바로 높이 들었던 주먹을 천천히 아래로 내리더니 풀이 죽어 의기소침한 채 저의 총무국장실을 부랴부랴 빠져나가더군요. 그 후 출납국장의 과실과 진퇴에 대한 문제를 두고 의견이 분분했는데, 대다수의 사람들이 정부 기관 내에서 상관을 향해 주먹을 휘두르는 일은 정말로 말이 안 되는 거라고 생각했죠. 하지만 저는 그가 만약 잘못을 뉘우치고 자신의 과실을 고칠 의향이 있다면 계속 자신의 원래 직책을 수행할 수 있기를 바랐습니다.

그러나 이 일로 나를 위해 분노를 한 사람이 태정관(太政官, 오늘날의 총리대신)에게 곧이곧대로 보고를 하고 말았습니다. 태정관은 이 일을 수수방관만 할 수 없어 결국 그를 면직시키고 말았는데 지금에 와서도 그 일을 떠올리면 너무나 유감스러울 뿐입니다.

　하지만 공자의 말씀대로 때로는 사람을 미워하는 게 큰 미덕일 때도 있습니다.

　"오로지 어진 사람만이 사람을 좋아할 줄도 알고, 미워할 줄도 압니다."唯仁者, 能好人, 能惡人.[27]

　선은 좋아하고 악은 미워해야 한다는 것이지요. 아무런 사심도 없는 공평무사함을 지니고 있기에 사람을 사랑하는 일도, 사람을 미워하는 일도 가능한 게 아닐까요. 옛날 중국의 순임금도 백성들에게 해를 입히는 공공共工, 환두驩兜, 삼묘三苗, 곤鯀을 네 명의 악인이라면서 미워하다가 주살했습니다. 일본의 덴치 천황(天智天皇, 재위 661년~672년)은 소가노이루카蘇我入鹿를 주살해 천하를 안정시켰고, 도쿠가와 이에야스는 도쿠가와 사천왕(德川四天王, 도쿠가와 막부의 4대 창업 공신 즉 사카이 다다쓰구酒井忠次, 혼다 다다카쓰本多忠勝, 사카키바라 야스마사榊原康政, 이이 나오마사井伊直政 옮긴이), 덴카이(天海, 천태종 승려), 후지와라 세이카(藤原惺窩, 에도 시대 초기 유학자) 등의 힘으로 나라의 국태민안國泰民安을 이루어 냈습니다. 이런 예들이 사람에 대한 호오가 어때야 하는지를 잘 보여 주는데요.

　흔히 보통 사람들은 선악에 대한 판단이 어렵습니다. 판단력이 흐려 때로는 호오를 잘못 바라보고, 혹은 이해관계에 눈이 어두워져 선악을 알고 있더라도 악을 따르기도 합니다. 하지만 어진 이는 사심이 없기 때문에 결코 자신의 욕심이나 이해관계를 위해 눈이 어두워지거나, 사랑해야만 할 것을 미워하거나, 미워해야만 할 것을 좋아하거나 하지를 않지요. 또한 어진 사람은 자신의 의지를 결코 구부리지 않고 끝까지 나아감과 물러남의 때를 알고, 상을 줄 곳과 벌을 줄 곳을 잘 알고 행동합니다.

▓사무라이에서 기업가로의 변신▓

저는 17세 때 사무라이가 되고 싶다는 뜻을 세웠더랬지요. 당시 실업가와 농민, 상인은 무지렁이 초닌(町人, 에도 시대의 상인, 수공업자 서민 계층)이라는 비하를 받으며 인간 이하의 취급을 받았기 때문입니다. 초닌의 신분적 지위는 참말로 보잘것없었던 때였지요. 그런데 가문이 좋은 사무라이 집안에서 태어나면 설령 머리가 좋지 않은 사람일지라도 사회의 상층 계급으로서 자신이 누리고 싶은 권세를 모두 누릴 수가 있었습니다. 저는 우선 이것이 부아가 치밀고 아니꼬와서 인간으로 태어난 보람을 찾기 위해서는 여하튼 사무라이가 되지 않고서는 불가능하다고 생각했습니다.

그 무렵 저는 한학을 조금 배웠는데 『일본외사日本外史』(에도 시대 라이산요賴山陽가 헤이안 시대 말기의 미나모토씨源氏와 다이라씨平氏의 싸움에서부터 호조씨北条氏, 구스노키씨楠氏, 닛타씨新田氏, 아시카가씨足利氏, 고호조씨後北条氏, 다케다씨武田氏, 우에스기씨上杉氏, 오다씨織田氏, 도요토미씨豊臣氏, 도쿠가와씨德川氏까지에 이르는 각 쇼군 가문에 관한 이야기를 기술한 열전체 역사서로 에도 막부 말기의 존왕양이 운동에 큰 영향을 주었다. 옮긴이) 등을 읽고 드디어 일본의 정권이 어떻게 천황의 조정으로부터 사무라이들의 막부로 이동했는지를 알게 됐습니다. 저의 가슴 한복판의 심연에서 강개한 울분이 터져 나왔죠. 농사꾼이나 장사꾼으로 살아 보았자 아무런 멋대가리도 없고 희망도 가질 수가 없었기 때문에 반드시 사무라이가 되어야겠다는 결심은 더욱더 커져만 갔습니다.

그러나 그 목적은 단순히 사무라이가 되고 싶다는 것에 그치지 않았습니다. 사무라이가 되는 동시에 당시의 정치체제를 뒤바꾸고 싶었습니다. 요즈음 식의 말을 빌리자면 정치가로서 국정에 참여하고 싶다는 야망을 품었던 것이지요. 이것이 바로 고향을 떠나 천지사방을 유랑하게 한 잘못을 저지른 근본적인 원인이었죠. 이리하여 훗날 대장성에서 일하게 될 때까지 십 수 년이 흘러가 버렸습니다. 지금의 입장에서 그때를 되돌아보면 거의 아무런 의미도 없이 세월을 낭비했기에 통탄스러움을 참을 수가 없을 지경입니다.

고백하자면, 저의 꿈은 청년기에 자주 바뀌었는데요. 마침내 실업계에 투신하겠다는 결심을 한 게 메이지 4, 5년 그러니까 1871년 무렵입니다. 지금 생각해 보아도 당시의 결심이야말로 저의 진정한 입지였던 게 확실합니다. 본래 저의 성격과 재능으로 보자면 정치계에 투신하는 것이야말로 오히려 저의 단점을 향해 돌진하는 것에 진배없었을 것입니다. 동시에 그때 차츰차츰 깨달았던 것 같은데요. 서양의 각 나라들이 융성하고 있는 까닭은 바로 상공업의 발달에서 비롯됐다는 것도 알게 되었습니다.

만약에 일본이 단지 이렇게 현상 유지만 한다면 언제 서양과 비견될 수 있을까 하는 회의가 많이 들었습니다. 그래서 일본의 굴기崛起를 위해 상공업을 발달시키고 싶다! 이런 생각이 너무나 강렬하게 들며 '일본의 비즈니스맨이 되겠다'라는 결심을 굳히게 된 것이죠. 이리하여 그 당시의 결심이 이후 40여 년 동안 변하지 않았기 때문에 저로서는 그 당시의 입지가 저의 진정한 입지였다고 할 수 있습니다.

돌이켜보면 그 이전의 입지는 저의 재능에 어울리지도 않았기 때문에 수시로 변할 수밖에 없었던 노릇이었나 봅니다. 그런데 훗날 비즈니스맨이 되겠다는 입지가 40여 년 동안이나 변하지 않은 것을 보면 이것이야말로 저의 재능과 소질, 그리고 성격에 딱 들어맞는 일이 아니었나 싶습니다. 그런데 만약 제가 처음부터, 그러니까 14, 15세 무렵부터 저에 대해서 잘 알고 입지를 상공업 방면으로 두었다면 30세 무렵부터 실업가가 됐기 때문에 14, 15년이라는 긴 세월 동안 비즈니스에 대한 상당한 지식과 연륜을 쌓을 수 있었을 것입니다. 만약 정말로 그랬다면 지금 여러분들이 보고 계시는 저, 시부사와 에이치는 더더욱 많은 성취를 이루었겠지요.

　그러나 애석하게도 저는 젊은 시절의 객기에 휘둘려 인생의 가장 중요한 시기에 저와는 맞지 않는 일에 정력을 소비하느라 헛된 시간을 보내고 말았습니다. 그러므로 저는 청년 제군 여러분들이 저의 전철을 거울로 삼아 같은 잘못을 되풀이하지 않기를 바랍니다. 덕을 존중하고 의리를 즐겁게 여기던 옛사람들이 "곤궁한 상황에 처하게 되면 홀로 자신의 몸을 선하게 하고, 출세하게 되면 천하 사람들을 선하게 했다窮則獨善其身, 達則兼善天下"[28]고 한 것처럼 덕이 있는 큰 사람이 되어 주기를 진심으로 바랍니다.

3 올바른 판단력을 체득하라

사람은 일반적으로 청년 시기에 사상이 일정하지 않은 채 호기심으로 마음이 들떠 이리저리 기웃거리기 마련입니다. 때로는 객기를 부리며 사람들을 놀라게 하는 이상스런 별짓을 하기도 합니다. 나이가 점점 들수록 여러 가지 경험이 쌓이면 점점 더 온건하고 착실한 행동을 하면서 마음이 들뜨고 경망스럽던 청년 시절과는 달라집니다. 그런데 상식은 극히 평범한 것이기에 기묘한 호기심을 즐기는 청년 시절에는 도리어 어떤 평범한 상식을 수강하는 게 호기심을 즐기는 것보다 덜 매력적인 게 당연합니다. 그래서 청년들은 위대한 사람이 되어 주길 바란다고 말하면 고개를 끄덕이지만, 상식을 갖춘 완인이 되어 주길 바래 하고부터애면 대다수 가지실을 깝보는 게 마닌가 하는 의구심을 갖습니다. 이게 바로 청년들의 공통적인 특성입니다. 그런데 한국 국가가 전칙적 이상을 실현하려면 모든 국민들의 상식을 높게 끌어올려야 하고, 산업이 번창하려면 반드시 실업가의 상식이 부담히 완벽해져야 합니다. 때문에 사람들이 원하지 않더라도 상식을 배양하도록 열심히 독려해야 합니다. 하물며 사회의 실제 상황에 근거하더라도 정치계든 실업계든 심오한 학식보다는 오히려 건전한 상식을 갖춘 사람들이 일을 주도하는 게 더 낫습니다. 상식이란 이렇게 중요한 것입니다.

▨ 상식이란 지智, 정情, 의意의 조화 ▨

그 어떤 위치에 있더라도 혹은 그 어떤 상황에 처했을지라도 여하튼 상식은 꼭 필요하죠. 저는 상식을 이렇게 해석합니다.

이른바 상식이란 사물을 접하고 사람을 대할 때 별스럽게 기교를 부리지 않고 완고하지 않으며, 시비선악을 분명히 하고 이해득실을 식별하며, 모든 말과 행동거지가 규범과 절제가 있는 중용의 덕입니다. 학리적으로 해석하면 지智, 정情, 의意 삼자가 모두 균형을 이루고 고르게 발달한 것을 완전한 상식이라고 생각합니다. 바꿔 말하면 일반적인 인정人情을 환히 꿰뚫고 통속적인 사리를 잘 이해하며 적절하게 처리할 수 있는 능력이 바로 상식인 것이지요. 인간의 마음을 해부해 '지智, 정情, 의意' 세 가지로 분석한 것은 심리학자이지만 그 어떤 사람일지라도 이 세 가지의 조화가 필요하지 않다고 하는 이는 없을 것입니다. 지혜智慧, 정애情愛, 의지意志 이 세 가지를 갖춰야만 인간 사회에서의 활동이 가능하고, 사물과 접촉해 효능을 얻을 수 있지요. 때문에 저는 상식의 근본적인 원칙인 '지智, 정情, 의意'를 조금 설명해 볼까 합니다.

자, 그럼 지智는 인류에게 도대체 어떤 작용을 할까요. 어떤 사람이 만약 지혜가 부족하다면 사물을 식별하는 능력이 모자랄 것입니다. 시비선악과 이해득실을 식별할 수 없는 사람은 아무리 많은 학식을 갖고 있더라도 선을 선으로, 이득을 이득으로 보지 못하기 때문에 그런 사람의 학문은 결국 쓸데없이 썩고 말 것입니다. 이 점을 이해한다면 지혜가 우리들의 인생에서 얼마나 중요한지 이해하실 것입니다. 지혜가 인생에서 이렇게 중요함에도 불구하고 송나라의 대유大儒 정이程顥와 주희朱熹는 지혜를 몹시도 싫어했습니다. 지혜가 사람을 기만적이고 작위적으로 만들고, 술수만 자꾸 부리도록 사람을 변하게 한다고 생각한 탓이었습니다. 게다가 지혜가 공리功利 방면에 쓰이면 사람을 인의도덕과 멀어지게 한다고 보았지요. 그래서 그들은 지혜를 꺼려했습니다.

이렇게 원래 여러 방면에 활용할 수 있는 학문을 아무런 쓸모가 없는 죽은 물건으로 변하게 하고, 단지 '자기 한 몸만 수양하며 나쁜 일을 하지 않으면 좋다'라는 식의 인생관은 정말로 터무니없습니다. 생각해 봅시다. 만약 한 사람이 오직 자신만을 위해 살면서 다른 사람들이야 어떻게 되든 말든 아무런 관심도 보이지 않는다면 과연 그런 사람은 어떤 사람이 되겠습니까? 그런 사람이 과연 사회에 일말의 공헌이라도 할 수 있을까요? 그런 사람은 과연 인생의 궁극적인 목적이 무엇인지 알기나 할까요? 지혜를 지나치게 제약하면 비록 나쁜 일을 저지르지는 않겠지만 사람들은 점점 더 소극적으로 되고 선행도 점점 더 감소하게 될 것입니다. 이것이야말로 정말로 걱정스러운 일이지요. 사람은 살면서 절대로 악행을 저지르지 않으면서도 사회에 많은 공헌을 해야 진정한 가치가 있습니다.

주희는 "마음이 비어 맑고 환하고虛靈不昧" "조용하고 고요하게 조금도 움직이지 않는다寂然不動"고 했습니다. 지智는 속임수만을 늘릴 뿐이라고 생각하며 인의충효人義忠孝를 주장한 말입니다. 그리하여 주희는 공맹孔孟의 가르침을 편협하게 하고, 세상 사람들이 유교의 큰 정신을 오해하게 만들었습니다. 사실 지智는 사람이 갖추지 않으면 안 되는 몹시도 중요한 조건입니다. 때문에 지를 소홀하게 대해서는 절대로 안 됩니다.

위에서 말한 바대로 지는 대단히 중요합니다. 그렇다면 지혜 그 자체만으로 사회 활동이 가능할까요? 절대로 그렇지 않습니다. 만약에 정情이 보조를 맞추지 않으면 지는 충분히 그 능력을 발휘할 수 없습니다. 예를 들어 설명해 보지요. 쓸데없이 높은 지혜만 있고 몹시도 박정한 사람은 과연 어떤 사람일까요? 자신의 이익을 만족시키기 위해서라면 다른 사람을 짓밟고 뭉개는 일을 전혀 개의치 않습니다. 일반적으로 지혜가 많은 사람은 그 어떤 일을 하더라도 그 일의 원인과 결과, 그리고 돌아가는 이치를 명명백백하게 알고 있기에 투철하게 일을 처리합니다. 하지만 이러한 사람이 정애情愛가 결핍하면 결국에는 사리를 악용해 자기 본위대로 일을 처리하기 쉽습니다. 다른 사람에게 폐를 끼치고 곤란함을 안겨 주더라도 남에 대한 아무런 배려도 없이 극단적으로 처신해 버리기 쉬운 것이지요. 이런 불균형을 조화롭게 하는 게 바로 정情입니다. 정은 하나의 완화제로써 그 어떤 일이든지 정이 있으면 균형을 잡을 수 있습니다. 정은 인생의 모든 일을 원만하게 해결합니다. 만약 인간 세상에 정이 없으면 과연 천지는 어떻게 변해 버리겠습니까? 모든 일이 극단으로 치달아 도저히 수습할 수 없는 지경에 봉착하고 말 것입니다.

'정'은 사람에게 꼭 필요한 삶의 기능입니다. 하지만 정의 가장 큰 단점은 사람을 쉽게 격정에 휩싸이게 한다는 것이지요. 때문에 절제를 하지 못하면 이미 굳힌 결심도 동요하게 합니다. 사람은 기쁨喜, 분노怒, 슬픔哀, 즐거움樂, 사랑愛, 미움惡, 욕망欲 등의 칠정七情으로 끊임없이 변하는 존재입니다. 하여 사람의 깊은 곳에 똬리를 튼 정이라는 것을 제한하지 않으면 감정이 너무 앞서는 폐단을 낳습니다. 때문에 의지라는 게 태어난 것입니다.

충동적인 정을 억제하기 위해서는 강한 의지가 필요합니다. 의지는 정신 작용의 근원입니다. 강한 의지가 있는 사람은 인생이라는 무대에서 강한 역할을 맡습니다. 하지만 강한 의지에 정과 지혜가 보조를 맞추지 않으면 완고한 사람으로 변하기 십상이지요. 고집을 피우고 남의 의견을 듣지 않고 잘난 체하며 독단적으로 일을 처리하는 사람은 자신이 주장이 틀리더라도 고치기가 어렵습니다.

이렇게 자기 본위의 고집이 센 사람은 한편으로는 귀여운 데가 있지만 결코 존경받을 만한 사람은 아니지요. 일반적인 사회에서 당연히 갖추어야 할 자격이 없는 사람입니다. 바꿔 말해 그런 사람은 정신적으로 비정상이지 결코 완전한 사람은 아니라는 것입니다. 강한 의지에 총명한 지혜를 겸비하고, 게다가 정애가 깊어 '지智, 정情, 의意' 이 세 가지 요소가 가장 적절하게 조화를 이루어 운용되는 것. 이것이야말로 곧바로 완전무결한 상식이라고 할 수 있습니다. 오늘날의 사람들은 입버릇처럼 '강한 의지를 가져라!'라고 말합니다. 하지만 강한 의지만 있으면 아무런 쓸모가 없습니다. 그런 사람을 시쳇말로 '이노시시무샤(猪武者, 멧돼지처럼 오직 적진으로 내닫기만 하는 저돌적인 무사 ❚

겐이)'라고 하는 것처럼, 비록 강한 의지가 있다손 치더라도 사회에 매우 필요한 사람이라고는 말할 수 없지요.

▓가을바람처럼 차가운 말은 입술도 서늘하네▓

저는 평소에도 다변인 듯합니다. 항상 이런저런 장소에서 말을 하거나 연설하는 것을 싫어하지 않고, 또 부탁을 받으면 저의 의견을 곧잘 피력하다 보니 저도 모르는 사이에 말이 너무 많아 때로는 실없는 소리를 하거나 말꼬투리를 잡힌다든지, 비웃음을 사는 경우를 피할 수가 없습니다. 하지만 사람들에게 비웃음을 사고 말꼬투리를 잡힐지라도 저는 사람들 앞에서 말하는 이상 언제나 제 마음에 없는 말은 절대 하지 않는 주의입니다. 따라서 제 자신이 망언이라고 생각하는 말은 해본 적이 없다고 자신합니다.

어쩌면 다른 사람으로부터 망언을 들었을지는 몰라도, 제 자신은 확실히 미친 소리를 해본 적이 없고, 제가 말하는 모든 건 제 자신이 확신하는 것들입니다. 비록 재앙은 입으로부터 나온다지만, 그렇다고 그게 두려운 나머지 완전히 입을 닫아 버리면 그 결과는 어떻게 되겠습니까? 필요한 장소에서는 당연히 자기 자신의 생각을 용감하게 표현할 줄 알아야 합니다. 그렇지 않으면 모처럼의 기회도 유야무야되고 말지요. 입으로부터 복도 나오지 않겠습니까? 그러니 말로는 복을 절대 부를 수 없다고 단정할 수만는 없겠지요. 또한 말들이 사람들의 감탄을 이끌지 못한다면, 침묵도 똑같이 사람들을 설득하지 못할 것입니다.

저처럼 수다쟁이기 때문에 화를 불러올 수도 있지만, '말 한마디가 천 냥 빚을 갚는다'고 말 덕분에 복을 불러올 수도 있을 것입니다. 가령 입을 꼭 다물고 있으면 어떤 문제를 해결할 수 없지만, 찰나에 용기를 내어 입을 연 덕분에 다른 사람을 곤란함으로부터 구해 줄 수도 있습니다. 또 말재주가 좋은 덕분에 다른 사람들의 싸움을 중재해 달라는 부탁을 받고 원만하게 해결시켜 줄 수도 있습니다. 또 언변이 좋은 덕분에 이런저런 일을 접할 수 있는 기회도 많아질 수 있습니다. 만약 늘 벙어리처럼 입을 꼭 다물고만 지낸다면 복이 자연스레 온다고는 생각할 수 없습니다. 이렇게 생각하면 말로도 이익을 명징하게 얻을 수가 있습니다. 그래서 입은 재앙의 문이기도 하고 복의 문이기도 합니다.

마쓰오 바쇼(松尾芭蕉, 일본의 전통시 하이쿠俳句의 성인으로 불리는 에도 시대 시인, 1644년~1694년 옮긴이)의 이런 시구가 있습니다.

"가을바람처럼 차가운 말은 입술도 서늘하네."

'사람을 비난하면 공허한 마음이 든다'라는 의미입니다. 재앙은 입으로부터 나온다는 문학적 표현인 것이지요. 하지만 이렇게 재앙의 측면에서만 말을 바라보는 것은 지나치게 소극적인 태도가 아닌지요? 극단적으로 말해 입이 단지 재앙의 근원이기만 하다면 도대체 무슨 말을 할 수 있을까요? 정말로 입이 재앙의 문이기만 하다면 꺼내야 할 말의 범위는 너무나도 좁아질 게 분명합니다.

다시 한 번 강조하지만 입은 재앙의 문이기도 하지만 복의 문이기도 합니다. 때문에 복을 부르기 위해서는 다변을 굳이 나쁜 것이라고 할 수 없을 것입니다. 하지만 말을 할 때 반드시 신중하고 조심해야 할 필요는 있을 것입니다. 한마디 말을 더 보태자면, 결코 함부로 말을 하지 않으면서 화복을 분명하게 구분하는 것을 누구나 잊지 말았으면 합니다.

▨ 미움 속에서도 아름다움을 찾아라 ▨

저는 세상 사람들로부터 착한 사람이나 악한 사람을 가리지 않는 청탁병탄주의자淸濁竝呑主義者라든가, 올바름과 그릇됨, 선과 악을 구분하지 않는 사람이라는 오해를 받곤 합니다. 일찍이 한 사람이 저를 찾아와 제 앞에서 이런 질문을 한 적이 있습니다.

"선생님은 『논어』를 처세의 근본 원칙으로 표방하고 계십니다. 게다가 '논어주의자論語主義者'로 살고 계시는데도 선생님에게 도움을 받은 사람들 중에는 완전히 이와는 정반대로 논어주의자가 아닌 사람도 있습니다. 심지어 사회로부터 비난을 받고 있는 사람이 있는데도 선생님은 사회 여론을 개의치 않으면서 계속 그런 사람과 교류를 맺고 계십니다. 선생님의 고명한 인격이 더럽혀지는 것이 두렵지 않으신가요? 저는 선생님의 진짜 생각을 듣고 싶습니다."

당연히 저에 대한 그분의 비평은 일리가 있고 합당합니다. 하지만 저에게도 저만의 생각이 있습니다. 저는 세상일을 처리할 때 이런 원칙을 견지하고자 애써 왔습니다. 저의 입신과 동시에 남들을 돕고 사회 발전에 공헌한다! 그래서 저는 전심전력을 다해 착한 사람들을 돕고, 다른 사람을 구제하고 사회의 진보와 번영을 위해 살고 싶습니다. 제 자신의 재물을 쌓고 지위를 높이고 제 자손들이 번창하는 것은 두 번째이고, 국가와 사회를 위해 살고 싶은 게 첫 번째 소망입니다. 그래서 사람들을 위해 좋은 일을 하고 싶은 마음이 큰데요. 그들의 능력을 최대한 키워 주고 적재적소의 일자리도 소개시켜 주고 싶습니다. 설마 이런 저의 생각과 행동이 사회로부터 악평을 불러일으킨 것일까요?

제가 비즈니스계에 투신을 한 이후 해가 갈수록 접촉하는 사람들이 점점 더 늘어난 게 사실입니다. 그 많은 사람들 중에 어떤 사람은 제 삶의 원칙을 따르면서 자신들의 장점을 최대한 발휘해 크게 사업을 일으킵니다. 설령 동기야 자신의 이익을 위해 그랬다손 치더라도 만약 정당한 방법으로 사업을 한다면 결국에는 국가와 사회에 이바지할 것이기 때문에, 저는 늘 그들을 동정하고, 돕고, 그들의 꿈이 이루어지기를 학수고대합니다. 이것은 이윤을 창출하는 실업가들에게만 국한되는 게 아니라 문필 생활을 하는 문사들도 같은 원칙으로 도와주고 그럽니다.

가령 제가 보기에 평범하게 보이지만 신문기자가 저를 진심으로 취재하고 싶고 사회적으로 가치가 있는 문제를 제기한다면 결코 거절하지 않습니다. 물론 저는 매우 바쁘지만 짬을 내어 그들의 요구를 꼭 들어주고자 노력합니다. 그들의 바람을 들어줄 수 있을 뿐만 아니라 사회에도 기여할 수 있다고 믿기 때문입니다. 때문에 저는 구면이든 처음 만나는 사람이든 성심성의껏 만나고, 상대편도 정성을 다하고 도덕에 부합하는 일을 한다면 언제나 즐겁고 유쾌하게 이야기를 나누고 있습니다. 정말로 인의도덕에 부합하는 손님이라면 저는 언제나 최대한 그 사람을 돕고 싶습니다.

그런데 어떤 사람들은 저의 문호개방주의를 악용해 무리한 요구를 해 저를 무척이나 화나게 하기도 합니다. 가령 어떤 사람은 여태껏 생판 본 적도 없는데 돈을 꾸어 자신의 생활비로 쓰길 원하고, 어떤 사람은 또 자신의 집이 부유하지 못해 가장이 학업을 계속하지 못하게 한다면서 몇 년 동안 학비를 대달라고 청하기도 합니다. 어떤 사람은 이런저런 신발명품을 내놓았기에 사업을 시작하면 좋지 않겠냐고 하며 사업 자금을 빌려 달라고 요구하기도 하지요. 이런 종류의 편지가 한 달에도 몇십 통씩 쌓이는데요. 그런 편지에는 저의 이름과 주소가 쓰여 있기 때문에 저는 그것을 들여다볼 의무가 있다고 생각합니다. 그래서 편지를 열어 보지만 대다수의 사연이 도리에 맞지 않는 경우가 많은 게 사실입니다.

어떤 사람은 직접 저에게 찾아와 자신의 희망을 말하면서 도와 달라고도 하는데요. 하지만 저는 불합리한 부탁을 해오면 왜 그것이 불합리한지를 조목조목 설명한 후 거절합니다. 이렇게 제가 모든 편지를 열어 보고 저를 찾아온 손님들 모두를 맞이하는 것은 불필요한 일이라고 말씀하시는 분들도 계십니다. 하지만 만약 제가 저의 편의대로 그들 모두에게 성심성의를 다하지 않으면 저의 원칙을 어기는 것에 불과합니다. 물론 저도 이 원칙을 지키며 사는 게 제 자신의 일을 복잡하게 하기도 하고 저 자신의 짬을 없애는 일이라는 것을 잘 알고 있지만, 제 자신의 신념이라든지 원칙을 지키면서 살고 싶기 때문에 여전히 그런 '군더더기 성가심'을 싫어하지는 않습니다.

때문에 저에게 부탁을 하는 사람이 낯선 사람이든 이미 알고 있는 사람이든 상관하지 않습니다. 단지 제가 바라는 것은 도리에 맞는 부탁을 해주기만을 바랄 뿐입니다. 첫째는 그들 자신을 위한, 그리고 둘째는 국가와 사회를 위한 부탁이라면 저는 도리와 정의에 어긋나지 않는 범위 내에서 그들을 최대한 돕고 싶습니다. 다시 말해 도리에 맞는 경우라면 저는 적극적으로 남들의 한쪽 어깨가 되고 싶습니다. 공자가 말씀하신 대로 "군자는 가장 중심이 되는 근본에 힘을 써야 하는 것이니, 근본이 제자리를 잡으면 여러 가지 일에서 가장 올바른 도리가 생겨나게 됩니다."君子務本, 本立而道生[29]

그런데 솔직히 당시에는 도리에 맞았던 도움일지라도 나중에 나쁜 결과를 가져오는 경우도 있고, 어떤 일은 제가 잘못 본 경우도 있습니다. 그럼에도 불구하고 악인은 영원히 악인이고 착한 사람이 반드시 영원히 좋은 일만 하라는 보장은 없습니다. 그래서 저는 악인을 악인이라고 무조건 증오하기보다는 선한 쪽으로 이끌고 싶습니다. 때문에 처음에 그 사람이 악인이란 걸 알면서도 그를 도와주기도 합니다.

▨ 습관의 감염성과 전파력 ▨

습관은 한 사람의 평상시 행동에서 계속 반복되면서 자연적으로 형성된 일종의 고유한 관성인데, 그것은 한 사람의 영혼뿐만 아니라 행동거지에도 영향을 미칩니다. 가령 나쁜 습관이 몸에 밴 사람은 시간이 흐르면 악인이 되고 말지요. 반대로 좋은 습관이 몸에 밴 사람은 시간이 흐르면 자연스레 선한 사람이 됩니다. 때문에 습관은 사람의 인격에도 큰 영향을 미친다고 말할 수 있죠. 좋은 습관을 기를 수 있도록 평상시에 꾸준히 노력하는 게 그만큼 중요한 것입니다.

게다가 습관은 단지 개인의 일로 그치는 게 아니라 다른 사람을 감염시키기도 합니다. 사람은 자연스럽게 다른 사람의 습관을 모방하기 때문에 습관의 전파력은 대단히 강합니다. 이것은 선한 행동의 방면뿐만 아니라 악한 행동의 방면에도 마찬가지입니다. 그래서 반드시 특별한 주의가 필요한데요. 언어 습관처럼 갑의 습관은 을에게 전파되고 을의 습관은 또 병에게 전파되는데, 이러한 일은 결코 보기 드문 현상이 아닙니다.

두드러진 예를 다시 들어 보자면, 최근 들어 신문 지상에 자주 등장하는 일련의 신조어들이 있습니다. 갑 신문에 등재되면 곧바로 을 신문, 병 신문, 정 신문 등등에 연달아 올라오고 얼마 지나지 않아 사회에서 일반적으로 통용되는 일상어가 되고 맙니다. 이런 현상은 사실 전혀 이상한 일이 아닙니다.

하이칼라(ハイカラ, high collar), 나리킨(成金, 벼락부자) 같은 말들이 좋은 예입니다. 여성들 사이에서 쓰이는 용어도 이와 같습니다. 요즘 여학생들의 입에서 자주 튀어나오는 '요큇테요(よくってよ, 좋다)' '소우다와(そうだわ, 바로 그거야)' 같은 습관적 용어들이 입에서 입으로 전달되어 결국 사회의 유행어가 되는 것입니다.

예전에는 실업實業이라는 말이 없었는데요. 요즘에는 실업하면 공업과 상업을 가리킨다는 것을 누구나 알지요. 또 장사壯士는 예전엔 글자 그대로 장년층을 가리켰는데 요즘은 노인들도 장사로 부르는 게 당연시되고 있습니다. 이렇듯 습관의 전파력과 감염력은 대단히 강합니다. 한 사람의 습관이 천하의 습관이 될 수 있기 때문에, 자신의 습관을 기르는 데는 특별한 주의가 요구되고, 자기 스스로 습관을 귀중하게 여겨야 합니다.

특히 소년 시절의 습관이 더더욱 중요합니다. 기억력만 보아도 소년 시절에 머릿속에 각인된 일은 노인이 되더라도 여전히 머릿속에 생생하게 살아 있습니다. 저도 소년 시절에 읽었던 책과 역사 지식이 여전히 저의 머릿속에 새록새록 남아 있으니까요. 하지만 나이를 어느 정도 먹고 나서는 어제 읽었던 책도 오늘이 오면 머릿속에서 연기처럼 감쪽같이 깡그리 사라지고 맙니다.

때문에 좋은 습관을 기르는 데는 소년 시절이 가장 중요합니다. 이때 양성된 습관은 영원히 변하지 않을 가능성이 크기 때문입니다. 게다가 소년 시절부터 청년 시절에 이르기까지가 나쁜 습관을 고치기에 가장 적절하고 효과적인 시기이기 때문입니다. 이 시기에 좋은 습관을 기르면 정말로 훌륭한 인격과 품위가 있는 개성을 지닌 인격체로 성장할 수 있지요. 저는 청년 시절에 고향을 떠나 천하를 유랑한 탓에 방종한 생활 습관이 몸에 배어 버렸는데, 훗날 이것을 고치느라 무진장 애를 먹었습니다. 날마다 나쁜 습관을 고치겠다는 뼈를 깎는 노력을 한 결과 지금은 그런 방종한 습관을 고칠 수가 있었습니다.

제가 지금에 와서 자신할 수 있는 것은, 좋지 않은 습관과 쉽사리 고쳐지지 않는 습관이 여전히 남아 있다면 제 자신의 극기가 부족한 탓이라는 것입니다. 저의 경험에 비추어 말하자면 늙어서도 나쁜 습관을 고치고 좋은 습관을 길들이기 위한 의식적인 노력이 여전히 필요합니다. 노년기에도 노력만 한다면 청년기에 몸에 배인 나쁜 습관을 충분히 고칠 수 있습니다. 특히나 요즘처럼 하루가 다르게 세상이 변하는 시대에는 더더욱 이런 마음을 갖고 자중하지 않으면 안 됩니다.

특히 습관은 자신도 모르게 불쑥 튀어나오는 귀신 같은 놈이기 때문에 제때에 고쳐 주어야만 합니다. 가령 아침에 늦게 일어나는 습관을 가진 사람은 전쟁이 터지거나 화재가 일어났다고 생각하면 제아무리 늦잠꾸러기일지라도 일찍 일어날 것입니다. 나쁜 습관은 모두 자기 자신이 스스로 좋은 습관을 양성하는 법을 경시한 탓에 생겨납니다. 일상생활 중에 아무리 하찮은 일일지라도 제멋대로 굴다 보면 나쁜 습관이 서서히 종양처럼 커져 오기 마련입니다. 때문에 남녀노소를 불문하고 좋은 습관을 기르도록 평소에 노력하면서 나쁜 습관을 경계해야 할 것입니다.

학식보다는 상식이 중요하다

역사책에 기재된 영웅호걸들 중에서 대다수는 지智, 정情, 의意 이 세 가지 방면에서 균형을 이루지 못한 인물들이 많은데요. 어떤 영웅호걸은 의지는 굳건한데 지혜가 부족하고, 혹은 의지와 지혜는 겸비하고 있는데 애석하게도 인정이라든지 인덕이 부족한 경우도 있지요. 이러한 캐릭터는 불완전한 사람들일 터인데, 의외로 영웅호걸들 중에 이러한 인물이 대단히 많습니다. 이러한 성격의 소유자는 비록 영웅일지라도, 호걸일지라도 결코 완인完人이라고 부를 수 없을 것입니다.

물론 영웅호걸은 한 방면으로 평가하면 대단히 뛰어난 점이 있습니다. 보통 사람들은 결코 이루어 낼 수 없는 비범한 능력이 있습니다만, 그런 위대한 위인과 완인이 같은 것은 아니지요. 위인은 인간으로서 갖추어야만 하는 모든 성격에 설령 결함이 있더라도 보통 사람들과는 다르게 그 결함을 보충할 수 있는 장점이 있기 마련입니다. 완인과 비교하자면, 이를테면 거리감이 있기 마련인데요.

이른바 완인, 즉 완전한 사람이란 지, 정, 의를 모두 갖춘 사람입니다. 달리 말하면 상식을 갖춘 사람입니다. 저는 물론 위대한 위인들을 배출하고 싶은 마음은 있지만 사회의 대다수 사람들이 오히려 상식을 갖춘 완인이 되기를 바랍니다. 우리 사회가 상식이 있는 완인을 배출해 주기를 바라는 마음이 더 크다는 것입니다.

위대한 위인의 쓸모가 제한적이라고 말할 수는 없지만, 상식을 갖춘 완인의 쓸모는 무제한적입니다. 사회가 모든 방면에서 지금처럼 질서 정연하게 정돈된 채 발달하고 있는 때에 상식이 풍부한 사람이 더더욱 많이 일하다 보면, 그 사회는 부족함도 결핍도 없어지기 마련입니다. 위대한 위인이 필요한 때는 특수한 때이지, 정상적인 시대에는 결코 영웅이 필요하지 않습니다.

사람은 일반적으로 청년 시기에 사상이 일정하지 않은 채 호기심으로 마음이 들떠 이리저리 기웃거리기 마련입니다. 때로는 객기를 부리며 사람들을 놀라게 하는 이상스런 별짓을 하기도 합니다. 나이가 점점 들수록 여러 가지 경험이 쌓이면 점점 더 온건하고 착실한 행동을 하면서 마음이 들뜨고 경망스럽던 청년 시절과는 달라집니다. 그런데 상식은 극히 평범한 것이기에 기묘한 호기심을 즐기는 청년 시절에는 도리어 이런 평범한 상식을 수양하는 게 호기심을 즐기는 것보다 덜 매력적인 게 당연합니다. 그래서 청년들은 위대한 사람이 되어 주길 바란다고 말하면 고개를 끄덕이지만, 상식을 갖춘 완인이 되어 주길 바래 하고 부탁하면 대다수가 자신을 얕보는 게 아닌가 하는 의구심을 갖습니다. 이게 바로 청년들의 공통적인 특징입니다.

그런데 한 국가가 정치적 이상을 실현하려면 모든 국민들의 상식을 높게 끌어올려야 하고, 산업이 번창하려면 반드시 실업가의 상식이 부단히 완벽해져야 합니다. 때문에 사람들이 원하지 않더라도 상식을 배양하도록 열심히 독려해야 합니다. 하물며 사회의 실제 상황에 근거하더라도 정치계든 실업계든 심오한 학식보다는 오히려 건전한 상식을 갖춘 사람들이 일을 주도하는 게 더 낫습니다. 상식이란 이렇게 중요한 것입니다.

░과연 천도天道란 옳은가?░

세상은 참으로 이상합니다. 냉혹하고 무정하고, 전혀 성의라고는 찾아 볼 수가 없고, 그 행동도 괴팍하고 진지하지 않은 사람이 도리어 사회로부터 신뢰를 받고 성공의 면류관을 씁니다. 반면에 지극히 성실하고 성의껏 사람을 독실하게 대하며 충서忠恕의 도로 사는 사람이 도리어 사회로부터 소원해지며 낙오자로 전락하는 경우가 있습니다. 설마 이것이 천도天道인가요? 이게 바로 천도라면 과연 그것은 옳은가요, 그른가요? 이 모순을 연구하는 것은 몹시도 흥미롭고 가치 있습니다.

생각건대 사람의 행위 그게 선한지, 악한지를 판단하는 것은 그 행위의 동기를 더불어 고려해야만 합니다. 그래야만 정확한 판단이지요. 설령 사업의 동기가 제아무리 진지하고 충서의 도에 부합하더라도 겉으로 드러나는 행위가 굼뜨고 방자하다면 그 사람은 결코 큰일을 이루어 낼 수 없습니다. 비록 사업의 동기가 다른 사람들에게도 좋을지라도, 그 결과가 나쁘면 결코 선행이라고 할 수 없습니다. 옛날 초등학교 수업 시간에 책에서 배운 '친절함이 도리어 불친절이 되어 버린' 이야기를 기억하시나요? 병아리가 부화하면서 달걀 껍질을 쪼개고 나오는 것을 몹시도 힘들어했습니다. 한 어린아이가 그걸 보고 병아리가 불쌍해 달걀 껍질을 벗겨 주었지요. 그런데 그만 병아리가 죽고 말았습니다.

『맹자』를 보아도 이러한 종류의 이야기가 많습니다. 비록 문구 모두를 기억하고 있지는 않지만 그 내용과 의미는 잘 알고 있습니다. 어떤 사람이 다른 사람을 돕기 위한 좋은 생각과 방책이 떠올라 그 사람 집의 대문을 부수고 들어가 갑작스레 방으로 뛰어들었습니다. 동기야 좋지만 그 행위 방식은 정말로 사람이 참을 수 없을 지경입니다. 양혜왕梁惠王이 맹자에게 정치에 대해 물었습니다. 그러자 맹자가 이렇게 말했습니다.

"지금 왕의 주방에는 살찐 고기가 있고 마구간에는 살찐 말이 있는데, 백성들은 굶주린 기색이 있고 들에는 굶어 죽은 시체가 있으니, 이것은 짐승을 몰아서 사람을 잡아먹게 하는 것과 같습니다庖有肥肉, 厩有肥馬, 民有飢色, 野有餓莩, 此率獸而食人也."[30]

'칼로 사람을 죽이는 것과 정치로 사람을 죽이는 것은 같다'라는 게 맹자의 뜻입니다. 맹자와 고자(告子, 중국 전국시대 제齊나라의 사상가로 성은 고告, 이름은 불해不害. 맹자와 인간의 본성에 대한 논쟁을 했는데, 그는 사람의 본성은 본래 선도 아니고 악도 아니라性無善無惡說며, 다만 교육하기 나름이라고 주장했다. 옮긴이)가 마음이 동요하지 않는 것을 논할 때 고자는 이렇게 말했습니다.

"자신의 마음에서 편안하지 못한 것이 있더라도 기氣에서 그것을 해결하려고 하지 말라는 말은 옳지만, 남의 말에서 이해되지 않는 것이 있더라도 자신의 마음에서 그것을 이해하려고 고민하지 말라는 말은 옳지 않다. 의지意志는 기를 통솔하는 것이고, 기는 몸을 가득 채우고 있는 것이다. 의지가 먼저 있고 기는 그것을 따라간다. 그러므로 의지를 굳게 지니며 기를 함부로 움직여서는 안 된다不得於心, 勿求於氣, 可, 不得於言, 勿求於心, 不可. 夫志, 氣之師也, 氣, 體之充也. 夫之至焉, 氣次焉, 故曰, 持其志, 無暴其氣."[31]

이것은 바로 의지가 마음의 근본적 뿌리이고, 기는 외부의 행동으로 표현된 마음의 끝자락이라는 뜻입니다. 행위의 동기가 비록 선의에서 출발하고 충서의 도에 어울리더라도, 때로는 사람의 기가 일시적 충동에 휩싸여 그 결과가 자신의 본심과는 다르게 나타날 수 있습니다. 때문에 본심을 견지하면서 충동을 일으키지 말고, 화로 인해 잘못을 범하지 말며 마음이 동요하지 않는 수양을 하는 게 중요하지요.

맹자는 호연지기浩然之氣를 기르면 마음의 동요를 일으키지 않는다고 했습니다. 하지만 보통 사람들은 평상시에 마음이 자꾸 동요해 일을 그르치기가 일쑤죠. 맹자는 송나라 사람의 예로 이를 설명해 준 적이 있습니다.

"송나라 사람 중에 곡식의 싹이 자라지 않는 것을 안타깝게 여겨 싹을 뽑아 올려 준 자가 있었다. 그가 피로한 기색으로 집으로 돌아와서는 가족들에게 '오늘은 참 힘들었다. 내가 싹이 자라는 것을 도와주었다'고 했다. 그의 아들이 달려가 보니 싹은 이미 시들어 버렸다宋人有閔其苗之不長而揠之者, 芒芒然歸, 謂其人曰, 今日病矣, 子助苗長矣. 其子趨而往視之, 苗則槁矣."[32]

곡식의 싹을 잘 자라게 하기 위해선 반드시 물을 주고 비료를 주고 잡초를 뽑아 주어야 하는 것은 당연한 일이지요. 하지만 싹이 자라는 시간을 앞당기기 위해 억지로 싹을 뽑아 올려 버리는 것이야말로 농사를 망치는 길입니다. 비록 싹을 빨리 자라게 하고 싶은 본래의 동기는 그 뜻이 선하다손 치더라도 그 싹을 뽑아 올려 버리는 행위의 결과는 악하기 그지없습니다. 이 세상에는 이렇게 싹의 성장을 돕는다는 것을 핑계 삼아 하는 행동이 부지기수입니다. 비록 한 사람의 행위 동기가 여하튼 선량하다손 치더라도, 게다가 충서의 도에 부합한다손 치더라도 그 행위의 결과가 그것에 부합하지 못한다면 어찌 세상 사람들의 믿음을 받을 수 있겠습니까?

이와 반대로 본래의 동기가 조금은 순정하지 않더라도 그 행위가 기민하고 충실하여 사람들의 신뢰를 받는 데 충분하다면 이 사람은 성공한 것입니다. 행위의 동기가 순수하지 않더라도 행위가 정직한 경우는 엄격하게 말해 도리에 어긋나기는 합니다. 하지만 "성인도 속일 수 있는 길이 있으면 상대하기 만만하다"고 한 것처럼 실제 사회에서는 사람 마음속의 선악보다는 그 행위와 결과의 선악을 중요시하는 경향이 강합니다. 따라서 행위의 동기보다는 행위의 과정으로 선악을 잘 판별할 수 있는데요. 하여튼 간에 마음보다는 행위가 민첩하고 선한 결과를 얻어 낸 사람이 사람들의 신뢰를 받기가 용이합니다. 역사적인 예를 하나 들어 볼까요.

도쿠가와 요시무네(德川吉宗, 1684년~1751년, 에도 막부의 8대 쇼군)가 지방을 순시할 때 어느 한 효자가 늙은 모친을 등에 업고 길가에서 순시 행렬을 알현했습니다. 요시무네 쇼군이 그 모습을 보고 효자에게 큰 상을 내려 주었지요. 그런데 정당하지 않은 직업에 종사하는 한 무뢰배가 이 이야기를 듣고 자신도 상을 받고 싶어 제멋대로 어느 늙은 할머니를 꾸어다가 등에 업고 순시 행렬을 알현했습니다. 요시무네 쇼군이 그에게도 상을 내리려고 하자 부하 중 한 명이 그 무뢰배의 가짜 효자 행세를 눈치 채고는 이의를 제기했죠. 하지만 요시무네 쇼군은 비록 그는 가짜 효자지만 가짜로라도 효행을 하려는 행위만은 상을 받을 가치가 있다고 말했습니다.

맹자는 이렇게 말한 적이 있습니다.

"서시西施처럼 예쁜 여자도 오물을 뒤집어쓰고 있으면 사람들은 모두 코를 막고 지나갈 것이다. 반면에 비록 추하게 생긴 사람이라도 목욕재계하면 상제上帝에게 제사를 지낼 수 있다西子蒙不潔, 則人皆掩鼻而過之. 雖有惡人, 齊戒沐浴, 則可以祀上帝."[33]

비록 천하의 절세미인이자 경국지색일지라도 만에 하나 더럽다면 그 누구라도 그녀 곁으로 가까이 가지 않을 것이란 말인데요. 또한 속 마음은 두억시니처럼 사납지만 얼굴이 석양 아래 늘어진 능수버들처럼 교태가 넘치고 아리따우면 부지불식간에 뭇 사람들을 홀리는 게 세상의 인지상정입니다. 때문에 동기의 선악보다는 행위의 선악이 사람들 눈에 금방 들어차기 쉽지요.

교언영색은 사람들 마음을 움직이기 쉽고, 충언은 귀를 거슬리기가 쉽습니다. 충서의 마음이 알짜배기이고 책임감이 강한 사람이 오히려 축출되기가 쉽다니, "만약에 이러한 것이 이른바 하늘의 도리라면 이것은 과연 옳은가, 그른가倘所謂天道, 是邪非邪"[34]라는 탄식밖에 할 수 없는 노릇이지요. 여하튼 교활하게도 처세술이 뛰어난 사람이 도리어 성공하기가 비교적 쉽고 사람들의 신뢰를 받기 용이하다니, 이게 어찌된 노릇인가요?

無엇이 진짜 재능이고 참된 앎인가無

그 어떤 사람일지라도 세상에 바로 서기 위해서는 반드시 지혜가 필요한데, 그 지혜를 계속해서 쌓아 가는 게 가장 중요하지요. 개인의 발전을 위해서든 국가의 이익을 위해서든 지식을 쌓아가지 않으면 그 모두가 불가능한 공염불에 그치고 맙니다. 하지만 그것 이상으로 사람은 인격 수양을 하지 않으면 절대 안 됩니다. 인격을 무엇이라고 정의내려야 할지는 쉽사리 논단할 수 없지만, 극소수의 영웅호걸은 인격이 숭고하기도 합니다. 그럼 인격과 상식은 항상 일치하는 것일까요? 어떤 사람은 사회에서 완전하게 쓸모가 있고 공과 사 그 모두를 중시하는데, 이러한 진짜 지식을 갖고 있는 사람의 대다수는 상식이 매우 풍부한 게 사실이죠.

그런데 상식의 발달에 관해서 말하자면 가장 중요한 것은 자신의 경우를 주의하는 것입니다. 격언식 문자로 표현하자면 "사람은 자신의 경우를 잘 주의하지 않으면 안 된다"라고 할 수 있을 것입니다. 이 표현이 적당하지 않다면 저는 서양의 격언을 잘 모르기 때문에 동양의 경서에서 하나의 예를 가려 뽑아 보고 싶습니다. 『논어』에서 자신의 경우를 주의해야 한다고 가르쳐 주고 있는 교훈은 큰일이든 작은일이든 가리지 않고 매우 많습니다. 따라서 대성인인 공자는 역시나 자신의 경우에 맞게 적절하게 처신하기 위해 무진장 애를 쓰셨죠. 또한 다른 사람이 자신의 경우에 어긋날 때는 절대로 지지하지 않으셨습니다. 하나의 예를 들어 보겠습니다.

공자께서 『논어』 「공야장公冶長」 6장에서 이렇게 말씀하셨습니다.

"내가 뜻하는 도가 이 세상에 행하여지지 않아 뗏목을 띄워 바다로 떠나간다면 나를 뒤따를 사람은 아마도 자로일 것이다."道不行, 乘桴浮于海. 從我者, 其由與.[35]

자로(子路, 노나라 사람으로 성은 중仲이고 이름은 유由, 자로는 자이다. 공문십철孔門十哲 중에 한 명. 공자보다 9살 연하로 정사에 뛰어났으며, 무모하리만큼 과감해 스승으로부터 자주 꾸지람을 들었다. 옮긴이)는 이를 듣고 공자가 자신을 알아준다는 사실에 기뻐했죠. 공자는 무모한 자로를 꾸짖기 위해 그랬건만 자로는 스승님이 이미 자기에게 제의를 한 것으로 여겨 마음을 놓고 기뻐 어쩔 줄을 몰라 하며 함께 가기를 원했습니다. 하지만 공자는 자로가 기뻐하는 것이 아직 자신의 처지를 이해하지 못하는 것 같아 계속 연이어 말했습니다.

"자로는 용기를 좋아하는 점에서는 나보다 낫지만, 사리를 곰곰이 잘 헤아리지 못하는 면이 있다."由也好勇過我, 無所取材.36

공자께서는 어떤 일에 대한 타당성의 여부를 제대로 판단하지 못하는 자로의 부정적인 면을 경계한 것입니다. "뗏목을 띄워 바다로 떠나간다면乘桴浮于海"이라는 공자의 말을 듣고 자로는 기뻐했지만, 만약에 자로가 자신의 경우를 잘 알고 있었더라면 "그래도 좋습니다. 바다로 나아갈 거면 어떻게 뗏목을 만드는 게 좋을까요?"라고 되물었을 것입니다. 그러면 공자가 애초의 자신의 뜻을 자로가 잘 헤아렸다고 생각하고 이렇게 말을 했을지도 모를 것입니다.

"그럼, 조선이나 일본으로 가자구나!"

또 한 번은 공자가 제자들과 대좌를 한 채 제자들의 포부에 대해 물은 적이 있었습니다. 자로가 제일 먼저 대답했습니다.

"수레 천 대를 낼 수 있는 제후의 나라가 큰 나라들 사이에 끼어 군대의 침략을 받고 그로 인하여 기근까지 겹쳐 있다 하더라도, 제가 그 나라를 다스려 거의 삼 년이면 백성들을 용감하게 만들고, 또 그들로 하여금 올바른 도리를 실천할 줄 알도록 만들겠습니다."千乘之國, 攝乎大國之間, 加之以師旅, 因之以饑饉, 由也爲之, 此及三年, 可使有勇, 且知方也.37

공자는 빙긋이 웃으면서 아무런 평가도 하지 않았지요. 연이어 염유冉有가 말했습니다.

"사방 육칠십 리 또는 오륙십 리 되는 곳을 제가 다스린다면 대략

삼 년이면 백성들을 풍족하게 할 수 있을 것입니다. 다만 예악에 대해서는 저보다 뛰어난 군자의 힘을 빌리고자 합니다." 方六七十, 如五六十, 求也爲之, 此及三年, 可使足民, 如其禮樂, 以俟君子.[38]

그리고는 공서화公西華에게 물으니 그는 이렇게 말했지요.

"제가 이런 일을 잘할 수 있다고 말하는 것이 아니라, 배우고자 하는 것입니다. 종묘의 제사나 임금들이 회합을 할 때에 검은 예복과 예관을 쓰고, 작은 일이나마 돕고자 합니다." 非曰能之, 願學焉. 宗廟之事, 如會同, 端章甫, 願爲小相焉.[39]

그런데 슬瑟을 타면서 아무런 말을 하지 않던 증석(曾晳, 이름은 점點, 자는 자석子晳. 증자曾子의 아버지 옮긴이)에게 공자가 마지막으로 어떻게 생각하느냐고 물었습니다. 증석이 자신은 다른 사람과 생각이 다르다고 하자, 공자가 달라도 좋으니 자세히 말해 보라고 일렀지요. 그리하여 증석이 말했습니다.

"늦은 봄에 봄옷을 지어 입고, 어른 대여섯 명과 아이들 예닐곱 명과 어울리어 기수沂水 강가에서 목욕하고, 하늘에 제사 지내는 곳인 무우 근처에서 바람을 쐬며 노닐다 노래하면서 돌아오고 싶습니다." 莫春者, 春服旣成, 冠者五六人, 童子六七人, 浴乎沂, 風乎舞雩, 詠而歸.[40]

공자는 증석의 말을 들은 후, 크게 감탄을 하며 말했습니다.

"나와 증석의 생각이 같다."

제자들이 모두 돌아간 후 증석이 공자에게 왜 맨 처음 대답을 한 자로를 보고 웃었냐고 묻자 공자가 말했습니다.

"나라는 당연히 예로 다스려야 하는데도, 도리어 자로는 조금도 겸손하지 않았기에 그를 보고 웃은 것이다." 爲國以禮, 其言不讓, 是故, 哂之.[41]

공자는 자로가 자신의 경우와 신분, 지위를 잘 헤아리지 못했기에 나무랐던 것입니다.

그런데 때때로 공자는 자신에 찬 어조로 말할 때도 있었습니다. 가령 환퇴가 공자를 죽이려고 할 때였습니다. 제자들이 모두 공포에 젖어 있었지만 도리어 공자만은 태연자약하고 전혀 두려움이나 근심도 없이 자신의 경우를 잘 안다는 듯이 말했습니다.

"하늘이 나에게 덕을 주었는데, 환퇴와 같은 자가 나를 어떻게 할 수 있겠는가?"天生德於予, 桓魋其如予何?[42]

공자가 위衛나라를 떠나 진陳나라로 가던 도중에 광匡 땅을 지날 때 수많은 사람들에게 포위되어 살해를 당할 위험에 처했습니다. 광 땅 사람들은 예전에 자신들을 괴롭히던 노나라의 양호가 공자와 생김새가 비슷해 공자를 양호로 오해한 것이지요. 5일 동안 갇혀 지내던 공자의 제자들은 모두 겁을 집어먹고 두려워했지만 공자는 도리어 이렇게 말했습니다.

"주周 문왕文王이 돌아가신 후에는 주나라의 예악 제도는 모두 나의 어깨에 달려 있다. 만약 하늘이 주나라의 예악을 모두 없애려고 했다면 우리들로 하여금 전승하지 못하도록 했을 것이다. 하늘이 주나라의 예악을 버리려고 하지 않는데, 어찌 감히 광 땅 사람들이 나를 해치겠느냐?"[43]

공자는 위험에 처했어도 오히려 아무런 두려움 없이 태산처럼 동요하지 않았던 것입니다. 한 번은 공자가 태묘에 가서 모든 일을 시시콜콜 물어보자 어떤 사람이 이상하게 여기며 말했습니다.

"누가 추인鄒人의 아들을 일러 예를 안다고 말했는가? 태묘에 들더니 일일이 묻기만 하더라."孰謂鄒人之子知禮乎? 入大廟, 每事問.[44]

공자가 이를 전해 듣고 말했습니다.

"그렇게 하는 것이 예이다!"是禮也! [45]

공자는 예란 경건히 삼가 조심하는 마음이라는 것을 알고, 설사 상식으로 태묘의 예를 이미 알고 있었을지라도 다시 묻고 물으며 정성을 다했던 것이지요. 공자는 이렇게 자신의 경우와 지위를 잘 알고 처세의 도리를 겸손하면서도 정확하게 지켰습니다.

공자가 성인이 될 수 있었던 까닭은 이렇게 시시콜콜한 작은 일까지 태만하게 굴지 않았기 때문일 것입니다. 그럼 우리들 모두는 공자처럼 성인이 될 수 있을까요? 저는 비록 그렇다고 확신할 수는 없지만, 우리가 자신의 경우와 신분, 지위를 망각하지 않는다면 보통 이상의 사람이 될 수 있을 뿐만 아니라, 곤혹스런 일에 직면하지 않을 수 있을 것이라고 생각합니다. 그런데 세상 사람들은 종종 도리를 잃어버린 채, 자신의 상황이 조금이라도 좋아질 성치면 경우를 잃어버리고 자신의 처지와 어울리지 않는 일을 저지르고 맙니다. 그리고 일단 곤란함에 처하면 망연자실한 채 그 모든 것을 잃어버리고 마는데요. 이렇게 요행을 바라면서 방자하게 재앙을 맞이한 후 애석해 하는 것은 범용한 사람들의 일상이기도 합니다.

▒ 동기와 결과 ▒

저는 심성이 정직하지 못하면서도 재주가 뛰어난, 바로 재승박덕才勝薄德한 사람들을 몹시도 싫어하는데요. 그런 사람들이 매우 교묘하게 자신을 표현한다손 치더라도 필경 진심이 아닐 것이기 때문에 그런 사람들과는 어울리지 않으려고 합니다. 그런데 인간이 신이 아닌 한 단지 밖으로 드러나는 것만으로 사람의 내심을 파악하기란 여간해서는 어렵지요. 그래서 때로는 재승박덕한 사람의 교묘한 행동에 속고 맙니다.

왕양명(王陽明, 1472년~1529년, 명나라 중기 유학자. 양명학파의 시초)의 지행합일知行合一과 양지양능(良知良能, 배우지 않아도 자연스레 선과 악을 구별하는 타고난 능력) 학설에 근거하자면, 일반적으로 내심 생각하는 뜻은 반드시 행동으로 드러나게 마련이라고 합니다. 심지가 착한 사람은 밖으로 드러나는 행동도 착하고, 반면에 마음이 선량하지 못한 이는 밖으로 드러나는 행동도 악하다는 말입니다.

하지만 저처럼 문외한의 입장에서 보면 반드시 그런 것만은 아닌 듯합니다. 설사 심지가 곱더라도 행동은 그렇지 않을 수도 있고, 반대로 행동은 선량한데 심지가 불량스러울 수도 있지 않을까요? 저는 서양의 윤리학이라든지 철학에 대해 전혀 모르는 문외한인데요. 그래서 동양의 사서四書나 송나라 유학이 인성을 바라본 이론이나 처세의 도道로 이러한 것들을 연구할 뿐입니다.

그런데 뜻밖에도 제가 지금까지 말한 의견과 P. 프리드리히(P. Friedrich, 1846년~1908년, 독일 철학자, 윤리학자)의 윤리설이 우연처럼 일치하더군요. 영국 윤리학자 뮤어헤드(J. H. Muirhead, 1855년~1940년)는 '동기가 선량하면 그 결과는 좋지 않더라도 상관없다'라고 말했습니다. 이것이 이른바 동기설입니다. 가령 크롬웰(Cromwell, 1599년~1658년, 영국 정치가, 군인)은 영국을 위기로부터 구해 내기 위해 우매한 군주를 시해하고 자신이 왕의 자리에 올랐지만, 그 동기가 좋았기 때문에 윤리학적으로 나쁜 일이 아니라는 것입니다.

그런데 오늘날에도 진리로 환영받고 있는 P. 프리드리히의 윤리설은 동기와 결과 즉 마음과 행동을 세세하게 헤아린 후에야 선악을 정할 수 있다고 합니다. 예컨대 국가를 위한 전쟁일지라도 어떤 전쟁은 영토를 확장하기 위한 침략 전쟁일 수 있고, 어떤 전쟁은 국가의 이익을 보호하기 위한 정의의 전쟁일 수 있습니다. 주권자의 입장에서 보면, 그 정책이 국가를 위하고 국민의 이익을 위해 시작한 전쟁일지라도 만약에 개전의 시기를 잘못 정하면 그 행위는 나쁜 것이 된다는 말이지요. 하지만 전쟁의 시기를 잘못 잡았지만 연전연승하여 나라를 부강하게 하고 국민 복리의 기초를 다졌다면 그 행위는 좋은 평가를 받을 수 있다는 것입니다. 가령 크롬웰은 영국을 위기로부터 구했기에 그의 행위는 선이었습니다. 그러나 만약 그가 나라를 멸망의 길로 이끌었다면 그의 모든 행위는 역시 악이라는 것입니다.

여러분은 P. 프리드리히가 말한 것이 과연 진리라고 생각하시나요? 저는 솔직히 이해하기가 어렵지만, 마음이 선량하면 행위는 반드시 선량하다는 뮤어헤드의 학설보다는 오히려 본래의 동기와 나중에 드러난 결과를 비교한 연후에 선악을 판단하는 게 정확하다고 생각합니다.

저는 늘 여러 손님들을 맞이하는데요. 그들의 질문이나 그들이 봉착한 문제에 대한 해답을 내놓는 게 저의 의무 중 하나라고 생각하기도 합니다. 그래서 그들을 매우 정중하게 맞이하고 그들의 부탁으로 인해 너무나 바쁘기도 합니다. 그런데 같은 일일지라도 그 마음과 동기가 같지 않은 경우가 많습니다. 이와 같이, 때로는 비록 동기가 같을지라도 결과는 전혀 다른 경우도 많습니다. 같은 땅이지만 비옥한 땅이 있는 반면에 메마른 땅이 있고, 같은 날씨일지라도 어느 곳은 춥고 또 다른 곳은 따뜻하듯이 말입니다. 사람들의 사상과 감정도 서로 다르듯이, 같은 동기로 시작했더라도 상대에 따라 결과가 전혀 다르게 나타납니다. 때문에 인간의 행위를 판단할 때는 그 동기와 결과를 비교하고, 잘 참작해 판단해야 할 일입니다.

인생은 땀 흘리기 나름

저는 올해(다이쇼大正 2년, 1913년) 이미 일흔네 살이 됐습니다. 근 몇 년 동안 저는 가능한 복잡한 일들을 피하려고 노력했음에도 불구하고 여전히 한가한 시간들을 보낼 수가 없었지요. 하지만 제가 세운 은행 만큼은 돌보고 싶어 비록 이렇게 나이가 들었지만 여전히 활동을 하고 있습니다. 인간의 일은 노소를 불문하고 앞으로 나아가려는 분투를 하지 않으면 그 사람은 절대로 발전할 수 없는 게 당연지사이지요. 한 국가도 만약에 이러한 진취적인 정신을 가진 국민이 없으면 그 국가는 절대로 번영을 누릴 수가 없습니다. 저는 날마다 아침 7시 전에 일어나는데요. 가능한 많은 손님들을 맞이하고 싶기 때문에 시간만 있다면 늘 일률적으로 그 수의 많고 적음에 상관없이 손님들을 응대합니다.

저는 이렇게 칠십이 이미 넘은 늙은이지만, 그럼에도 불구하고 감히 게으르거나 태만한 마음을 갖고 하루하루를 농땡이치고 싶지 않습니다. 도리어 젊은이들보다 더 열정적으로 하루하루를 열심히 살려고 노력합니다. 하루하루 생각도 더욱 깊어지고 늘 진보하고 싶습니다. 나태는 어디까지나 나태로 끝나기 마련입니다. 나태가 좋은 결과를 내온 적은 결코 없습니다.

일어서서 쉬는 것보다 앉아서 일을 합니다. 하지만 오랫동안 앉아 있다 보면 무릎이 아파 오죠. 그럼 누워서 일을 하는 게 훨씬 더 편하죠. 하지만 누워 있는 시간이 길어지면 허리가 시리고 등이 아픕니다. 나태의 미래는 어디까지나 나태입니다. 방만함과 나태의 시간이 길어지면 그 무엇도 얻을 수 없을 뿐만 아니라 더더욱 빠른 속도로 쇠락해집니다. 진보는 없고 퇴보만 있을 뿐이지요. 때문에 모든 사람이 마땅히 근면하고 노력하는 좋은 습관을 가져야 한다는 잔소리는 더 말할 필요도 없습니다.

사람들은 항상 지식을 늘리고 시세를 읽는 눈을 가져야만 한다고 말합니다. 물론 맞는 말이긴 하지만, 그 무엇보다 더 중요한 것은 때를 읽고 그에 알맞은 일을 선택하는 눈이 있어야 한다는 것입니다. 지력을 늘리고 학문을 연마하지 않으면 이것은 단지 헛된 망상에 불과합니다. 그런데 설령 이렇게 지력이 일취월장하더라도 그 지력을 영리하게 쓰지 못하면 말짱 도루묵입니다. 그 많던 지식이 죽어 버린다는 뜻입니다. 다시 말해 공부를 했으면 실천을 해야 합니다. 또한 공부도 한 순간에 그치고 마는 게 아니라 평생 동안 해야 합니다. 그래야 좋은 결과를 얻을 수 있지요. 국가도 대체로 공부하고 싶은 마음이 강한 국민이 많을수록 국력이 커집니다. 이와 반대로 나태한 국민이 가득 찰수록 그 나라는 점점 더 쇠약해지기 마련이지요.

망해 가는 이웃 나라인 청나라를 보세요. 아주 좋은 예입니다. 때문에 모든 사람이 진지하게 열심히 공부해야 방방곡곡이 풍요로워지고, 한 고을이 좋은 풍토를 지니면 나라가 아름다워지고, 한 나라가 아름다워지면 천하가 이를 따라 합니다. 한 사람의 노력은 단지 한 사람의 개인적인 행복으로만 그치는 게 아니라 그 사람의 땀은 한 고을, 더 나아가 한 나라, 결국에는 천하의 복리를 증진시킬 수가 있는 것입니다.

인간 세상에서 한 사람이 성공을 하고 싶다면 당연히 학문을 닦아야 합니다. 학문은 곧 성공의 조건일 터인데요. 그렇다고 단지 학문을 닦았다고 곧바로 성공하는 것은 결코 아닙니다. 이것은 성공에 대한 크나큰 오해에 불과합니다. 『논어』에 나오는 구절로 이야기를 이어가 볼까 합니다.

자로子路가 자고子羔를 비費 지방의 책임자로 삼자 공자께서 말씀하셨습니다. "남의 자식을 망치는구나!" 자로가 말씀드렸죠. "다스릴 백성이 있고 사직이 있는데, 어찌 반드시 글을 읽어야만 학문을 했다고 할 수 있습니까?" 공자가 말씀하셨습니다. "이래서 말만 그럴듯하게 잘하는 사람을 미워한다."子路使子羔爲費宰. 子曰, 賊夫人之子. 子路曰, 有民人焉, 有社稷焉, 何必讀書, 然後爲學? 子曰, 是故惡夫佞者.[46]

이 구절의 의미는 단지 입과 혀만 달변인 채 도리를 실천하지 않으면 올바르지 않다는 것입니다. 한편으로 저는 자로의 말에도 깊이 동의를 하는데요. 정말로 단지 책상 위에서 책을 읽는다고 그것이 곧바로 학문은 아니지요.

요약컨대 모든 일은 평상시에 어떻게 하느냐에 따라 판가름이 나기 마련입니다. 의사와 환자의 예로 설명하자면, 우리들은 평상시에 위생이나 건강관리에 주위를 기울이지 않다가 막상 병이 나면 곧바로 의사를 찾습니다. 물론 의사의 의무는 환자를 잘 돌보는 것이기에 때를 가리지 않고 환자의 병을 치료해 주는 게 마땅한 도리지요. 그렇다고 의사가 설사 병을 치료하지 못했다손 치더라도 모든 걸 의사의 책임으로만 돌릴 수는 없는 노릇입니다. 의사는 분명히 평상시에 위생과 건강관리에 신경을 쓰라고 권유할 것입니다. 말인즉슨, 저는 모든 사람들이 평상시에 학문을 쌓으려고 노력하면서, 평상시에 모든 사물과 시세에 대한 지혜를 터득하려고 스스로 애써야 한다고 보는 것입니다.

어리석은 마음보는 큰코다친다

"덕을 갖추지 못하는 것, 배운 것을 익히지 못하는 것, 의로운 일을 듣고서도 그것을 실천하는 자세를 갖추지 못하는 것, 선하지 못한 일을 하고서도 그 잘못을 고치지 못하는 것, 이러한 것들이 바로 내가 걱정하는 일들이다."德之不脩, 學之不講, 聞義不能徙, 不善不能改, 是吾憂也.[47]

공자가 이렇게 말한 까닭은 흡사 자신의 부덕함을 책망하기 위한 것 같지만 사실은 자신에 견주어 제자들에게 충고하고 싶었기 때문입니다. 저도 다른 사람에게 충고할 때에는 우선 저 자신의 부덕함이라든가, 천학비재淺學菲才라든가를 먼저 말한 후에 세상의 경박함과 희생 정신의 부족, 혹은 이기주의의 만연 등을 지적하며 이런 것들을 경계하자고 권하곤 합니다. 맹자는 인간의 본성은 선하다고 주장했는데요. 정말로 인간의 본마음은 착합니다. 악은 그 누구라도 싫어하고요. 그렇다면 사람들은 누군가 정의를 외치면 곧바로 좇고, 악한 일은 곧바로 고치고, 그 누구나 덕을 기르며 학문에 정진할 것 같지만 실제로는 그렇게 하기가 꽤나 어렵습니다.

공자도 '이 점이 바로 내가 걱정하는 바이다'라고 말씀하셨지만, 사람이란 말과 행동을 참으로 일치시키기 어려운 존재인가 봅니다. 왜 그럴까요? 저는 인간이 사심이 있기 때문에 그렇다고 생각합니다. 달리 말하자면 인간의 칠정(七情, 희喜 · 노怒 · 애哀 · 락樂 · 애愛 · 오惡=증憎 · 욕欲)이 인간의 본바탕을 흐리게 하는 탓에 그렇다는 것이지요.

제멋대로 행동을 일삼으며 세상에 온갖 행패를 부리는 자들도 다른 사람의 일에 대해서는 비판을 바르게 하며 선이네 악이네 하는 판가름을 내놓지만, 막상 자신의 일에 대해서는 판단을 완전히 흐리게 하고 맙니다. 공자는 잘못을 하면 곧바로 반성하고 고치면 그것으로 족하다고 말했습니다. 그런데 공자 말씀처럼 이렇게 잘못을 저지르면 곧바로 그것을 알고 고치면 좋겠지만, 이 세상에는 그렇지 못한 사람들이 많고, 올바름과 그름이 뒤바뀌었는데도 오직 자신의 말만 되풀이하며 자신의 아집을 관철하려 하는 이들이 많습니다. 이런 사람은 그 어떤 재주가 우수하더라도, 혹은 비범한 재능을 갖추어 높은 지위에 앉아 있더라도 세상의 반감을 살 수밖에 없습니다.

이런 것이 인간의 나쁜 기벽일 터인데요. 타인의 실언이나 무리한 행동은 곧바로 이러쿵저러쿵, 미주알고주알 따지면서도 자신은 그 어떤 비리나 실언을 했더라도 요리조리 변명이나 핑계거리를 찾으며 자신의 잘못을 덮기에 바쁜 경향이 있습니다. 하지만 그 어떤 변명을 대더라도 실언은 여전히 실언이고, 그 어떤 교묘한 재주를 펴더라도 비행은 여전히 비행입니다. 공중公衆의 눈을 속이는 것은 절대로 불가능합니다. 그러므로 실언을 재빨리 인정하며 잘못을 고치겠다는 개전의 의지를 현저하게 갖는 마음가짐이 그 무엇보다 중요합니다. 그런 사람의 품격은 더더욱 높아지기 마련이고요.

그런데 대체로 어떤 일에 대해 '이러세요, 저러세요' 하는 것처럼 정사곡직正邪曲直을 명료하게 하는 사람은 상식적인 판단을 곧바로 내릴 수 있지만 경우에 따라서는 그것마저도 분명히 하기 어려운 일이 있습니다. 가령 어떤 사람이 달콤한 말로 도리상 어떤 일을 해야 되지 않겠느냐고 권유하면 우리들은 부지불식간에 자신의 주장을 버리고 그 사람의 말을 따르고 맙니다. 우리들은 이렇게 자신도 모르는 사이에 자신의 본래 마음을 배반하고 마는데요. 긴급한 시기에 냉정한 두뇌를 유지한 채 자신의 주장을 잃지 않는다면 자신을 미혹하게 하지도 않을 것입니다. 이것이 바로 의지를 단련하기 위한 가장 중요한 방법입니다.

만약 그런 경우에 처하게 되면 우선 상대방의 말이 상식적으로 맞는지를 자문자답해 보는 게 좋습니다. 그 결과 상대방의 말대로 하면 당장은 이익이지만 결국 나중에는 불이익을 본다든지, 또는 그 일을 하면 목전에는 불리하나 미래를 위한 것이라고 명료하게 의식할 수 있다면 제 자신을 속이는 일은 벌어지지 않을 수 있습니다. 이렇게 스스로를 돌아보는 자성이 가능하면 자신의 본심으로 돌아가는 일이 몹시도 용이한데요. 이것은 바로 올바름은 올바르게 보고, 그른 것은 그르게 볼 수 있는 의지를 기르는 것입니다. 저는 이런 수단과 방법이 곧바로 의지 단련법이라고 생각합니다.

한마디로 의지 단련법이라고 하기는 했지만, 이것은 선과 악이라고 하는 두 가지로 나누어질 것입니다. 가령 이시카와 고에몬(石川五右衛門, 1558년~1594년, 무로마치 막부의 마지막 쇼군인 아시카가 요시아키足利義昭가 교토에서 추방되고 오다 노부나가의 패권이 확고해지기까지의 아즈치모모야마安土桃山 시대에 활동했던 큰 도둑 옮긴이)은 악한 일을 일삼는 데는 의지가 매우 강한 남자였습니다. 그의 '악한 의지 단련법'은 결코 지지할 수 없는 게 당연합니다. 비록 의지를 단련하는 게 인생에서 꼭 필요하고 정말로 중요하다손 치더라도 '나쁜 의지를 단련할 필요는 없다'는 것이지요.

물론 저도 굳이 그렇게 억지로 나쁜 의지를 단련할 마음도 없습니다.

그런데 우리 인간들은 상식적 판단을 배반하는 의지 단련법을 실천하면 제2의 이시카와 고에몬, 제3의 이시카와 고에몬을 만들 수도 있습니다. 때문에 의지를 단련하기에 대단히 중요한 대전제가 필요한데요. 그것은 바로 자신의 의지가 상식적으로 옳은가를 고려해 보아야 한다는 것입니다. 만약에 이러한 전제에 바탕을 둔 의지를 단련하면 반드시 그 사람은 잘못을 범하지 않고 처세를 할 수 있다고 생각합니다.

이렇듯 의지를 단련하는 것은 꼭 상식과 어울려야만 합니다. 상식의 배양에 관해서는 다른 데서 자세하게 말씀드리겠지만, 여기서는 그 근본적인 출발점만을 꼭 짚고 넘어가고 싶습니다. 바로 상식의 근본은 여전히 효제충신孝悌忠信입니다. 충과 효라는 이 두 글자로 자신의 의지를 세우면 그 무슨 일이든지 순조롭게 항해할 수 있습니다. 그 무슨 일을 하더라도 이 두 글자의 원칙을 기억하고 심사숙고한 다음 결정을 내리십시오. 저는 이러한 의지 단련법이 최고의 경지라고 생각합니다.

하지만 그 모든 일이 심사숙고를 할 수 있는 장고의 시간을 마련해 주지는 못하고, 돌연 터지기 일쑤입니다. 혹은 당돌하게도 객기를 부리며 뜻하지 않을 때 불쑥 찾아온 손님이 즉석에서 곧바로 응답을 해 주기를 바라기도 합니다. 이럴 때는 근본적으로, 또 물리적으로도 심사숙고를 할 수가 없지요. 그리고 평소에 의지 단련을 게으르게 한 사람은 그럴 경우 합당한 결정을 하기가 매우 어렵습니다. 그래서 자신의 본심과는 다른 결말을 보기도 하는데요. 그래서 그 무슨 일이든지 평소에 자신을 잘 단련하는 습관을 들이면 그 무슨 일이든지 의지가 동요하거나 본심이 동요하는 일은 없을 것입니다.

4

정당한 부를 올바르게 쓰라

인 의 仁義 와 부 귀

유학자들이 지금까지 공자의 학설에 대해 가장 크게 오해를 하고 있는 것은 바로 부귀 관념과 학식貶視 사상입니다. 그들이 『논어』를 해석한 바에 따르면 인의왕도仁義王道와 학식부귀貶富는 서로 물과 불처럼 절대 어울리지 못하는 상극입니다. 때문에 그들은 공자가 부귀한 자는 인의왕도의 마음이 없기 때문에 어진 사람이 되고 싶거들랑 반드시 부귀의 욕을 버려야 한다는 말을 했다고 생각합니다. 하지만 『논어』 20편을 샅샅이 뒤져 보아도 그런 뜻의 구점은 전혀 찾아볼 수가 없지요. 아니, 오히려 부귀와 학식에 대해 그러한 논단을 절대로 하지 않았습니다. 단지 공자는 사물의 일면만을 말씀하신 것뿐입니다. 그런데 후날의 유학자들은 공자의 참뜻을 진면적으로 해석하지 않고 한 측면만을 바라보다 마침내 공자를 오해한 책 공자의 방죽만을 세상에 전하고 말았지요. 하니의 예를 들어 봅시다. 공자께서는 이렇게 말씀하신 적이 있습니다. 부귀는 모든 사람이 바라는 것이지만 정당한 방법으로 얻은 것이 아니라면 부귀를 누리지 않아야 한다. 빈천은 모든 사람이 싫어하는 것이지만 정당한 방법으로 버리는 것이 아니라면 버리지 말아야 한다 富貴, 是人之所欲也, 不以其道得之, 不處也, 貧與賤, 是人之所惡也, 不以其道得之, 不去也. 이 말을 겉으로 들여다보면 여하튼 부귀를 가볍게 여기라고 하는 듯하지만, 곰곰이 생각해 보면 부귀를 업신여기라는 뜻은 전혀 없습니다. 만약에 공자가 던저 부귀를 멸시했다고 단순하게 이해한다면 거야말로 공자의 깊은 뜻을 더욱 진혜할 필요가 있습니다. 부귀를 풍융하게 바란는 것을 경계하라는 게 이 말의 주지主旨입니다. 정당하지 않은 방법으로 부귀를 얻지 말고, 정당한 인의도덕으로 부귀를 얻으라는 말입니다.

정당한 부는 부끄럽지 않다

유학자들이 지금까지 공자의 학설에 대해 가장 크게 오해를 하고 있는 것은 바로 '부귀 관념'과 '화식貨殖 사상'입니다. 그들이 『논어』를 해석한 바에 따르면 인의왕도仁義王道와 화식부귀貨殖富貴는 서로 물과 불처럼 절대 어울리지 못하는 상극입니다. 때문에 그들은 공자가 "부귀한 자는 인의왕도의 마음이 없기 때문에 어진 사람이 되고 싶거들랑 반드시 부귀의 염을 버려라"는 말을 했다고 생각합니다. 하지만 『논어』 20편을 샅샅이 뒤져 보아도 그런 뜻의 구절은 전혀 찾아볼 수가 없지요. 아니, 오히려 부귀와 화식에 대해 그러한 논단을 절대로 하지 않았습니다.

단지 공자는 사물의 일면만을 말씀하신 것뿐입니다. 그런데 훗날의 유학자들은 공자의 참뜻을 전면적으로 해석하지 않고 한 측면만을 바라보다 마침내 공자를 오해한 채 '공자의 반쪽'만을 세상에 전하고 말았지요. 하나의 예를 들어 볼까요. 공자께서는 이렇게 말씀하신 적이 있습니다.

"부귀는 모든 사람이 바라는 것이지만 정당한 방법으로 얻은 것이 아니라면 부귀를 누리지 않아야 한다. 빈천은 모든 사람이 싫어하는 것이지만 정당한 방법으로 버리는 것이 아니라면 버리지 말아야 한다."富與貴, 是人之所欲也. 不以其道得之, 不處也. 貧與賤, 是人之所惡也, 不以其道得之, 不去也.[48]

이 말을 겉으로 들여다보면 여하튼 부귀를 가볍게 여기라고 하는 듯하지만, 곰곰이 생각해 보면 부귀를 업신여기라는 뜻은 전혀 없습니다. 만약에 공자가 단지 부귀를 혐오했다고 단순하게 이해한다면 이거야말로 지나친 오독입니다. 이 구절을 올바르게 해석하기 위해선 "정당한 방법으로 얻은 것이 아니라면不以其道得之"이라고 하는 곳을 주의 깊게 들여다볼 필요가 있습니다. 부귀를 음흉하게 바라는 것을 경계하라는 게 이 말의 주지主旨입니다. 정당하지 않은 방법으로 부귀를 얻지 말고, 정당한 인의도덕으로 부귀를 얻으라는 말입니다. 다시 말해 도리로 얻은 부귀가 아닐 바에야 오히려 빈천한 쪽이 낫지만, 만약 올바른 도리를 다하여 얻은 부귀라면 전혀 부끄러워할 필요가 없다는 뜻인 것이죠. 단언건대 공자는 결코 부귀를 경시하고 빈천을 존숭하지 않았습니다.

또 하나의 예를 들어 볼까요. 『논어』에 다음과 같은 구가 있습니다.

"부가 만약 추구해서 얻을 수 있고 떳떳한 것이라면 비록 말채찍을 잡고 임금의 길을 트는 천한 일이라도 나는 하겠다. 하지만 구해서 부당한 것이라면 내가 좋아하는 바를 하겠다."富而可求也, 雖執鞭之士, 吾亦爲之. 如不可求, 從吾所好.[49]

이 구절도 일반적으로는 부귀를 천시하는 말로 오해를 받곤 합니다. 하지만 제가 주의 깊게 해석한 바에 의하면 결코 부귀를 가볍게 보는 뜻은 하나도 눈에 띄지 않습니다.

"재물을 구해 가져도 떳떳한 것이라면 비록 말채찍을 잡고 임금의 길을 트는 천직賤職이라도 내가 하겠다"는 말은 "정도正道와 인의로 부를 추구하는 하는 것이라면 임금의 길을 트는 낮은 벼슬아치인 집편지사(執鞭之士, 마부)를 해도 좋다"라는 뜻입니다. '정당한 도로 얻는 부라면 좋다'라는 전제가 이 구절의 이면에 깔려 있다는 것을 주의하지 않으면 안 되는 것이지요. 따라서 후반부의 뜻은 바로 이것이 아닐까요?

"정당한 방법으로 부를 얻는 게 아니라면 언제까지라도 부에 연연하지 않겠다. 간악한 수단으로 부를 쌓는 것보다 오히려 안빈낙도安貧樂道의 길을 걷는 게 더 낫다."

그런고로 정도에 어긋난 부는 단념하는 게 좋지만, 꼭 가난해야 한다고는 말하지 않고 있습니다. 다시 말해 정당한 방법으로 얻은 부라면 집편지사가 되어도 좋기 때문에 부를 쌓지만, 부당한 수단으로 얻는 것이라면 오히려 가난해도 좋다는 것입니다. 역시나 이 구절의 행간에는 '정당한 방법'이라는 대전제가 깔려 있다는 것을 잊으면 안 되는 것이지요.

사실 단언건대 공자는 부를 얻기 위해 집편지사의 천함도 싫어하지 않는다는 주의였습니다. 직업에는 귀천이 없고, 그 무슨 일을 하든 정당한 방법으로 부를 얻는 것은 부끄럽지 않다는 말씀인데요. 일본 상인의 선구자 집안인 미쓰이三井 가문이 좋은 예일 것입니다.

도쿠가와 막부 2대 쇼군인 도쿠가와 히데타다(德川秀忠, 1579년~1632년) 시대에 이세노쿠니(伊勢國, 지금의 미에 현三重縣) 마쓰사카松坂에서 미쓰이 소주三井宗壽라는 사람이 고후쿠야(吳服屋, 포목점)를 시작해 상당한 재산을 모았다고 합니다. 그런데 당시에 부호라는 이들은 오로지 번주인 다이묘에게 돈을 빌려 주고 이문을 남기는 고리대금업을 하는 게 태반이었죠. 하지만 미쓰이 소주는 부호가 고리대금업만 한다는 것은 세상에 좋지 않은 영향을 미치는 거라며, 실업實業을 하지 않으면 진정한 사회봉사가 아니라고 생각했습니다. 그래서 그는 포목점을 열었습니다. 당연히 이 장사는 세상에 큰 편리함을 주었기에 크게 번창했습니다. '적선지가積善之家 필유여경必有餘慶'이라고 선을 쌓는 집에는 반드시 그 자손에게까지 행복이 미치기 마련이고요. '적악지가積惡之家 필유여앙必有餘殃'이라고 악을 쌓는 집에는 반드시 자손에까지 재앙이 미치기 마련입니다. 그래서인지 미쓰이 집안이 아직도 번창하는 게 결코 우연만은 아닐 것입니다.

이렇게 공자는 부를 얻기 위한 직업에는 천하고 고귀한 것이 따로 없다고 생각했습니다. 필시 이 세상의 유학자 선생들은 놀라서 눈을 휘둥그렇게 뜰지도 모릅니다만, 어디까지나 사실입니다. 공자님 스스로의 입으로 그렇게 말씀했다는 것은 의심할 여지가 없습니다. 더욱이 공자가 말한 부는 절대적으로 정당한 부입니다. 만약 정당하지 않은 부라든지, 이치에 맞지 않는 공명功名은 바로 공자에게는 뜬구름과 같았습니다.

그런데도 후세의 유학자들은 공자의 말씀을 전혀 이해하지 못한 꼴인데요. 단지 부귀와 공명이라면 그것이 어떻게 얻어졌는가를 유념하지 않고 무조건 나쁘고 천하다고만 생각했습니다. 이러한 결론은 참으로 경솔하기 짝이 없습니다. 그래서 저는 정도正道에 부합하는 부귀와 공명은 적극적으로 얻어야만 한다고 생각합니다. 당연히 공자님도 그렇게 생각을 하셨고요.

돈만큼 부처님도 반짝인다?

예로부터 '돈은 귀중하다' '모름지기 돈은 마음으로 존중해야 한다' 라는 등의 격언과 속어가 적지 않은데요. 어떤 시는 "황금이 세인들의 우정을 묶고, 황금이 적으면 교류도 깊지 않다네"라고 읊기까지 했습니다. 돈의 힘은 참으로 대단할 터인데요. 심지어 형이상학적인 정신인 '우정'까지 지배한다고 합니다.

물론 정신을 존귀하게 여기고 물질을 천시하던 동양적인 전통에서 우정이 황금에 의해 좌지우지된다는 것은 인정의 타락이 너무나 심해진 것이므로 한편으로는 우리들 마음을 안타깝게 하기도 합니다. 그런데 돈이 모든 것을 쥐락펴락하는 황금만능주의 현상을 우리들의 일상에서 자주 목도할 수 있다는 게 가장 큰 문제이지 않을까요?

가령 친목회를 열면 반드시 같이 모여서 식사를 하는데요. 이것은 음식도 우애의 정을 돕기 때문입니다. 또 오랜만에 찾아온 친우에게 술과 음식도 정성껏 대접하지 않으면 절교의 씨앗이 발아하고 말지요. 물론 "벗이 있어 먼 곳으로부터 찾아왔다면 그 얼마나 기쁜 일이 아니겠는가?"有朋自遠方來, 不亦樂乎?[50]라고 공자님도 말씀하셨지만, 때로는 진정한 우정보다 친구의 돈이나 명성을 보고 찾아오는 거짓 우정도 흔하다는 게 문제이지요. 여하튼 이런 일들은 모두 금전과 관계가 있습니다.

그래서인지 "돈만큼 부처님상도 반짝인다"는 속담이 나왔는지도 모르겠는데요. 10전을 던지면 10전만큼 부처님상도 반짝인다는 것입니다. 20전을 던지면 20전만큼 부처님상이 반짝인다고 계산할 수 있지요. 또 "지옥의 심판도 돈 나름이다"라고 하는데, 무엇이든 돈이면 다

된다는 말이지요. 비록 사람들의 황금만능주의를 몹시도 비꼬는 말이지만 돈의 위력을 딱 들어맞게 잘 표현하고 있습니다. 하나의 예를 들어 보겠습니다.

　도쿄 역에 가서 기차표를 산다고 칩시다. 그 어떤 부자라도 빨간 표를 사면 삼등칸밖에 탈 수가 없습니다. 하지만 그 어떤 가난뱅이라도 일등 표를 사면 일등칸에 탈 수가 있지요. 이것은 순전히 돈의 효력입니다. 여하튼 아무리 돈을 쏟아 부어도 매운 고추를 달게 할 수는 없지만 설탕을 원하는 대로 사서 매운 맛을 없앨 수는 있는 것입니다. 평생 동안 몹시도 언짢아하는 얼굴로 까다롭게 구는 사람도 돈을 위해서는 곧바로 부드럽게 얼굴을 피는 게 세속 도시의 흔한 풍경이고, 정치계에서는 더욱더 이러한 예들이 많이 보이기 마련이지요. 그런데 돈은 사실 위력을 갖고 있지만 그 무엇보다 무심합니다. 돈이 선한 데 쓰이는가 악한 데 쓰이는가는 돈을 갖고 있는 사람의 사용에 달려 있는 것이지 결코 돈 그 자체에 있는 것은 아니라는 말입니다. 돈은 꼭 가져야만 하는 것인지, 아니면 반드시 갖지 말아야 할 것인지는 졸지에 결판내기 어려운 문제입니다. 또한 돈 그 자체가 선악을 판단할 수는 없는 노릇이지요. 선한 사람이 돈을 갖게 되면 선하게 쓰이고, 악한 사람이 돈을 갖게 되면 악하게 쓰일 경향이 농후할 따름입니다. 돈을 갖고 있는 소유자의 인격 여하에 따라 선이 되기도 하고 악이 되기도 하겠지요. 돈을 가진 자의 인격에 따라 선악의 귀추가 결정될 터인데요. 저는 이 문제에 대해 늘 사람들에게 들려주는 말이 바로 쇼겐 황태후(昭憲皇太后, 메이지 천황의 황후)의 어가御歌 중에 다음과 같은 노래 한 수입니다. "마음이 착한 이에게 황금은 보물이요, 마음이 악한 이에게 황금은 재앙을 불러온다네."

저는 그녀가 이 노래에서 표현한 함의에 감탄을 하는데요. 그래서 너무나 칭찬을 하고 싶습니다. 여하튼 세속 사람들은 돈을 악용하고 싶어 하는 경향이 있는 듯합니다. 그런고로 옛사람은 이를 경계하고 자 "소인은 죄가 없지만 돈을 품으면 그게 바로 죄"라고 하지 않았을 까요? 범인凡人은 본시 선량하여 죄 지을 일이 없으나 분수에 안 맞는 재부를 가지게 되면 도리어 죄를 짓기 쉽다는 이야기일 것입니다. 또 "군자가 재물이 많으면 덕을 잃고, 소인이 재물이 많으면 날로 잘못이 많아진다"고 했습니다. 『논어』에도 이런 격언이 나옵니다.

"거친 밥을 먹고 물을 마시며 팔꿈치를 굽혀 베개를 삼아도 즐거움 은 바로 그 가운데 있다. 의롭지 못하게 부유하고 귀한들 나에게는 뜬 구름과 같은 것이다."飯疏食飲水, 曲肱而枕之, 樂亦在其中矣. 不義而富且貴, 於我如浮雲.[51]

또 『대학』에서 "덕이 근본이고 재물은 끄트머리다德者本也, 財者末也"라 고 했는데요. 지금 이러한 격언들을 하나하나 인용하면 너무 많아서 일일이 셀 수가 없겠지만, 그렇다고 이런 말들이 돈을 경시하는 의미 는 결코 아닙니다. 만약 세상에서 처신을 잘할 요량이면 우선 돈을 어 떻게 써야 올바른가에 대한 자신의 가치관을 반드시 갖고 있어야만 한다는 뜻이 큽니다. 그래서 이러한 격언들에 비추어 한 사회에서 돈 의 효력이 어떻게 나타나는가를 깊이 살펴보아야 할 필요가 있지요. 돈을 지나치게 숭배하는 것도 명확한 잘못이고, 반대로 돈을 지나치 게 천시해서도 좋지 않습니다. 공자도 결코 가난을 장려하지 않았습 니다.

"천하에 도가 있다면 드러내고, 도가 없다면 숨어라. 나라에 올바른 도가 행해지는데도 가난하고 비천하다면 부끄러워해야 할 일이고, 나라에 올바른 도가 없는데 부유하고 고귀하다면 이 역시 부끄러운 일이다."天下有道則見, 無道則隱. 邦有道, 貧且賤焉, 恥也. 邦無道, 富且貴焉, 恥也.[52]

공자는 부귀란 것은 누구나 바라는 바이나 "정도로써 얻은 부가 아니라면 거기에 연연하지 말아야 한다"不以其道得之, 不處也[53]고 강조했던 것이지요.

✕ 돈은 죄가 없다! ✕

도연명陶淵明은 이렇게 노래했습니다. "청춘은 다시 오지 않고 하루는 두 번 다시 오지 않으리니盛年不重來, 一日難再晨"라고.[54] 주자朱子의 경구에는 또 이런 구절이 있지요. "소년은 늙기 쉽고 학문은 이루기 어렵나니, 일촌광음도 가볍게 여기지 말라少年易老學難成, 一寸光陰不可輕."[55]

공상에 젖고, 유혹에 빠지기 쉬운 청년 시절은 꿈처럼, 신기루처럼 재빨리 사라져 버리고 맙니다. 우리들의 청년 시절도 정말로 삽시간에 흘러가 버렸지요. 그때 당시 젊을 적에는 내일이 있으니 서둘지 말자고 했지만 그러는 사이에 시나브로 내일은 쏜살처럼 어디론가 날아가 버렸습니다. 지금에서야 후회해도 어찌할 도리가 없는 노릇이지만, 청년 제군들은 이러한 전례에 유념해 선배들의 전철을 다시 밟지 말기를 바라는 마음입니다. 청년 제군 여러분들이 마음을 가다듬어 노력하느냐 마느냐 그 여하에 따라 나라의 명운이 달려 있습니다. 실로 책임이 막중하지요. 자고 이래 큰 업적을 이룬 인물들은 모두 청년 시절에 뼈를 깎는 각고의 노력을 한 이들입니다. 이미 상당한 각오를 한 청년 제군들도 다시 한 번 더 결심을 단단히 굳혀 주기를 바랍니다.

여기서 특별히 각오를 새롭게 다지기 위해 주의를 해야 할 점에 대해 말하고 싶습니다. 물론 각오를 해야 할 것은 많을 것입니다만, 특히 금전 방면에 주의해 주기를 당부합니다. 날이 갈수록 사회 조직은 점점 복잡해지고 있습니다. 그러나 지금에 비해 사회가 비교적 단순했던 옛날에도 "항산恒産이 없으면 항심恒心을 지키기 어렵다無恒産難保有恒心"[56]는 경구가 있었습니다. 여기서 항산은 '고정적인 생업'이고 항심은 '흔들림 없는 도덕적인 마음'을 뜻합니다.

그런데 사회가 복잡해지고 다방면에 걸쳐 활기가 넘치는 세상일수록 항심을 잊어버리기가 쉽습니다. 단도직입적으로 말해, 금전 문제를 충분히 각오하지 않으면 의외의 과실로 실패에 맞닥뜨릴 수 있는 것이지요. 물론 금전은 귀한 물건이지만, 또한 비천한 것이기도 합니다. 귀한 점부터 말하자면, 금전은 노력의 대가이기 때문에 귀중합니다. '자신이 땀을 흘린 만큼 번다'라는 약정에 따라 그에 합당한 가치를 금전으로 환산할 수 있는 게 자본주의 사회일 것입니다. 물론 여기서 말하는 금전은 단순히 금이나 은, 화폐, 지폐 등의 통화가 아니라 광범위한 일체의 재부를 잴 수 있는 금전으로, 재산의 대명사라고도 말할 수 있을 것입니다. 쇼겐 황태후昭憲皇太后의 어가에 다음과 같은 구절이 있다는 것을 기억하고 있습니다.

"마음이 착한 이에게 황금은 보물이고, 마음이 악한 이에게 황금은 재앙이라네."

정말로 금전에 관한 적절한 평가라고 생각합니다. 감탄을 금할 수 없는 명가名歌 한 수라고 생각합니다. 그런데 동양의 전통, 특히 중국의 고대 경서에는 금전을 비루하게 보는 풍토가 만연했던 게 사실입니다. "소인이 옥을 마음속에 품으면 그것이 바로 죄다小人懷璧其罪"라

는 『좌전左傳』의 글귀가 아주 좋은 예일 것입니다. 『맹자』에서 양호陽虎
는 "치부를 하면 어질지 못하고, 어짊을 행하면 치부를 하지 못한다爲
富不仁, 爲仁不富"[57]라고 딱 부러지게 말했을 정도입니다. 금전을 저속하
게 바라보는 논조가 상당히 강한데요. 물론 양호는 원래 존경할 만한
인물이 아니었지만, 그의 말은 당시의 전국시대에 일반적으로 통용되
던 처세술이었습니다. 이 밖에도 "군자가 재물이 많으면 덕을 잃고,
소인이 재물이 많으면 잘못이 늘어난다君子財多損其德, 小人財多增其過"라고
하는 말투가 중국 고전에는 많이 보입니다.

이렇듯 예로부터 동양의 풍습은 일반적으로 금전을 매우 비속한 것
으로 여겼기 때문에, 군자는 금전을 가까이 하면 안 되고 소인은 당연
히 금전을 경계하고 두려워 해야만 했습니다. 필경 금전을 세속의 탐
욕주의가 빚어내는 악폐의 산물로만 보았기에 극단적으로 금전을 천
시하는 풍토가 형성됐을 것입니다.

하지만 저의 평생의 경험을 바탕으로 생각건대 금전은 결코 무조건
천시 받아야 할 악의 뿌리이지만은 않습니다. 그렇다고 금전이 곧 선
인 것은 결코 아니지요. 중요한 것은 인의도덕과 금전, 즉 '『논어』와
주판'은 반드시 일치해야만 한다는 것입니다. 청년 제군들이 이 점을
반드시 각인해 주기를 바라는데요. 공자께서도 도덕 교육을 절실하게
하면서도 경제에도 상당한 관심을 보였습니다. 이러한 면모가 『논어』
에 자주 엿보입니다. 특히 『대학』에서 치부의 도에 관해 더 자세히 진
술합니다. 정치로 세상을 다스리기 위해서는 당연히 행정 비용이 들
기 마련이거니와, 보통의 백성들도 먹고, 입고, 살기 위해서는 금전이
마땅히 필요하다고 합니다. 치국제민을 잘하기 위해서는 도덕이 없어
서는 안 되는 만큼 '경제와 도덕의 조화'야말로 정치의 기본이라고 하

지요.

　저는 그동안 늘, 비록 일개 실업가에 불과하지만 경제와 도덕을 일치시키기 위해서는 『논어』와 주판을 조화롭게 하려는 노력이 중요하다는 것을 역설해 왔습니다. 여러분들의 가슴에도 저의 말이 남기를 바랍니다. 하여튼 과거에는 동양뿐만 아니라 서양에서도 금전을 비루하게 보는 풍토가 있었나 봅니다. 경제 문제에 부딪히면 그 무엇보다도 이문이나 이윤, 득실을 따져야 하기에 때로는 양보와 청렴의 미덕을 잃어버리는 우를 범하는 게 보통 사람들이 가장 쉽게 저지르기 쉬운 잘못입니다. 때문에 그것을 특별히 경계하고자 마음에서 금전을 천하게 보는 생각이 짙어졌고, 세월이 쌓이다 보니 그것은 점점 더 금전을 천시하는 하나의 풍토로 자리 잡았을 것입니다.

　저는 일찍이 어느 신문 지상에서 아리스토텔레스의 이런 말을 본 적이 있습니다. "모든 상업은 죄악이다." 그런데 저는 이 말이 너무 극단적이라고 생각합니다. 하지만 다시 한 번 곰곰이 생각해 보면 모든 상업 활동에는 득실이 따르기 마련이기에 사람들은 이익과 욕심을 채우기 위해 방향을 잃어버리고 인의의 도를 버리기 십상인가 봅니다. 아리스토텔레스는 사람들의 이러한 폐해를 경계하고자 극단적인 언사를 한 게 아닐까 하는 생각도 드는 것이지요. 그래서 물질에 눈이 어두워지기 쉬운 게 인성의 약점이라는 걸 경고하는 잠언이 아닐까 합니다. 물론 정신적인 측면을 잃어버리고 물질을 과도하게 좇는 폐해를 뿌리 뽑기는 어려울지도 모릅니다. 특히 사상이 유치하고 도덕 관념이 엷은 인간일수록 이러한 폐해의 수렁에 빠지기 쉬운데요. 또한 역사를 뒤돌아보자면, 지식 수준도 낮고 도의심도 천박한 사회일수록 득실을 위해 악행을 저지르는 이들이 많습니다.

그런데 오늘날은 과거와 비교해 지식도 뚜렷하게 발전하고 고상한 사상을 지닌 이들도 훨씬 많습니다. 바꿔 말하면 인격이 평균적으로 점점 높아진 덕분에 금전 사상도 상당히 진보했고, 광명정대한 방법으로 수익을 얻고 금전을 선량한 곳에 쓰는 이들이 많아지지 않았을까 하는 추측을 해볼 수 있습니다. 금전에 대한 공평하고도 정확한 인식도 널리 퍼졌을 것이고요. 하지만 앞에서 말한 대로 인간성의 약점은 이욕利慾에 눈이 멀기 쉽고, 조금은 부를 우선시하고 그 뒤에 도의를 두는 것입니다.

분명한 것은 만약 이러한 생각이 너무 과하면 곧바로 금전만능주의에 빠지고 만다는 것입니다. 매우 중요한 정신 문제를 내팽개쳐 버리고 물질의 노예로 전락하고 마는 것이지요. 그래서 이러한 상황에 빠지지 말자는 의미에서, 그러니까 금전의 재앙을 두려워하기 때문에 금전의 가치를 비루하게 보는 아리스토텔레스의 말을 다시 꺼내 황금만능주의에 빠진 사람들을 나무라고 싶었던 것입니다. 아리스토텔레스와 동시대 사람이었던 공자도 그래서 이렇게 말했을 것입니다.

"자신의 이익만을 탐하면 다른 사람들로부터 원망을 많이 듣게 된다."放於利而行, 多怨.[58]

다행스럽게도 사회적 진보에 맞추어 금전을 대하는 사람들의 태도도 바뀌어 가는 것 같습니다. 치부와 도덕을 서로 연결하려는 경향이 날이 갈수록 강해지고 있는 것 같아 마음이 한결 뿌듯해지는데요. 특히 유럽과 미국에서는 "진정한 부는 정당한 활동으로 얻어진 것이어야만 한다"는 관념이 이미 굳건하게 자리를 잡았습니다. 일본의 청년 제군들도 이 점에 특히 유의를 하여 금전상의 재앙에 빠지지 말고, 도의와 함께 가야만 금전의 진가가 제대로 발휘된다는 것을 잊지 말아

주기를 바랍니다.

▓인의도덕에 바탕을 둔 진정한 재부의 도▓

비즈니스란 과연 무엇일까요? 비즈니스를 어떻게 생각해야 옳은 것일까요? 물론 상업과 공업이라고 하는 비즈니스는 이 세상에서 이윤이 목적인 게 틀림없는 사실입니다. 만약에 상공업에 재물을 증식하는 효능이 없었다면 곧바로 그것은 아무런 의미도 없을 것이고, 또한 그 어떤 공익성도 없는 것이 되고 맙니다. 비록 비즈니스가 이익을 도모한다손 치더라도, 만약에 사회의 공익이야 어찌됐든 상관하지 않고 오로지 자신의 사익에만 몰입한다면 우리들의 사회는 나중에 어떤 모양새로 변해 버릴까요? 제가 말하는 게 조금은 어려워 이해하지 못할지도 모르겠습니다만, 만약에 정말로 비즈니스에 공익이라곤 전혀 없는 현상이 만연해진다면 그 결과는 맹자가 다음과 같이 말한 상황으로 전락하고 말 것입니다.

"양혜왕梁惠王께서는 어째서 이익에 대해서만 말하십니까? 정말로 중요한 것은 인의가 있을 뿐입니다. 만약 한 나라의 왕이 '어떻게 하면 나의 나라를 이롭게 할 수 있을까'라고 생각하면, 그 아래에 있는 대부는 '어떻게 하면 내 집안을 이롭게 할 수 있을까'를 생각하게 됩니다. 이처럼 위아래가 다투어 자신의 이익을 취하려 하면 나라는 위태로워집니다. (…) 만약 의리를 뒤로 돌리고 이익을 앞세운다면 더 많은 것을 빼앗지 않고는 만족해 하지 않을 것입니다王何必曰利, 亦有仁義而已矣. 王曰何以利吾國, 大夫曰何以利吾家, 士庶人曰何以利吾身, 上下交征利而國危矣. (…)

苟爲后義而先利, 不奪不饜."59

　　정말로 돈을 버는 것이 인의도덕을 기초로 하지 않으면 결코 영원할 수가 없다는 말입니다. 이것은 저의 신념입니다. 솔직히 제가 이렇게 말하면 때론 사람들에게 오해를 피하기가 어렵습니다. 어떤 사람들은 제가 마치 돈을 적게 벌어라, 돈에 마음을 두지 말라 하는 식의 주장을 한다거나, 제가 마치 물질에 초연한 것 마냥 생각합니다. 그렇다손 치더라도 다른 사람들의 입장에서, 그리고 사회의 공익적인 입장에서 생각을 하면 단지 자신의 이익과 욕망만을 좇는 사람은 저속하고, 그러한 사람들만 넘쳐나는, 즉 인의도덕이 점점 엷어지는 사회는 조금씩 쇠퇴하기 마련이라는 사실은 부인할 수 없습니다.

　　제가 마치 고고한 학자인 체하면서 말하는지 모르지만, 중국의 학문에는 특히 1천여 년 전의 송나라 학자들이 지금 일본이 좇고 있는 노선을 주장한 적이 있었습니다. 송나라 학자들은 우선 인의도덕을 주창했다면 당연히 연이어서 사회를 앞으로 나아가게 하고, 백성들을 부유하게 하는 정책을 펴야만 했습니다. 하지만 그들은 이러한 이치를 완전히 내팽개치고 말았죠. 이익과 인의도덕은 서로를 보조해 주어야만 완성될 수 있고, 그 하나라도 빠지면 나라라는 수레바퀴는 굴러갈 수 없는데도 송나라 학자들은 그중에서 하나만 극단적으로 살피고 다른 하나는 완전히 잃어버리고 말았습니다. 그들은 단지 인의도덕에만 너무 편중되어 공리공론에 빠지고, 이익과 욕망의 참된 효용을 살피지 않아 백성들을 가난하게 하고 나라를 쇠약하게 만들고 말았죠.

　　그 결과 거란족(요나라를 세움), 여진족(금나라를 세움) 등의 이민족들에게 송나라의 중원을 두 손을 공손히 마주하고 내어 주고 말았습니다. 남송 또한 몽고족 원나라의 공격을 받고야 말았습니다. 게다가 재앙도 끊이지 않아 결국 원나라에게 멸망을 당하고 말았는데, 이것이 바로 인의도덕에만 지나치게 몰입한 송나라의 비참한 최후였습니다. 이렇게 공리공론에만 치우치는 인의도덕이 이익과 서로 보조를 맞추지 못하면, 나라는 기력을 잃게 되고 사회의 생산력은 점차 떨어져 결국에는 나라가 멸망의 길로 접어들고 마는 것입니다. 본래 매우 좋은 것인 인의도덕을 잘못 주창하면 망국의 나락으로 떨어지는 패착이란 걸 여실히 보여 주는 역사적 실례가 바로 송나라입니다.

그럼 우리는 물질을 숭상하는 이익주의이기에 단지 자신의 이익만을 좇고 마음 가는 대로 욕망을 추구하며 타인의 죽고 사는 문제일랑은 전혀 고려하지 않아도 좋단 말인가요? 송나라와 반대되는 경우를 살펴볼까요. 일본의 이웃 나라인 중국 역사의 일부분이 된 사람들, 원나라 시대의 사람들이 바로 그랬습니다. 원나라 사람들은 다른 사람들이야 어찌됐든 자신들만 행복하면 그만이었습니다. 나라가 어찌됐든 자신에게 아무런 일이 터지지 않으면 만사형통이었습니다. 심지어 정부도 나라의 치욕에 상관하지 않았습니다. 개인의 이익을 추구할 때 나라의 명운과 사회의 미래는 모두 하늘 끝 저 멀리 아득한 곳에 내팽개쳐 버렸지요.

송나라 때는 공리공론의 인의도덕에만 빠져 망국을 자초했으나 원나라는 그 반대로 개인들이 이익만능주의에 빠져 나라와 사회를 위험에 빠뜨렸습니다. 이러한 상황은 이웃 나라에만 국한되거나 단지 옛날에만 벌어진 과거사로 끝나는 게 아니라 다른 나라 모두가 마찬가지일 수 있고 오늘날에도 다시 재연될 수 있습니다. 즉 이익을 꾀하는 것과 인의도덕이 서로를 보완하지 않으면 어느 곳에서나 언제든지 나라는 패망하고 결국 개인도 불행의 나락으로 떨어질 수 있는 것입니다.

가령 석유 경영, 제분 혹은 인조 비료 등의 사업을 하는 사람들이 만약 이익을 추구하는 관념 없이 모든 것을 되는 대로 맡기고 경영 관리를 제대로 하지 않는다면 절대로 큰돈을 벌 수 없을 것입니다. 또 자신이 종사하는 일이 자신의 이해와 전혀 관계가 없는데 다른 사람은 배로 돈을 벌고 그 모든 일이 자신에게 영향을 미치지 않는다면 그 일을 과연 열심히 할 수 있을까요? 하지만 만약 그 일이 자신의 일이고, 자신의 이익에 영향을 미친다면 그 일을 열심히 할 것이란 사실은 불을 보듯 뻔합니다.

하지만 그렇다고 사람들이 자신들의 이익에만 지나치게 몰입한 나머지 사회의 발전을 전혀 돌보지 않는다면 그 결과는 어찌 되겠습니까? 그것은 결국 모두가 행복한 생활을 영위하지 못하는 지경에 이르고 마는 것일 겁니다. 단지 한 개인의 이익만을 도모하면 반드시 자신도 결국에는 피해를 함께 보고, 불행을 당하기 마련입니다. 물론 사회 진보가 미숙하던 옛날에는 때로는 우연한 요행으로 행복을 얻을 수도 있었겠지만, 세상이 앞으로 나아가면서 모든 사물들이 여하튼 규칙적인 질서로 움직여야만 모두가 이득을 볼 수 있는 시대가 왔습니다.

예컨대 기차역 개찰구가 좁은데도 자기만 먼저 지나가려고 아등바등할 깜냥이면 자신뿐 아니라 모두가 지나갈 수 없는 곤란함에 처해버리고 맙니다. 제가 이렇게 비근한 사례를 하나 드는 것만으로도 자신만의 이익 추구가 결국 자신을 포함한 모든 사람의 이익을 가로막는 장애라는 것을 알 수가 있는데요. 때문에 저는 사람들이 더 많은 재화를 풍부하게 하는 욕망을 좇더라도 항상 인간의 본바탕인 인의도덕을 갖추기를 희망합니다. 그래야 공자가 말씀하신 대로 인을 이용하여 세상을 편하게 할 수 있습니다.

"어질지 못한 사람은 곤궁한 곳에 오랫동안 있을 수 없고, 즐거운 곳에도 오랫동안 머물 수 없다. 어진 사람은 인의 실천을 자연스럽고 마음 편하게 여길 수 있으며, 지혜로운 사람은 인의 실천을 이롭게 여기면서 행한다."不仁者, 不可以久處約, 不可以長處樂. 仁者安仁, 知者利仁.[60]

이것이 바로 인의도덕과 이익을 서로 일치시키는 길입니다. 만약에 인의도덕과 이익 추구가 서로 어울리지 못하면 아무런 쓸모가 없는 공리공론에 불과합니다. 도리만 중요시하고 이해관계를 고려하지 않으면 송나라 망국의 전철을 밟을 것이요, 욕망에만 치우쳐 인의도덕을 무시하면 사람들은 늘상 서로 싸워도 언제나 만족하지 못하는 불행에 빠지고, 영원히 욕망의 악순환으로부터 빠져나올 수 없을 것입니다. 그래서 공자는 이렇게 말씀하셨습니다.

"사람 사는 마을에 어질고 후덕한 풍속이 있는 것은 아름다운 것이다. 따라서 거주할 곳을 선택한다면 당연히 그처럼 어질고 후덕한 풍속이 있는 곳을 택해야 하는데, 그렇지 않다면 지혜롭다고 할 수 없다."里仁爲美, 擇不處仁, 焉得知.[61]

한 집안이 어질면 나라가 굴기한다

우리 사회에서 어떤 사람을 어용상인御用商人이라고 부르면 사람들은 그를 어느 정도 죄악을 지닌 사람으로 생각하며 경원시하지요. 또한 어용상인이라고 하는 말 자체부터 왠지 부정적인 냄새가 나는데요. 비즈니스계에 몸을 담고 있는 저 또한, 만약 어용상인이라고 불리어진다면 마음이 몹시도 불쾌할 것입니다. 하여튼 사람들 눈에 어용상인은 금전의 힘을 악용해 권세에 아양을 떨면서도 경영 방면에서는 청렴이나 정직과 전혀 거리가 먼 사람으로 보여질 것입니다. 하지만 해외는 물론이거니와 국내에서도 많은 실업가들이 금전력金錢力에 상당하는 인덕을 갖추고 도리를 알며, 신용과 체면을 매우 중시합니다.

저 또한 그러한 사람들을 자주 보는데요. 그러한 사람들은 스스로를 반성하고 성찰할 줄 아는 사람들로, 반드시 시비와 선악의 판단을 몹시도 명백하게 할 줄 압니다. 제가 생각하기에 그들은 관계의 공무원들이 아무리 사소하더라도 부당한 요구를 할손 치면 그렇게 쉽사리 경거망동을 하지 않습니다. 설령 관청에서 공무상의 번잡함이 있더라도 정당한 비즈니스만 하지, 결코 그 어떠한 경미한 사례를 받지도 않습니다.

하지만 일전에 터진 해군뇌물수뢰사건(독일의 뮌헨에 본사를 둔 독일 최대의 전기·전자기기 제조 회사인 지멘스Siemens AG가 일본의 고급 관원들에게 뇌물을 준 사건. 다이쇼大正 14년〔1914년〕 1월 의회에서 폭로되어 3월에 당시의 야마모토 곤베에山本權兵衛 내각이 총사퇴했다. 옮긴이)처럼 대규모적인 부정 거래 행위는 쌍방의 꺼림칙한 합의가 없었더라면 결코 일어날 수 없는 일이었습니다. 만약에 한쪽이 뇌물을 보냈다손 치더라도 다른 한쪽이 그것을 받지 않으면 그만입니다. 또는 공무원 중에서 마음보가 좋지 않은 사람이 있어 에두르거나 혹은 노골적으로 뇌물을 요구하더라도 실업가가 자신의 양심에 비추어 신용을 가장 중요시한다면 그 요청을 결코 받아들이지 않았을 겁니다. 그래서 설사 무역 교섭이 중지됐다손 쳐도 그것이 죄악이 될 리 만무합니다. 우리들은 제대로 된 상인은 원칙을 지켜야 한다는 것을 믿고 있습니다.

하지만 해군뇌물수뢰사건을 보면 군함이든지 군수품이든지 그 모든 군납 입품에 증뢰贈賂 행위가 끼어들어 있었습니다. 단지 지멘스사만 그런 게 아닙니다. 해군뿐만 아니라 육군도 마찬가지입니다. 더구나 군납 입품들은 가격에 비해 품질이 너무나 형편없었습니다. 심지어 어떤 물품은 불합격품이기까지 합니다. 왜 이런 의혹이 싹틀 수밖에 없었을까요. 정말로 한숨이 절로 나오는 일입니다.

『대학』에 "한 집안이 어질면 한 나라가 어질어 굴기하고, 한 사람이 탐욕스러우면 한 나라가 어지러워진다一家仁, 一國興仁, 一人貪戾, 一國作亂" 고 한 구절이 있습니다. 비록 탐욕과 뇌물 수뢰 행위를 직접적으로 언급하지 않았지만, 뇌물을 원하는 탐욕스런 한 사람의 작은 오물이 천하를 어지럽힐 수 있다는 의미라는 것을 잘 알 수가 있습니다. 또한 윗물이 맑아야 아랫물도 맑은 법입니다. 한 사람의 탐욕, 특히 윗사람들의 탐욕이 불러오는 악영향은 실로 무서울 정도로 큽니다.

이전에 저는 이렇게 뇌물을 주고받는 더러운 행위가 해외에서는 발생할지라도 일본에서는 절대로 일어나지 않는 일일 것이라고 생각했습니다. 그런데 뜻밖에도 일본에서도 저와 같은 실업가들 중에 이런 사람들이 나와 정말로 유감스럽기 그지없습니다. 아니 땐 굴뚝에 연기가 날 리 없고 바람이 불지 않으면 물결이 일지 않을 것일진대, 심지어 미쓰이三井 회사 사람도 이번 일에 연루되어 검거가 됐다니 참으로 제 마음을 아프게 합니다. 생각해 보면 이번 일은 인의도덕과 경제 이익의 관계를 모질게 깨어 버린 것입니다. 인의도덕과 경제 이익을 서로 완전히 동떨어진 별개의 것으로 여긴 탓에 터진 뇌물 수뢰 사건이라는 것이지요.

만약 일본의 실업가들이 상도를 지키는 경영을 실업가들의 원점으로 삼고 그 원칙을 철저하게 지키며 외국인들과 무역을 했다면, 그리고 일본 실업가들이 정당하지 않은 방법으로 이윤을 쌓는 짓을 절대로 하지 않았다면, 외국인들이 감히 부정적인 거래를 원하거나 그것에 응답하지도 않았을 것입니다. 만약 상대가 탐욕스런 마음으로 상도를 일그러지게 하며 암암리에 검은 거래를 원하더라도 일본의 실업가들이 정의를 위반하는 장사는 결코 할 수 없다는 확신을 보여 주었더라면, 또한 상도를 무시하는 무역일랑은 결단코 거절했더라면 이런 범죄 행위는 도저히 터질 수가 없었을 것입니다. 『논어』에 이런 말이 있는데요.

"그 자리에 있지 않으면 그 자리가 맡은 정사에 대해 관여하거나 논의하지 않아야 한다."不在其位, 不謀其政.[62]

콩팔칠팔 하며 남의 일에 잘 끼어드는 사람 치고 제 앞가림을 잘하기 어려운 법이라는 의미일 텐데요. 하지만 저는 다시 또다시 일본의 실업가 여러분들께 실업가의 인격과 품격을 지켜 주기를 부탁합니다. 만약 실업가가 부정직한 행위와 결별하지 못하면 국가의 안전을 담보할 수 없다는 것, 단지 기우가 아니라, 제가 생각하기에 실업가의 부정함, 이것은 정말로 심각한 나라의 우환이라고 생각합니다.

▓ 의리합일義利合一의 신념을 세우길! ▓

사회의 모든 일은 이익이 있으면 폐해가 있기 마련입니다. 서양 문명도 우리나라의 문화에 비록 큰 공헌을 했지만 다른 한 방면으로는 일정 정도의 폐해를 불러일으키고 말았죠. 말하자면 우리들은 세계적인 것은 받아들여 그 은택을 한껏 받아 행복을 누린 동시에, 그 세계적인 독해毒害도 함께 들어온 게 돌이킬 수 없는 사실입니다. 자고 이래 일본에는 의리에 어그러지는 악역사상惡逆思想이 그렇게 심하게 없었습니다. 이렇게 악역사상이 횡행하는 것은 세계적인 국가로서의 기틀을 다지다 보니 그렇게 된 측면이 있는데요. 일본의 국민들은 이 세계적인 폐해의 병독을 근본적으로 치료하는 방법을 이제 강구하지 않으면 안 됩니다.

거듭 생각하건대, 그 병독을 치료하는 데는 두 가지 치료법이 있을 듯합니다. 하나는 이 병독의 성질을 직접적으로 연구해 적절한 처방을 하는 것입니다. 또 하나는 예방 차원인데요. 다름이 아니라 신체 각 기관을 병독이 침입이 하더라도 전혀 두렵지 않은 강한 몸 상태로 만드는 것이지요. 이미 우리 몸이 그 병독의 침입에 끄덕하지 않을 정도로 단련되어 있는 덕분에 만약 병독이 침입하면 그 병독을 바로 우리 몸의 강한 항균성 체질이 살균시켜 버리는 것이지요. 그럼 우리들의 입장에서 어느 방법이 더 좋을까요?

저와 같이 본래 실업가들은 외국으로부터 온 나쁜 사상의 근본적 원인을 연구하는 게 직분이 아닙니다. 저희들과 같은 실업가들의 당연한 임무는 국민의 일상적인 측면을 고려해 모든 국민을 전부 강한 신체로 양성해, 병독을 맞닥뜨려도 결코 그 병균이 몸 안으로 침입하지 못하도록 하는 것입니다. 저는 이런 치료법이 밖으로부터 오는 악한 사상을 막는 대책법이라고 생각하는데, 세상 사람들, 특히 실업가 여러분들께서 긍정적으로 생각해 주시기를 바랍니다.

저는 항상 제가 평소에 생각하는 논점을 피력하는데요. 저는 이용후생과 인의도덕이 우리 사회에서는 예로부터 긴밀하게 결합되어 있지 않았다고 생각합니다. 말인즉슨 "인즉불부, 부즉불인仁則不富, 富則不仁"이라는 말이 너무 우리 사회에 뿌리 깊이 내려 박혔다는 것입니다. 다시 말해 이익과 가까이 하면 인과 멀어지고, 이와 반대로 인과 가까워지면 이익과 멀어진다는 생각이 만연했다는 것입니다. 또 바꿔 말하면 정의에 기대면 이익과 멀어지고, 이익에 기대면 정의를 잃어버린다는 생각이 횡행한 것인데요. 이렇게 인과 부를 지나치게 이분법적으로 동떨어지게만 생각하다 보니 인과 부를 마치 물과 불의 관계처럼 완전히 서로 다른 것으로 여겨온 것입니다.

하지만 이런 생각은 단도직입적으로 말해 온전히 틀린 말입니다. 이러한 잘못된 해석이 극단적인 결과를 낳아 인의도덕이라곤 털끝만큼도 고려하지 않은 채 이익에만 투신하는 잘못된 경향이 팽배하고 말았습니다. 저는 이것에 대해 늘 탄식을 금치 못해 왔는데요. 사실 이러한 관념은 후세의 몇몇 학자들이 조성한 죄업입니다. 저는 공맹의 가르침은 그게 아니라, 철저하게 '의리합일(義利合一, 정의와 이익은 하나)'이라고 생각합니다. 단지 『논어』『맹자』『중용』『대학』 등 사서四書를 읽어만 보아도 이 점은 아주 명백해집니다.

송나라의 대유大儒인 주희(朱熹, 1130년~1200년, 존칭은 주자朱子다. 19세에 벼슬을 시작한 후 주돈이, 정호, 정이 등의 사상을 이어받아 유학을 집대성하여 이른바 주자학을 창시했다. 주자학은 조선과 일본 에도 막부의 국가 이념에 큰 영향을 주었다. 옮긴이)는 『맹자』 「서설序說」에서 이렇게 말한 바가 있지요.

"계책을 쓰고 술수를 써서 설사 공적을 세운다 하더라도, 이것은 다만 사사로운 사람의 탐욕일 뿐이니, 성현이 하시는 일과는 하늘과 땅만큼의 큰 차이가 있는 것이다用計用數, 假饒立得功業, 只是人欲之私, 與聖賢作處,

天地懸隔."

　확실히 화식과 공리功利를 폄하하고 배척하는 말인데요. "모든 상인은 죄악이다"라고 말한 아리스토텔레스의 관점과 일치합니다. 바꿔 말하면 인의도덕은 신선들이나 추구하는 일에 불과하니 보통 사람들의 행위로는 전혀 어울리지 않고, 특히나 상업에 종사하는 사람들은 인의도덕에 전혀 개의치 않고도 장사를 할 수 있다는 말이나 진배가 없는 것이지요. 하지만 유교의 상업관에 대한 이러한 해석은 공맹의 가르침, 그 정수가 절대로 아닙니다. 단지 후세의 민락학파(閩洛學派, 송대의 이학理學은 둘로 나누어지는데 하나는 정호程顥와 정이程頤의 이정二程학파이고 또 하나는 주희학파이다. 이정은 낙양인洛陽人이고 주희는 복건성福建省 건양建陽 출신이기에 둘을 합해 민락학파라고 부른다. 민閩은 복건성의 별칭이고, 락洛은 중국 섬서성陝西省 낙남현洛南縣에서 동쪽의 하남성河南省으로 흘러가 황하黃河로 유입되는 낙하洛河를 가리킨다. 옮긴이)가 날조한 망언에 불과합니다.

　그런데 일본에서는 겐나(元和, 1615년~1624년), 간에이(寬永, 1624년~1643년) 연간에 이러한 학설이 한때 성행하여 학문이라고 하는 두 글자를 입에 올리는 사람들은 죄다 이 학설을 신봉하고 말았습니다. 그 결과 이 잘못된 유학 풍조가 일본 사회에 엄청난 병폐를 가져다주고 말았습니다.

　공맹의 가르침을 오해한 결과 생산 사업에 종사는 실업가들의 정신은 거의 이기주의로 변모해 버렸다고 해도 지나친 말은 아닐 것입니다. 그들의 마음속에는 비록 인의도덕이 없을지라도, 심지어는 갖은 수단으로 법망을 교묘히 피해서라도 돈을 버는 목적만 이루면 된다는 생각에 빠져 있기도 하는 지경이죠. 때문에 오늘날 수많은 실업가들이 단지 자신이 능히 치부할 수만 있다면 사람과 사회는 구석으로 내팽개쳐도 된다는 사고방식에 젖어 있는 것입니다. 그래서 우리는 사회적, 법률적 제재를 완전히 잃어버린 사회는 강탈과 약육강식만 난무하는 무정한 정글 상태로 빠질 수 있다는 것을 예상할 수 있습니다. 이러한 상태가 지속될 경우 머지않아 빈부 격차가 더욱더 심해져 사회는 비참한 형국에 이를 것입니다. 이것은 완전히 공맹의 가르침을 오해한 학자들이 수백 년 동안 의기양양하게 발호해서 조성된 병독이자 악영향일 뿐입니다.

요컨대 사회가 진보함에 따라 실업계에서도 생존경쟁이 날로 격렬해지는 것은 필연적 결과입니다. 하지만 이러한 상황 아래에서 만약 실업가들이 단지 개인의 이익을 도모하는 데만 급급하고 사회야 어떻게 되든 말든 불문에 붙이고, 오로지 사익만을 추구하며 여타의 일은 모두 긴요하게 생각하지 않는다면, 사회는 점점 더 불건전하게 변할 것이고 마침내는 혐오스러운 극단적인 사상이 반드시 만연하게 될 것입니다.

만약 정말로 이렇다면 극단적인 사상은 죄악을 양성하고 그로 인한 업보의 일부분은 반드시 실업가가 짊어져야 할 짐이 될 게 분명합니다. 그래서 정상 사회를 꾸리기 위해서는 반드시 이러한 점을 고쳐 나가지 않으면 안 됩니다. 이때 우리들 실업가들의 일이야말로 곧바로 인의도덕에 철저하게 근거를 두며 생산 활동과 장사를 하며, 반드시 의리합일의 신념을 잃지 않아야 합니다. 사실 부와 인이 합치되는 예는 적지 않습니다. 그래서 지금, 만약 의리합일에 대한 일말의 회의가 일어나면 당연히 근본적으로 그 의심의 뿌리를 제거해야만 할 것입니다.

▨ 부자와 노블레스 오블리주 ▨

저는 정말로 패배를 인정하기 싫은 노인네이면서, 평소에도 남의 일에 참견하기 좋아해서인지 이 나이를 먹어서도 여전히 국가와 사회를 위해 아침저녁으로 바쁘기 그지없는 것 같습니다. 설령 집에 틀어박혀 있더라도 항상 상담을 하기 위해 찾아오는 사람들이 많습니다. 어떤 분은 헌금을 바라고, 어떤 분은 저에게 돈을 꾸어 장사를 해보겠다거나 학비에 보태겠다고 합니다. 종종 도리에 맞지 않는 지나친 요구도 있고요. 하지만 저는 그 무슨 목적의 내방일지라도 모든 손님을 맞이합니다. 사회는 이렇게도 커서 현자도 위인도 있기 마련일 터인데, 설사 성가신 사람이나 나쁜 사람을 만나는 게 걱정되어 옥석을 구분하기 위해 마냥 문을 닫고 그 모든 사람을 거절한다면 현자에 대한 크나큰 결례가 아닐 수 없습니다. 또한 사회에 대한 저의 임무를 방기하는 꼴이고요. 그래서 저는 그 어떤 사람일지라도 오는 것을 막지도 않고 만나자는 청을 거절하지도 않고, 성심성의껏 대접합니다. 하지만 도리에 맞지 않는 청은 들어주지 않고, 그렇지 않은 일은 가능한 최대한 들어주려고 항상 노력합니다.

중국의 옛말에 "주공삼토포, 패공삼악발周公三吐哺, 沛公三握髮"이라는 말이 있는데요. 주周나라의 대정치가 주공周公 단(丹, 주나라 문왕의 동생으로 어린 조카 성왕을 위해 섭정을 하다 그가 장성하자 권력을 되돌려 주었다. 공자가 가장 존경하던 인물 옮긴이)은 손님이 찾아오면 곧바로 식사를 중지하고 입 안에 있는 먹을거리를 토하고 손님을 맞이한 걸로 유명합니다. 손님이 물러난 뒤로 다시 식사를 하는데 만약 또 손님이 찾아오면 식사를 멈추고 입 안에 있는 먹을거리를 또 토하고 손님을 맞이했다고 합니다. 한 번은 그가 이렇게 하기가 세 차례씩이나 됐다고 하는데 손님이 찾아올 때마다 전혀 성가시게 여기지 않고 맞이하며 그 어떤 사람의 내방도 기꺼이 존중했다고 합니다.

패공은 한漢나라 400년 기업을 연 한고조漢高祖 유방을 일컫는데요. 그는 자신이야말로 주공을 본받아 현자와 사귀기를 즐기는 사람이라고 주장했습니다. 실제로 그는 머리를 감고 있을 때 손님이 찾아오면 이를 멈추고 머리카락을 움켜쥐고 손님을 맞이했다고 합니다. '패공삼악발沛公三握髮'이라고 하는 것은 유방이 손님을 맞이하기 위해 머리를 감는 걸 세 차례씩이나 멈췄다는 이야기입니다. 이는 두 사람이 손님 맞이하기를 무척이나 좋아했다는 의미입니다.

저는 물론 주공이나 패공의 현명함에 감히 미치지 못하지만, 저 또한 손님을 맞이하는 걸 즐기며 그 어떤 사람일지라도 성심껏 접대를 합니다. 그런데 사회적으로 적지 않은 사람들이 손님을 맞이하는 것을 원하지 않지요. 특히 어떤 부자나 명사들은 손님들을 꺼려하는 게 유별나기까지 합니다. 저는 이러한 풍토는 국가와 사회에 하등의 도움이 되지 않는다고 생각합니다.

얼마 전에 저는 어느 부잣집 아들을 만난 적이 있었습니다. 대학을 막 졸업한 그는 저를 찾아와 사회 활동을 할 때 주의할 점이 무엇인가를 묻더군요. 저는 그에게 우선 "자네의 춘부장 어른을 욕되게 할지도 모르고, 나의 괜한 당부로 인해 자네가 나를 원망할지도 모르겠네" 하며 운을 뗀 뒤 다음과 같이 말을 이어갔습니다.

"지금의 부호들은 매사에 소극적이면서 이기적인 틀에만 박힌 사안을 처리하느라 바쁘고 사회적인 일엘랑은 완전히 냉담할 뿐이네. 모름지기 부호라고 하는 존재는 자기 자신만을 위해 돈을 번 사람이 아니라네. 재부라는 것은 어디까지나 사회로부터 얻은 것이자 번 것이네. 가령 땅을 엄청나게 소유하고 있으면서도 땅을 놀리기만 한다면 골치만 아플 뿐이네. 그 공지를 사람들에게 빌려줘 지세를 받는다고 누가 타박을 하기는커녕, 사회로부터 칭찬을 받을 수가 있네. 지세가 점점 많아질수록 노는 땅도 점점 줄어들 게 분명하고 말이야. 또한 지세가 비싸면 비쌀수록 지주는 부를 더 많이 축적할 수 있네. 때문에 지주야말로 소작료를 내는 수많은 사람들의 땀과 사회구조의 은덕을 입고 있다고 생각해야만 하는 것일세. 따라서 부자일수록 빈민 구제 사업과 공공사업에 솔선수범해야 하는 게 당연한 도리라네. 이렇게 가진 사람이 도덕상의 의무를 잘 지킬수록 그 사회는 튼튼하고 건전해지기 마련이고 말이야.

동시에 그래야만 부자의 재산 운용도 날이 갈수록 건실해지네. 그런데 만약에 부자가 사회를 무시하면서 사회와 전혀 동떨어진 채 자신의 재산을 자기 집의 곳간에만 쌓아 놓은 채 공공사업과 사회사업을 등한시하면 그런 부호와 사회 구성원과의 충돌은 불가피하지. 강퍅한 부자를 원망하는 소리는 결국 사회주의를 부르고 파업을 일으키게 할 수밖에 없는데, 결국 이게 다 사회 구성원 전체의 큰 손해이지 않은가? 때문에 부자들은 재산이란 사회로부터 온 은택이라고 생각하며 사회를 위해 봉사하는 도덕상의 의무를 결코 저버려서는 안 되네."

제가 이렇게 말한 것으로 인해 부호들로부터 원망의 소리를 들을 수 있을 것입니다. 그런데 도대체 왜 부자들은 도덕상의 의무를 저버리며 퇴행적인 사람으로만 변모해 가는지요? 정말로 사람을 슬프게 하는 일입니다. 며칠 전에 어느 부자와 대화를 하면서 이렇게 물은 적이 있습니다.

"당신 같은 부자들은 왜 사회에 관심을 두지 않는 것인가요?"

그러자 그 부자는 이렇게 대답하더군요.

"너무 귀찮은 일입니다."

만약 이렇게 단지 귀찮아서 퇴행적인 사람으로 변하는 것도 용납할 수 있다면, 저희들의 함성과 분주함, 그리고 외침은 정말로 공공사업을 순조롭게 이끌어 갈 수 없을 게 분명합니다. 근래에 저희들은 메이지 신궁(明治神宮, 도쿄 시부야 구澁谷區 요요기代代木에 있는 신사로 메이지 천황과 쇼겐昭憲 황태후에게 제사를 지낸다. 옮긴이) 우가이엔(外苑, 면적은 7만7천6백 평방미터)을 조성하려는 계획을 추진하는 중입니다. 이 계획에 따라 메이지 신궁 공원이 포함하고 있는 범위는 요요기代代木부터 아오야마青山 주변까지 이르는 모든 곳으로, 거대한 공원이 될 것입니다. 동시에 일본의 중흥과 1912년에 붕어한 메이지 천황의 유덕을 후세에 영원히 전하자는 취지로 기념 도서관을 세우고자 합니다. 어떤 사람들은 다양한 교육적 오락 장소를 세우자고도 합니다.

물론 이러한 계획이 실현되기 위해서는 400만 엔이라는 막대한 비용이 필요하다고 합니다. 저는 이러한 계획이 사회 교육상 정말로 필요하고, 그 의의가 매우 크다고 생각하는데요. 하지만 이렇게 막대한 비용을 조성하는 데는 적잖은 노력이 필요한 것이 사실입니다. 그래서 이와사키岩崎 선생과 미쓰이 선생에게도 기부금을 내주기를 청했던 것입니다. 더불어 일본의 대부호들께서도 사회에 대한, 그러니까 공공사업을 위한 도덕상의 의무감을 최대한 지켜 주셨으면 합니다.

❈정승처럼 벌어 정승처럼 쓰자❈

돈은 현대에 통용되는 화폐를 통칭합니다. 모든 물품의 가치를 잴 수 있는 게 바로 돈이지요. 돈이 특별히 편리한 것은 모든 물건을 손에 얻을 수 있기 때문입니다. 태고 적에는 물물교환을 했지만, 이제는 돈만 있으면 그 어떤 물건일지라도 마음에 들면 살 수 있는 게 가능합니다. 돈의 대표적인 가치는 바로 몹시도 귀중하다는 것입니다. 따라서 돈의 제1의 요건은 화폐의 실제 가치가 물품의 가치와 같아야 한다는 점입니다. 만약에 화폐의 실제 가치가 감소하면 물가는 비등하게 마련입니다. 또 돈은 나눌 수가 있기에 편리합니다. 가령 1엔짜리 찻잔이 있습니다. 이 찻잔을 두 사람이 반으로 쪼개어 가지고 싶을지라도 그럴 수가 없는 노릇입니다. 하지만 돈은 그게 가능합니다. 1엔의 십분의 일이 갖고 싶다면, 10전의 은화가 있습니다.

또한 돈은 물건의 가치를 결정합니다. 만약 화폐라고 하는 것이 없다면 이 찻잔과 재떨이의 등급을 명확하게 매기는 게 불가능합니다. 그런데 이 찻잔은 10전, 이 재떨이는 1엔이라고 하면 곧바로 이 찻잔은 이 재떨이의 10분의 1에 해당하는 가치가 있다는 말입니다. 이렇게 돈에 의해 두 물건의 가치가 정해지는 것이지요.

돈이 이렇게 귀중하기에 단지 청년들만 갈망하는 게 아니라 모든 남녀노소들이 그것을 얻고자 소원합니다. 앞에서 말한 바대로 돈은 물품의 가치를 대신 말해 주기 때문에 실제 물건보다 귀중하지 않으면 안 되는 것이지요. 아주 옛날 중국의 하夏나라를 세운 우왕禹王이라는 인물은 작고 사소한 것도 몹시 진귀하게 여기었습니다. 또 명나라의 주용순(朱用純, 호는 백려柏廬, 1627년~1698년)은 「치가격언治家格言」에서 이렇게 말했습니다.

"한 그릇의 죽과 밥도 얻기가 쉽지 않은 것을 마땅히 생각하고, 한 오라기의 실도 생산해 내기가 어렵다는 것을 늘 염두에 두어야 한다—粥一飯當思來處不易, 半絲半縷恒念物力維難."

바로 한 오라기의 실일지라도, 설령 반쪽의 종이일지라도, 심지어 한 알의 쌀일지라도 반드시 귀하게 여길 줄 알아야 한다는 말입니다. 이런 종류의 아름다운 이야기가 있는데요. 1694년 세계에서 가장 먼저 런던에 세워진 중앙은행인 '잉글랜드 은행The Bank of England'을 세운 윌리엄 패터슨William Paterson이 젊었을 적이었습니다. 패터슨은 어느 은행에 취직을 하기 위해 면접을 보러 갔습니다. 그런데 면접을 끝내고 뒤돌아 선 순간 실내에 떨어진 날카로운 핀을 보았는데요. 그는 그것을 보자마자 얼른 자기의 소매에 꽂았지요. 이 정경을 목격한 면접관이 곧바로 그를 다시 불러 세운 후 이렇게 물었습니다.

"지금 자네는 실내에서 무언가를 주운 것 같은데 그게 무엇인가?"

패터슨은 당황스런 얼굴빛을 전혀 하지 않은 채 "핀 하나가 떨어져 있어 주웠는데요. 만약에 이걸 제가 줍지 않는다면 위험한 핀이 누군가의 발을 찌를 수도 있을 것 같아 주웠습니다"라고 대답했지요. 면접관은 그의 말을 듣고 크게 감동해 여러 가지 질문을 더한 뒤에 패터슨은 생각이 깊은 청년이라는 것을 알고 곧바로 그를 채용했습니다. 패터슨은 훗날 대은행가로 성장을 했다고 합니다.

요컨대 돈은 사회의 역량을 보여 주는 일종의 중요한 도구입니다. 따라서 귀중하게 쓰지 않으면 안 되는 것 아니겠습니까? 물론 돈은 귀중하게 꼭 필요할 때만 쓰는 게 당연합니다. 하지만 잘 버는 만큼 잘 쓰는 게 가장 중요합니다. 그래야 사회가 활발하게 돌아가고, 이는 곧바로 경제의 발전을 촉진하는 계기로 이어집니다. 특히 사회적 명사일수록 잘 버는 만큼 잘 써야 하는 게 사회적 임무가 아닐까요? 저는 이렇게 생각합니다. 정말로 이재에 밝은 사람은 동시에 돈을 잘 쓸 줄도 아는 사람이라고요. 돈을 잘 쓴다는 것의 의미는 정당하게 지출을 해야 한다는 의미인데요, 즉 좋은 데 써야 한다는 뜻입니다.

의사가 대수술을 하면서 환자의 목숨을 살리는 메스도 만약 도둑놈에게 쥐어 주면 남을 협박하거나 강도짓을 벌이는 도구로만 쓰일 뿐입니다. 따라서 귀중한 돈도 그것을 잘 쓰는 것, 착한 데 쓰는 게 중요합니다.

사실 돈은 귀하기도 하고 천하기도 합니다. 문제는 돈을 누가 쓰느냐에 따라 그것이 귀해지기도 하고 천해지기도 한다는 것입니다. 바로 돈의 귀천은 돈을 갖고 있는 사람의 인격, 그 여하에 따라 달라지는 것이지요. 그런데 세상에는 돈의 귀중함을 잘못 이해해 인색하게만 사는 부자들이 너무나 많습니다. 돈은 낭비해서도 안 되고, 인색하게 써도 안 됩니다. 단지 돈을 벌 줄만 알지 쓸 줄은 모르는 사람은 극단적으로 수전노가 될 수밖에 없는 운명입니다. 그래서 저는 청년 제군 여러분들이 돈을 아무 데나 물 쓰듯 철철 쓰는 낭비자도 아니요, 돈을 꼭 써야 할 데에 쓰지도 않는 수전노도 아닌, 정말로 '잘 버는 만큼 좋은 데 잘 쓰는' 사람이 됐으면 합니다.

5

본질을 꿰뚫는 눈을 길러라

이상과 미신

공자가 제자들에게 말하지 않은 게 괴력(怪力), 역(力), 난(亂), 신(神) 네 가지가 있었습니다. 괴는 유령이라든지 도깨비라든지 도저히 이해할 수 없는 괴이한 물체이고, 역은 괴스럽고 방자한 완력, 난은 난신적자(亂臣賊子)라서

상의 어지러움, 신은 신비하고도 불가사의한 일들을 가리키는데요. 이 모두가 상식 밖의 일일 뿐입니다. 이네 가지 모두는 사람들이 이야기하기를 좋아하는 것이지만 조금의 이익은커녕 도리어 미풍양속이나 교육을

말가뜨리는 온상이기 때문에 공자는 이것들을 말하지 않았던 것입니다. 성인은 상식(常識)을 말하되 괴이함을 말하지 않고, 덕(德)을 말하되 완력(完力)을 말하지 않고, 다스림(治)을 말하되 난(亂)을 말하지 않고, 사람을

말하되 귀신(鬼神)을 말하지 않는다는 말과 바뀌어 이야기할 수도 있을 것입니다. 물론 요괴의 천태만상에 대해서도 깊이 연구를 하면 흥미를 자아내는 내용도 있고, 힘자랑하는 용사들의 이야기도 소설처부 꾸미면 사

기를 고무시키고, 패덕뷔德의 혁명도 역사적으로 고찰하면 의의가 있고, 귀신에 관한 논제도 철학적으로 관찰하면 전혀 무가치한 것만은 아닐 것입니다. 그러나 사람이 이런 상식 밖의 일에만 지나치게 골몰하거나 흥

미를 가지면서 괴력난신을 말하면 세상은 건전함을 저절로 잃어버리게 됩니다. 그렇게 되면 사람들은 극단적인 행동을 일상같게 되고, 언행도 중용의 도를 잃어버릴 가능성이 크지요. 바로 이런 점 때문에 공자는 괴력

난신을 입에 담기를 꺼려했던 것입니다. 즉 중용의 도를 지키기 위한 정신이었다고 생각합니다.

▨아는 것보다, 좋아하는 것보다, 즐기는 게 최고다! ▨

"그 무슨 일을 하더라도 반드시 흥미를 가져라"라는 말이 최신 유행어인가 본데요. 그렇다면 '흥미'라는 단어를 정의 내린다면 도대체 무엇인가요?

저는 학자가 아니기에 흥미라는 단어를 적절하게 해석할 수는 없지만, 아무튼 사람이 직무를 수행하는 데 이러한 '흥미'를 깊이 가지고 일을 하기를 진심으로 바랍니다. 그런데 흥미라는 단어는 때로는 이상처럼 들리기도 하고, 때로는 욕망, 때로는 취미를 즐긴다는 뜻처럼 들리기도 합니다.

주어진 직분을 단순하게 표면적인 요구에 응해서만 한다면 이것은 속된 말로 요식행위에 지나지 않을 것입니다. 그것은 단지 명령에 따라 일을 규정대로만 처리하는 것에 불과한 것이지요. 하지만 흥미를 갖고 직무를 처리한다면 그것은 전혀 다른 의미가 됩니다. 그것은 바로 마음에서 우러나오는 그 무엇인가에 이끌려 일을 하고 있다는 것을 뜻합니다. 이렇게 흥미가 돋아 일을 하면 그 일을 하는 사람 스스로가 이렇게 하면 좋을까, 저렇게 하면 좋을까, 이렇게 하면 결과는 어떻게 될까 등등 이런저런 궁리를 능동적으로 하게 마련이지요. 요컨대 자신의 욕망과 이상을 보태어 일을 처리하는 것이야말로 '흥미'라고 부를 만한 것입니다. 이것이 바로 흥미라는 글자에 대한 저의 견해이고요.

비록 흥미에 대한 정확한 정의를 모른다손 치더라도 제가 꼭 강조하고 싶은 점은 한 사람이 자신의 직분을 임할 때에는 반드시 흥미를 갖고 있어야만 옳다는 것입니다. 더 나아가 말하자면, 사람으로 존재한다면 우리들은 반드시 흥미를 갖고 자신의 맡은 바 임무에 최선을 다하는 게 '사람답다'는 것입니다. 요컨대 만약 모든 사회 구성원들이 흥미를 갖고 자신의 일을 하면, 결국 모든 개인들이 흥미를 갖고 일을 한 덕분에 사회가 발전하고, 그 혜택은 전부 개개인 모두에게 다시 되돌아갈 것입니다. 설령 이러한 경지가 아닐지라도, 단지 자신이 흥미를 깊이 갖고 일을 한다면 그 일은 점점 더 활기를 띠는 게 당연할 거고요.

이와 반대로 단지 규정대로만 하는 요식행위처럼 자신이 하는 일에 전혀 흥미를 느끼지 못한다면 그 일이야말로 '죽은 일'이고, 그 어떤 의미도 없이 단지 육체적 노동에 지나지 않을 것입니다. 양생법을 다룬 어떤 책에 따르면, 한 사람이 인노주황(人老珠黃, 사람은 늙으면 쓸모가 없어지고, 옥구슬은 누렇게 퇴색되면 가치를 잃게 된다. 옮긴이)의 때가 와 활동을 못할 때, 비록 숨이 여전히 붙어 있더라도 단지 먹고 자며 하루하루를 연명한다면 그것은 진정한 생명이 아니라 단지 육체일 뿐이라고 합니다. 역으로 한 사람이 늙은 탓에 신체적 몸짓은 비록 영민하지 못하더라도 여전히 세상을 활발히 살고 싶은 흥미가 마음에서 우러나온다면 그것이야말로 진정한 생명의 존재라고 할 수 있을 것입니다.

물론 사람들은 자신의 생명이 언제나 이 세상에 존재하기를 희망하지 몸뚱어리만 덩그러니 남아 있기를 원하지 않습니다. 이러한 바람은 우리들에게 노년이 닥치면 누구나 마음에 새기는 희망 사항이고요. 이 밖에 만약 다른 사람이 "그 사람, 아직 살아 있는 거야?"라고 말하면, 그것은 곧바로 생명의 정신은 없고 오직 몸뚱어리만 있다는 것을 의미합니다. 만약 이러한 사람들이 일본 사회에서 대다수를 차지한다면 일본은 절대로 생기발랄해질 수 없습니다.

그런데 유감스럽게도 현재 우리 사회는 적지 않은 유명 인사들이 "그 사람은 아직 살아 있는 거야?"라는 말을 듣고 있습니다. 그런 말을 듣는 저명인사들은 생명을 이미 잃어버린, 단지 육체적 몸뚱어리에 지나지 않는다는 핀잔을 듣고 있는 셈입니다. 사업 경영의 도리도 마찬가지입니다. 사업을 하는 데 흥미도 없고 생기도 없이 하는 실업가는 진정한 사업가로 성공할 수 없는 것이지요.

흥미도 없고 열정도 없는 사업가는 단지 '비즈니스 목각 인형'에 불과합니다. 따라서 어떤 일을 하더라도 가능한 깊고도 두터운 흥미를 자신의 가슴 속 깊은 곳에 지닌다면, 비록 완전히는 그 맛을 보지 못하더라도 최소한 자신의 이상과 욕망은 만족시킬 수 있을 것입니다. 공자는 『논어』「옹야雍也」편에서 이렇게 말씀하신 적이 있습니다.

"알기만 하는 사람은 좋아하는 사람만 못하고, 좋아하는 사람은 즐기는 사람만 못하다."知之者不如好之者, 好之者不如樂之者.63

이 말이야말로 흥미의 최고 경지를 보여 주는데요. 자신의 직분을 대할 때 반드시 열성을 갖지 않으면 안 된다는 뜻이기도 합니다.

자신이 원하지 않는 바를 남에게 시키지 말라

'강자의 말은 언제나 옳다'는 프랑스 속담이 있습니다. 비록 이것이 세계적 명언이 되기는 했지만 문명이 진보함에 따라 사람들은 점점 더 도리를 중시하고 평화를 사랑하며 전쟁을 혐오하는 마음이 강해지고 있는 게 사실입니다. 바꿔 말하면 전쟁은 시대의 물질적 진보로 인해 더 많은 대가를 요구합니다. 모든 나라들이 스스로 전쟁의 대가가 엄청나다는 것을 고려한다면 극단적인 분쟁은 점점 더 감소, 아니 확실하게 적어질 게 분명합니다.

메이지 37, 38년(1904년, 1905년)경에 러시아의 크럼Krum은 『전쟁과 경제』라는 책에서 "사회가 점점 진보할수록 전쟁은 점점 더 참혹해지고, 치르는 대가도 커지기 때문에 자연히 점점 더 없어질 것"이라고 말했습니다. 어떤 사람은 러시아 황제가 평화회의를 제창한 것은 크럼의 말에 동의했기 때문이라고도 합니다.

이렇게 전쟁의 비참함이 널리 알려진 상황이기 때문에 사람들은 지금의 세계대전(제1차 세계대전을 말함 옮긴이)이 도대체 어떻게 발발할 수 있었는지를 매우 의아해 하고 있지요. 작년(다이쇼 3년, 1914년) 7월말 일간지들의 보도를 접할 때 저는 이삼일 동안 해외여행을 하고 있었습니다. 어떤 사람이 저에게 "어찌된 일이지?" 하고 묻더군요. 저는 단지 신문만 읽으면 전쟁이 이미 터졌다는 것을 믿을 수밖에 없다고 대답했습니다.

그런데 몇 년 전 미국학자 조단Jourdan은 모로코 문제(1911년 모로코에 대한 식민지 지배를 둘러싸고 터진 독일과 프랑스 사이의 분쟁. 19세기 말부터 프랑스의 보호권이 인정되어 오던 모로코에 대해 독일이 권익을 주장하기 시작하면서 터졌다. 영국의 주선으로 독일이 모로코에서의 프랑스 우위를 인정하는 대신 프랑스는 콩고의 일부를 독일에 떼어 주었다. 옮긴이)가 발생했을 때 저에게 편지를 보내 '미국의 저명한 재정가인 J. P. 모건Morgan의 충고로 전쟁이 멈췄다'라고 하더군요. 조단 박사야말로 평화주의자였기 때문에 특별히 저에게 편지를 보내 연락을 취했던 거지요. 저는 당시에 그의 말을 그다지 깊이 믿지 않았습니다.

하지만 세계가 진보함에 따라 자연히 사람들도 생각을 깊이 하는 덕택에 전쟁은 으레 감소하는 추세인 게 당연하다고 생각합니다. 물론 지금의 유럽 전쟁이 도대체 어떤 모양새인지는 세세하게 알고 있지 못하지만, 실제로는 정말로 참혹한 도가니일 게 분명합니다.

특히 독일의 행동은 정말로 이것이 문명인가 하는 의문을 들게 할 정도로 사람들을 소스라치게 놀라게 합니다. 생각해 보면 문제의 근원은 국제사회에서 도덕이 보편적으로 활용되지 못하고 있는 탓에 전쟁이 발발한 것 같습니다.

만약에 그 어떤 국가이든지 간에 이렇게 냉혹한 인식만을 갖고 있다고 칩시다. 비록 국가는 당연히 자신의 나라를 방어해야 하지만, 또한 국제사회가 도덕을 회복할 수 있도록 노력하지 않으면 안 됩니다. 약육강식은 국제사회를 멸망시킬 뿐입니다. 필경 집권자라든지 국민들의 생각이 자기 나라 맘대로 하겠다는 욕심이 없었더라면 지금과 같은 전쟁은 터지지 않았을 것입니다. 한쪽이 일방적으로 퇴보만을 고집하면 상대방도 당연히 진보를 고민하지 않을 것이고, 서로에게 먼저 진보하기만을 원한다면 싸움이 일고, 결국 전쟁으로까지 치달을 것입니다. 물론 인종 관계도 있고, 이익 관계도 있기 때문에 어떤 국가가 다른 나라에 세력을 뻗치고자 할 것입니다. 다른 나라의 침입을 막고 자신의 나라를 보호하려면 당연히 저항을 해야 합니다. 그러다 보면 전쟁이 터지고요. 요컨대 자신의 욕심을 다른 사람에게서 강제로 채우려고 하고, 강자가 억지로 패권을 차지하려고 하는 게 오늘날의 보편적 현상인 듯합니다.

도대체 이른바 문명이란 무엇인가요? 오늘날의 세계는 아직 진정한 문명 단계에 오지 못한 듯합니다. 이렇게 생각하면 제 마음이 무겁기 그지없고, 회의감도 드는데요. 이러한 국제 정세 아래에서 일본은 어떻게 발전해야만 할까요? 일본의 국민들은 어떤 생각을 가져야만 올바를까요? 부득이하게 세계 전쟁의 소용돌이에 휘말려야 할까요? 약육강식의 주장에 휘말리지 않고 평화를 추구할 수 있는 다른 방법은 없는 것일까요? 이런 문제에 직면해서 우리 모두가 반드시 가져야만 하는 사상이라든지, 국민 모두가 지켜야 할 원칙 같은 것은 없는 건가요?

저는 공자가 인仁과 서恕에 대해 말씀한 게 그러한 원칙이라고 생각하고, 그러한 원칙이 철저하게 지켜지기를 간절히 바랍니다.

"사회에 나가서는 큰 손님을 뵌 듯이 하고, 백성을 부릴 때는 큰 제사를 모시듯 하며, 자신이 원하지 않는 바를 남에게 시키지 말라. 이렇게 하면 나라에서도 원망이 없고, 집안에서도 원망하는 이가 없을 것이다."出門如見大賓. 使民如承大祭. 己所不欲, 勿施於人. 在邦無怨, 在家無怨.[64]

또한 자공子貢이 평생토록 지켜야 할 도리를 묻자 공자는 이렇게 말씀했습니다.

"바로 '용서하는 마음가짐恕'이라는 한마디일세. 자기가 원하지 않는 일을 남에게 강요하지 말라."其恕乎. 己所不欲, 勿施於人.[65]

"자기가 원하지 않는 바를 남에게 강요하지 말라己所不欲, 勿施於人"는 공자의 말씀, 이 동양적 도리를 지킨다면 세계 평화와 만국의 부흥을 가져오는 길로 한 걸음 더 성큼 나아갈 수 있다고 믿습니다. 만약에 집정자들이 국민들의 희망을 고려한다면 유아독존을 버리고, 단순한 주장도 버리고 자신의 나라 안에서 먼저 이 도리를 실천해야 한다고 생각합니다. 그래야만 국제사회에서도 진정한 왕도가 이루어질 수 있습니다. 그럼 세계대전과 같은 참혹한 국제 전쟁을 막을 수가 있지 않을까요?

▨ 내가 일어서고 싶으면 남도 먼저 일어서게 하라 ▨

사람은 기왕에 세상에 태어난 이상 반드시 무언가 목적을 갖는 것을 피할 수 없지만, 과연 그 목적이란 게 무엇이어야 좋을까요? 또 어떻게 해야 그것을 이루어 낼 수 있을까요? 이것은 아마도 사람마다 그 면모가 다르듯 각자의 의견도 다를 것입니다. 필경 다음과 같이 생각하는 이들도 있을 것입니다. 자신의 수완이 좋은 바에야, 또 기량이 월등한 바에야, 그것을 전심전력으로 충분히 발휘해 좀 더 나라에 충성하고 부모에 효도하고 또는 사회에 이바지하고 싶은 이들이 계실 거라는 거죠. 그러나 이것을 막연하게 마음속으로만 생각하면 아무런 효과도 없습니다.

역시나 그 무슨 형태로든 실천을 해야만 할 것입니다. 때문에 자신이 평소에 배운 바대로 전력을 다해 자신의 학문, 재능, 기술을 발휘해야 할 것입니다. 가령 학자는 학자의 본분을 다하고, 종교인들은 자신의 직책에 전념하고, 정치가는 명확하게 자신의 책임을 다하는 것, 그리고 군인은 군인의 임무를 완수해야 합니다. 이렇게 각자의 능력이 닿는 대로 자신의 본분을 다하고자 굳게 다짐하는 것이 중요합니다. 그래야만 사람들 각자의 마음과 뜻이 자기 자신만을 위하기보다는 나라, 부모, 사회 등을 위해 쓰여지지 않을까요. 나라와 부모, 사회를 자신보다 상위에 둘 수 있는 것, 즉 자신을 주인이 아니라 손님의 입장에 두는 것, 저는 이러한 삶을 '객관적인 인생관'이라고 부르고 싶습니다.

이와 반대로 단순하게 오직 자기 한 사람만을 생각하면서 사회이든지 다른 사람이든지 간에 전혀 고려하지 않는 이들도 있습니다. 그러나 이런 사람들의 처세관으로 사회를 둘러보면 역시나 사리가 없다고만 할 수는 없습니다. 자신의 인생은 다른 사람이 대신 살아 주는 게 아니라, 역시 자신이 살아가는 것이니까요. 그런데도 자신이 아니라 사회를 위해서, 다른 사람을 위해서 사는 것은 이상하지 않은가요? 자신이 자신의 인생을 개척하는 것이기에 어디까지나 자신을 위해 모든 것을 꾸미는 게 좋다는 관점으로 세상만사를 훑어보면, 가능한 모든 일을 자신에게 이익이 돌아가는 방식으로 처리하기 마련입니다. 가령 빚은 자신이 빌린 것이기에 당연히 갚아 줄 의무가 있기에 갚아 줄 뿐입니다. 세금도 자신의 생존을 위해서 국가에 납세를 할 뿐입니다. 마을의 공동 경비도 똑같죠.

그런데 만약 다른 사람을 위해 기부를 한다거나, 공공사업을 위해 모금을 한다면 그 사람은 자신을 위한 것이 아니기 때문에 책임을 전혀 지지 않을 것입니다. 그 사람이 생각하기에 다른 사람을 위하고 사회를 위하고 하는 것은 결코 자신을 위한 게 아닙니다. 요컨대 자기를 주인의 자리에 두고, 반면에 다른 사람과 사회를 손님의 자리에 둔 채 오로지 자신의 본능을 만족시키기 위해 자신이 주장하는 바대로 만사를 끝냅니다. 그 무엇이든 간에 자신을 위해 사회를 경영하려고 하는 것이지요. 저는 이것에 이름을 붙여 '주관적 인생관'이라고 부릅니다.

두 가지 인생관 중에서 어느 관점을 가져야 할까요? 저의 생각은 실질적으로 이렇습니다. 만약 모두가 후자와 같은 '주관적 인생관'을 갖게 되면 국가와 사회는 점점 비루하고 조야해지며, 마침내는 도저히 구원할 수 없는 쇠망의 나락으로 떨어지고 맙니다. 이와 반대로 전자의 '객관적 인생관'이 광범위하게 퍼진다면 국가와 사회는 언젠가는 반드시 이상적인 모양새를 갖추게 될 게 불을 보듯 뻔하지 않은가요? 때문에 저는 객관적 인생관을 제창하고 주관적 인생관을 배척하고 싶은 것입니다.

공자께서는 이렇게 말씀하신 적이 있습니다.

"본래 인이란 내가 일어서고 싶다면 남을 먼저 일어서게 해주고, 내가 이루고 싶다면 남을 먼저 이루게 하는 것이다. 내 입장을 비추어 남의 입장을 알아줄 수 있음이 바로 인을 실천하는 방책이라고 하겠다."夫仁者, 己欲立而立人, 己欲達而達人, 能近取譬, 可謂仁之方也已.[66]

저는 사회의 일, 인생의 일이란 게 전부 이렇지 않으면 안 된다고 생각합니다.

이른바 "내가 일어서고 싶다면 남도 일어서게 해주고, 내가 이루고 싶다면 남도 이루게 하는 것"이란 말은 듣기에는 교환적 의미가 숨어 있는 듯합니다. 자신의 욕망을 이루기 위해서는 반드시 우선 자신이 참아야만 결국에는 자신이 성공할 수 있는 게 아닌가 하는 뜻처럼 보입니다. 하지만 공자의 참뜻은 절대로 이렇게 비굴하지 않습니다. 다른 사람의 목적을 이루게 한 다음에 자신의 목표를 이루라는 것은 행동의 순서를 표시한 것에 다름 아닙니다. 군자가 행해야 할 일의 순서는 모름지기 이래야 한다는 것을 가르치는 것에 다름 아닌 것이지요.
바꿔 말하면 그것이 바로 공자의 처세에 대한 각오였고, 저 또한 인생
은 이와 같아야 참뜻을 지닐 수 있다고 생각합니다.

▨ 모든 길은 인의도덕으로 통한다 ▨

저는 '귀일협회歸一協會'라는 조직을 꾸린 적이 있는데요. 소위 귀일
이라 하는 것은 세상의 다양한 종교적 관념 혹은 신앙 등이 마침내는
같은 데로 귀결할 때가 오지 않을까 하는 희망을 뜻합니다. 신이든,
부처님이든, 예수님이든, 인간이 따라야 도리를 말하는 것입니다. 동
양철학과 서양철학 간에는 자연히 사소한 차이가 있어 길은 다르지만
마침내 이르는 목적지는 같을 것이라고 생각합니다.

공자께서는 이렇게 말씀하셨지요.

"말이 충성스럽고 믿음을 다하며 행동이 도탑고 경건하면 비록 오
랑캐의 나라에서도 뜻을 이룬다. 말이 충성스럽지 못하고 신뢰가 없
으며 행동이 돈후하지 않고 경건하지 않다면 비록 고향인들 뜻을 이
룰 수 있겠는가?"言忠信, 行篤敬, 雖蠻貊之邦行矣. 言不忠信, 行不篤敬, 雖州里行乎哉?[67]

이 말씀은 천고의 격언이라고 생각합니다. 만약에 한 사람의 말이
충성스럽지 않고 행동이 도탑지 않다면 하물며 친척이라도 싫어할 게
분명합니다. 서양의 도덕이 가르치는 것도 이와 같습니다. 단지 서방
의 주장은 적극적인 반면에 동양의 가르침은 소극적일 뿐이지요. 가
령 공자께서는 이렇게 말씀하셨습니다.

"자신이 원하지 않는 일을 남에게 강요하지 말라."己所不欲, 勿施於人.[68]

반면에 예수님은 이런 풍으로 말씀하셨지요.

"자신이 원하는 것을 다른 사람에게도 주어라."

말씀하는 방법은 다르지만 좇고자 하는 바는 궁극적으로 같지 않나요? 모두 악을 행하지 말고 선을 행하라는 가르침에 다름 아닌 것입니다. 같은 뜻을 하나는 오른쪽으로부터 말하고 다른 하나는 왼쪽으로부터 말한 것에 불과하지요. 하지만 말씀의 궁극은 결국 같은 도리를 나타냅니다.

그런데 종교와 신앙을 좀 더 깊이 연구해 보면 알게 되지만, 각 분파가 나누어지고 문호가 달라 서로를 몹시도 업신여기고 있는 게 현실입니다. 너무나 안타깝게도, 바보스런 짓이 아닌가요? 귀일이 가능한가, 그렇지 않은가는 제가 감히 단언하지 못한다손 치더라도 어느 정도까지 '더불어 함께함'이 가능하다면 그렇게 하도록 하고 싶어 꾸린 게 바로 귀일협회입니다. 조직이 꾸려진 지 이미 수년이 지났죠. 회원은 일본인뿐만 아니라 서양인들도 있습니다. 모두들 함께 문제들에 대해 토론하고 연구하지요.

저 자신은 40년간 늘 인의도덕과 생산을 통해 이익 추구는 일치해야만 하는 것이라고 주장하며 그것이 일치하도록 노력하고 실천해 왔습니다. 그러나 도리가 그렇다손 치더라도 이것에 반하는 상황이 현실 사회에서 점점 더 많이 출현하고 있습니다. 정말로 딱하기 이를 데 없습니다.

저의 주장에 평화협회의 보루 씨, 이우에井上 박사, 시오자와鹽澤 박사, 나카지마 리키中島力藏 박사, 기쿠치 다이로쿠단菊地大麓男 등이 모두 동감하며 설사 귀일이 완전히 이루어지지 않는다손 치더라도 반드시 '어느 정도는 귀일이 이루어질 것'이라고 생각하고 있습니다. 다시 말

해 세상의 일들은 때로는 정도에서 벗어나 갓길로 샐 수도 있지만 그
것은 나쁜 일이기에 진리의 도정을 멈추게 할 수는 없습니다. 저는 옛
날에는 이랬다든가, 이런 논리도 있었다든가 하는 말들을 들으면서
'인의도덕은 생산이익과 반드시 일치해야만 하는 것' 또 '일치하지 않
으면 진정한 부를 이룰 수 없다는 것', 게다가 이것을 이해하지 못하
면 영원한 부를 얻지 못한다고 항상 생각합니다. 인의도덕과 생산이
익의 일치, 즉 『논어』와 주판의 통일은 저의 부동의 신념입니다.

만약 정말로 이러한 논지가 이 세상에 충분하고도 철저하게 실현되
어 인의도덕이 세상만사의 동력이고 이것으로써 사람들을 고취시킨
다면, 다시 말해 '생산이익은 인의도덕과 하나이지 않으면 안 된다'는
생각이 만인의 신념이 된다면, 인의도덕을 뺀 부도덕한 상행위는 자
연스럽게 없어질 것입니다. 가령 공공 물품을 구매하는 공무원이 뇌
물을 받는 행위는 인의도덕을 위반하는 것이라고 깨닫는다면 절대로
뇌물을 받지 않을 것이요, 공공 물품을 납품하는 상인이 만약에 뇌물
을 바치는 행위는 인의도덕을 배신하는 파렴치한 비즈니스라는 것을
깨닫는다면 절대로 뇌물을 주지 않습니다.

'인의도덕과 생산이익의 일치'라는 관계망처럼 정치든, 법률이든,
군사이든, 온갖 일들에 인의도덕을 일치시키지 않으면 안 될 것입니
다. 가령 상인이 한편으로는 인의도덕을 좇으며 올바른 도리로 상업
활동을 하더라도 한쪽 발로는 거래처에 뇌물을 요청하는 편법을 저질
러서는 결코 안 됩니다. 세상일은 차바퀴가 돌아가는 것처럼 양쪽이
함께 보조를 맞추어야만 합니다. 만약에 쌍방 모두가 인의도덕을 지
키지 않으면 반드시 모순이 터져 나오기 마련이지요. 때문에 서로가
노력을 하여 만사가 인의도덕으로 귀일하도록 노력해야만 합니다. 만

약 이러한 기풍이 온전히 확대되면 뇌물을 주고받는 것처럼 꺼림칙한 일들은 시나브로 사라질 게 분명합니다.

進진나라가 육국을 멸망시킨 게 아니라, 육국이 육국을 멸망시켰다🀀

사회의 일이란 날이 갈수록 진보하기 마련입니다. 학문 방면에서도 날이 갈수록 국내외를 막론하고 새로운 것들이 쏟아져 나오고 있습니다. 한마디로 사회가 날로 새로워지는 것이야말로 멈추지 않는 진보임에 틀림이 없을 것입니다. 또한 세간의 일이란 시간이 오래 흐르면 폐단을 낳기 마련입니다. 그 모든 일의 장점도 단점으로 변하고, 이득이 손해로 변하는 것은 피할 수 없는 흐름입니다. 특히 인습이 아주 오래도록 유지되면 활발하고 진취적인 정신은 도리어 완전히 소실되고 맙니다. 『대학大學』 전2장傳二章을 보면, 상商나라 탕왕湯王은 자신의 청동 세숫대야에 이런 구절을 새기고 경계하는 글로 삼았는데요.

"하루가 참으로 새로울려거든, 나날이 새롭게 하고, 또 나날이 새롭게 하라苟日新, 日日新, 又日新."

자구를 특별하게 해석할 곳은 없지만 "하루가 참으로 새로울려거든, 나날이 새롭게 하고, 또 나날이 새롭게 하라"는 말 자체는 매우 재미있고, 분명히 의의가 있습니다. 세상의 일이란 게 일단 형식적이거나 기계적인 틀에 사로잡히면 곧바로 정신도 쇠락해지기 마련입니다. 때문에 모든 일은 늘 '일신우일신日新又日新'해야 하고, 이러한 태도로 살아가는 것이야말로 삶을 소중하게 바라보는 진정성 그 자체일 것입니다.

제가 보기에 오늘날의 정치계야말로 번잡하고 불필요한 허례허식에 빠져 있지 않나 합니다. 공무원들은 단지 일차원적인 표면만을 바라보면서 오로지 형식만을 따집니다. 일의 심층적인 진상을 깊이 있게 따져 보려는 노력을 하지 않지요. 예컨대 자신의 맡은 바 공무를 단지 기계적으로만 처리한 후, 매우 만족해 합니다. 현실에 대한 깊이 있는 천착이 없는 이러한 형식적 풍조는 비단 관계에만 횡행하는 게 아니라 민간 회사와 은행 등등에서도 점점 더 만연해 가고 있습니다.

그런데 이러한 형식주의는 생기발랄한 신흥국에서는 적게 보입니다. 형식주의에 사로잡힌 기계적 일처리는 옛날의 인습이 오랫동안 지속되어 온 아주 오래된 국가에서 흔히 볼 수 있는 풍토라는 것이지요. 가령 도쿠가와 막부가 쓰러진 이유는 바로 이러한 형식주의 탓이 컸습니다. 이른바 "육국(六國, 전국시대의 초楚, 한韓, 위魏, 조趙, 제齊, 연燕의 여섯 나라)을 멸망시킨 것은 진시황의 진나라가 아니라 바로 육국 자신들이었다"[69]는 것이지요. 에도 막부 또한 그들 스스로가 스스로를 무너뜨린 것입니다. 강한 바람이 불어도 거목은 결코 넘어지지 않는 법입니다만….

저는 지금까지도 종교 관념이 없습니다만, 그렇다고 다른 믿음이 없는 것은 결코 아닙니다. 사실 저의 신앙은 유교인데요. 저는 유교를 저의 언행의 규범으로 삼고 있다고 해도 과언이 아닐 것입니다. "하늘에 죄를 지으면 빌 곳도 없다獲罪於天 無所禱也"라는 믿음만으로도 저는 충분합니다만, 보통의 민초들에게는 이것만으로 충분하지 않을 것입니다. 지식의 정도가 비교적 낮은 이들은 역시나 종교가 없으면 안 될 터인데요.

165

그렇지만 오늘날의 상황을 보면 천하의 인심도 의지할 데가 없습니다. 종교 역시도 형식주의에 빠져 보통 사람들을 순수하고도 참되게 보살피고 위로하는 알맹이가 쏙 빠진 채, 마치 다도茶道 유파의 하나인양 민중의 눈을 어지럽히며 민중들이 따라 할 진정한 가르침을 주지 않으니 민중들은 과연 무엇을 따라야 할지 어쩔 줄 몰라 하고 있습니다.

이러한 사회 상황은 반드시 돌파를 해야만 합니다. 우선 미신이 팽배한 작금의 풍토를 고쳐야만 합니다. 수많은 사람들이 미신으로 인해 전답과 집을 잃어버리고 가산을 탕진하며 집안을 망하게 하고 있는 형국입니다. 만약에 종교가들이 미신을 떨쳐 버리겠다는 각오를 단단히 하지 않으면 민중들의 위급한 국면은 되돌릴 수 없는 지경에 이를 것입니다. 그런데도 미신을 추종하는 추세는 날이 갈수록 더해 가고 있습니다. 서양 사람들이 말하기를 "신념이 강하면 도덕은 필요 없다"고 합니다. 우리 민중들도 이런 신념이 정말로 필요한 시기입니다.

제가 생각하기에 상업을 바라보는 관점에도 일종의 미신이 있습니다. 어떤 사람들은 상업의 목적은 자신의 이익을 추구하는 것이라며 다른 사람을 피곤하게 하고 손해를 입히는 일을 아랑곳하지 않아도 된다고 말합니다. 그래서 그들은 이익과 도덕은 서로 일치할 수 없다고도 말합니다. 하지만 이것은 상업에 대한 미신에 불과한 것으로 전혀 바른 말이 아닙니다. 또한 이런 고루한 옛날 생각은 오늘날에 전혀 활용될 수 없습니다.

한편 1868년 메이지 유신 전, 그러니까 에도 시대의 상류 인사들, 바로 사무라이들을 포함해 사대부들이라고 불러야만 하는 그들은 고상한 자신들이 돈을 버는 일에 관여하면 안 된다고 생각했습니다. 단지 인격이 낮은 사람들만이 돈을 버는 일에 종사하는 거라고 여겼던 것이지요. 물론 이러한 풍조는 지금에 와서 이미 바뀌었지만 아직도 어떤 사람들에게는 줄곧 횡행하고 있습니다.

맹자는 모리謀利와 인의도덕은 마땅히 일치한다고 생각했습니다. 하지만 맹자 이후의 유학자들은 이 둘을 완전히 분리하고 말았지요. 그 결과 "인의를 실천하는 사람은 부귀와 인연이 없고 부귀를 노리는 사람에게는 인의가 필요 없다"는 미신이 팽배해 버렸습니다. 그리하여 상인은 '간상奸商'이라 불리어지고 비루하기 그지없는 인간으로 대접받으며 사대부들의 대열에 낄 수가 없는 존재가 되어 버렸습니다. 상인 그 자신들도 자신을 비천하게만 바라보며 오로지 돈을 버는 것만을 인생의 궁극적인 목표로 삼다 보니, 마침내 '돈에 살고 돈에 죽는' 금전 모리배로 전락하고 말았습니다.

때문에 일본의 경제는 몇십 년, 아니 몇백 년 동안 답보 상태에 빠지고 말았던 것이지요. 오늘날에는 이러한 풍토가 비록 날이 갈수록 없어지고는 있지만 여전히 완전히는 소멸된 게 아닙니다. 저는 사람들이 이제는 이익 추구와 인의도덕을 합일시키는 것, 즉『논어』와 주판을 함께 통일시키는 '『논어』·주판 통일'을 인생의 나침반으로 삼기를 진심으로 바랍니다.

🕉 괴력난신怪力亂神을 말하지 않다 🕉

제가 열다섯 살이 되던 해에 저의 누님께서는 뇌질환으로 인해 미쳐 버리고 말았습니다. 그래서 비록 누님은 갓 스무 살인 묘령의 아가

씌였지만 여자라고 부를 수가 없는 몰골이었지요.

누님은 미쳐 버린 탓에 일반적으로 부녀자들이 쉽사리 입에 담지 못하는 폭언을 하거나 거친 행동을 하는 데 전혀 거리낌이 없었습니다. 전혀 구애를 받지 않고 격렬하게 자신이 하고 싶은 바를 여지없이 했던 것입니다. 저의 양친과 저는 단지 누님을 걱정할 뿐 그 어떤 조치도 취할 수가 없었습니다. 그녀가 여자임에도 불구하고 그 어떤 외간남자도 감히 와서 그녀를 돌볼 수가 없었고, 단지 제가 정신이 나간 누님의 뒤에서 조용히 그녀를 돌볼 수밖에 없었습니다. 비록 저는 늘 누님의 욕을 얻어먹었지만 같은 어머니의 배에서 난 혈연으로서 그녀를 기꺼이 돌보고 싶었습니다. 그래서 당시 동네 분들이 저를 칭찬하기도 했습니다만, 누님의 병은 단지 저의 근심거리에만 멈추지 않고 저의 모든 일가친척의 우환거리였습니다.

저의 친척 중에 소스케宗助라고 불리시는 아버지 쪽의 피붙이가 계셨는데, 그분의 어머니께서는 미신을 대단히 좋아해서 항상 저의 집에 이렇게 권했습니다. 다름이 아니라 누님의 병은 누님의 몸에 못된 귀신이 붙어 짓궂은 작란作亂을 부리는 것이기 때문에 병을 낫게 하는 가장 좋은 조치는 무당을 불러 제사를 지내고 굿을 해야 한다는 것이었죠. 하지만 저의 아버지께서는 미신을 믿지 않았기에 그녀의 말을 듣지 않았습니다. 아버지는 나중에 누님을 고즈케上野의 무로코室田라는 곳에 요양을 보냈습니다. 무로코에는 아주 유명한 폭포가 있었는데 환자가 그 폭포수를 맞으면 병이 낫는다곤 한다는 소문을 들었기 때문입니다.

그런데 어느 날 아버지가 집에 안 계시는 틈을 타 소스케 모친의 권유에 따라 도오카 미코遠加美講라는 무당을 집에 불러들여 드디어 귀신을 쫓는 굿을 벌이고 말았지요. 저는 부친처럼 어렸을 적부터 미신을 너무나 싫어했기 때문에 그 당시 무당굿을 극렬하게 반대했습니다. 하지만 저는 그때 열다섯 살에 불과했기 때문에 제가 입을 열라 치면 큰어머니께서 나무라는 탓에 도저히 입을 뗄 수가 없었습니다.

도오카 미코는 두세 명의 슈겐샤(修驗者, 산악 신앙에 불교와 도교 등을 가미한 종교 유파인 슈겐도修驗道를 수행하는 승려)들을 보내어 우선 제단을 쌓으라고 했습니다. 그들은 나카자(中座, 제단 중앙에 앉아 신의 말을 대신 전하는 영매)가 필요했기 때문에 저의 집에 온 지 얼마 되지 않은 동자아치(밥 짓는 일을 하는 여자 하인)를 나카자로 삼았습니다. 그리고는 방 안에 금줄을 치고 고헤이(御幣, 가늘고 길게 자른 흰 종이나 천을 끼운 막대기로 신관神官이 굿을 할 때 씀 옮긴이)를 경건하게 세운 후 눈을 가린 나카자를 제단 중앙의 좌석에 단정하게 앉혔습니다. 연이어 슈겐샤들은 '도오카미遠加美'라는 경문을 일제히 큰 소리로 암송했지요. 나카자 동자아치는 처음에는 졸던가 싶더니 이내 자신도 모르게 고헤이를 손에 잡고 흔들며 화들짝 일어났습니다. 이 광경을 본 슈겐샤들은 몸을 불끈 일으켜 세우고 고개를 아래로 떨구더니 곧바로 나카자의 눈을 가린 눈가리개 천을 풀고 물었습니다.

"어떤 귀신이 강림하셨는가? 어서 신이 전하는 말씀을 하시게나."

그러더니 이윽고 또 "이 집의 병자는 어떤 귀신이 붙어 작란을 하는 것인가? 어서 가르침을 주시게나" 하고 묻더군요. 제단 중앙에 앉아 있던 나카자 동자아치도 곧바로 엄숙하고도 거만스러운 말투로 대답했습니다.

"곤진(金神. 음양도陰陽道에서 섬기는 신으로 외출, 건축, 이사, 신부맞이 등에서 금하는 방향의 신)과 우물신이 저지르는 작란이오. 또 무연불無緣佛

이 저지르는 앙화殃禍요.”

저의 집안사람들은 나카자의 말을 듣고 매우 놀랐는데, 특히 굿판을 주도한 소스케의 모친은 의기양양하게 말했습니다.

“그것 봐라. 신의 말씀이 얼마나 영험한가! 역시나, 나는 우리 집안의 한 노인 어르신이 말하는 것을 들었던 적이 있는데, 어느 해인가? 우리 집안의 한 사람이 이세 신궁伊勢神宮 참배를 갔다가 돌아오는 도중에 병사를 했다고 하더구나. 지금 신께서 가르쳐 주신 바로 그 무연불이 바로 그 사람의 떠도는 혼백이야. 아무렴, 신들의 영험함이 틀릴 리가 없지. 감사합니다. 신이시여!”

그러고는 앉아 있는 나카자에게 “만약에 귀신의 작란을 없애려면 어떻게 하면 좋냐?”라고 묻자, 나카자는 곧바로 “사당을 세우고 귀신에게 제사를 지내는 게 가장 좋다”라고 대답했습니다.

하지만 저는 굿을 애초부터 반대했기 때문에 굿판이 돌아가는 과정을 주의 깊게 관찰하며 무슨 문제가 없는가를 살펴보았지요. 저는 객지에서 떠돈다는 무연불 귀신 이야기를 듣고 곧바로 나카자에게 물었습니다.

“그 무연불 귀신이 세상을 떠날 때가 대략 어느 때냐? 사당이든 비석이든, 만약에 그 시간이 정확하지 않으면 절대로 세울 수가 없다.”

슈겐샤들도 나카자에게 이를 묻자, “대략 5, 60년 전이요”라고 대답했습니다. 그래서 저는 다시 반문했지요. “5, 60년 전이라면 무슨 연호를 쓰던 시대냐?” 나카자가 “덴보(天保, 1830년~1843년) 3년이요”라고 말하자, 저는 덴보 3년이라면 지금으로부터 2, 30년 전인데 어찌 5, 60년 전의 일일 수가 있는가 하고 의아해 하며 다시 반문을 했지요.

“지금 너의 말을 잘 곱씹어 봐라. 자고로 귀신이라면 제 손금을 보듯 모든 것에 훤해야 할 터인데 연호도 모르다니? 만약 이런, 연호도 모르는 귀신이라면 어찌 믿을 수가 있단 말이냐?"

소스케 어머니는 저의 말을 듣더니 곧장 말참견을 하고, 욕을 하며 저를 꾸짖더군요.

"이놈아, 불경스런 말을 하면 귀신의 엄벌이 내릴 거야!"

하지만 연호가 틀렸다는 것은 누구나 또렷하게 알 수 있는 사실이 었습니다. 그래서 나카자의 흥취는 돌연 차갑게 식어 버리고, 그녀는 고개를 돌려 슈겐샤들을 주시하더군요. 슈겐샤들은 일순간 정상이 아 닌 듯 말을 얼버무리며 어물어물 넘기려는 투로 말했습니다.

"이것은 여우가 와서 귀신의 영험함을 농락하는 짓이다."

그래서 저는 다시 물었습니다.

"여우가 농락한 바에야 사당이든 제사든 할 필요가 없지 않은가?"

이리하여 굿판을 중간에 흐지부지 그만두게 되자 무당이 저를 잔뜩 노려보더군요. 그들은 마치 속으로 "이 쪼깐한 놈이 장사를 망쳐 놓는 군" 하는 투였습니다. 하여튼 저는 그들의 속셈을 단숨에 깨뜨린 제 스스로의 뿌듯함에 큰 웃음을 참을 수가 없었지요.

그 후 소스케 모친은 도오카 미코와 같은 무당을 불러 굿을 하는 미 신 짓거리를 다시는 하지 않았고, 마을 사람들도 얼마 지나지 않아 이 일을 모두 알고는 마을 안으로 슈겐샤들이 발을 들여놓지 못하도록 했지요. 마을 사람들이 힘을 합쳐 미신을 깨뜨린 것입니다.

공자도 일찍이 터무니없는 미신을 말하길 무척 꺼려했습니다. 『논 어』를 보면 "공자는 괴상한 일, 무력을 사용하는 일, 덕을 어지럽히는 일, 알 수 없는 귀신에 대한 일, 이 네 가지에 대해서는 말하지 않았 다"子不語怪力亂神[70]고 합니다.

이렇게 공자가 제자들에게 말하지 않은 게 괴怪, 역力, 난亂, 신神 네 가지가 있었습니다. 괴는 유령이라든지 도깨비라든지 도저히 이해할 수 없는 괴이한 물체이고, 역은 객스럽고 방자한 완력, 난은 난신적자亂臣賊子나 세상의 어지러움, 신은 신비하고도 불가사의한 일 등을 가리키는데요. 이 모두가 '상식 밖'의 일일 뿐입니다.

이 네 가지 모두는 사람들이 이야기하기를 좋아하는 것이지만 조금의 이익은커녕 도리어 미풍양속이나 교육을 망가뜨리는 온상이기 때문에 공자는 이것들을 말하지 않았던 것입니다. "성인은 상식常識을 말하되 괴이함怪을 말하지 않고, 덕德을 말하되 완력力을 말하지 않고, 다스림治을 말하되 난亂을 말하지 않고, 사람人을 말하되 귀신鬼神을 말하지 않는다"라는 말과 바꿔 이야기를 할 수도 있을 것입니다.

물론 요괴의 천태만상에 대해서도 깊이 연구를 하면 흥미를 자아내는 내용도 있고, 힘자랑하는 용사들의 이야기도 소설처럼 꾸미면 사기를 고무시키고, 배덕背德의 혁명도 역사적으로 고찰하면 의의가 있고, 귀신에 관한 논쟁도 철학적으로 관찰하면 전혀 무가치한 것만은 아닐 것입니다. 그러나 사람이 이런 상식 밖의 일에만 지나치게 몰입하거나 흥미를 가지면서 괴력난신을 말하면 사상은 건전함을 저절로 잃어버리게 됩니다. 그렇게 되면 사람들은 극단적인 행동을 일삼게 되고, 언행도 중용의 도를 잃어버릴 가능성이 크지요. 바로 이런 점 때문에 공자는 괴력난신을 입에 담기를 꺼려했던 것입니다. 즉 중용의 도를 지키기 위한 정신이었다고 생각합니다.

▨상인의 원점은 논어주의▨

끊임없는 격변의 소용돌이 속에서 마침내 메이지 유신이라는 대개혁이 이루어졌습니다. 그 후 통치자와 피통치자 간의 경계도 무너지고, 상인도 이제는 원래의 협소한 공간에서만 하던 활동을 멈추고 전 세계로 무역의 무대를 넓힐 수가 있게 됐지요. 전에는 단지 일본 국내에서만 상업 활동을 할 수 있었고 주요한 상품의 운수와 물류, 축적 등은 모두 정부의 협조 아래에서만 이루어질 수 있었습니다.

하지만 지금은 그 모든 상업 활동을 '개인'이 주관하고 있습니다. 상인들의 입장에서는 그야말로 신천지가 개벽을 한 것이지요. 그리하여 상인들도 이제는 상당한 교육을 받는 게 절실해졌습니다. 상인이든 수공업자든 일정한 지식만 갖추면, 가령 지리나 품종, 물품, 혹은 상업의 역사에 대한 지식을 갖추면 이것 자체가 자신의 상업을 번창시키는 데 필요한 실용 지식으로 활용될 수 있는 것입니다.

요컨대 상업을 번창시키기 위해 전 세계 지식의 정화를 모두 선별적으로 얻을 수 있는 세상이 도래한 것입니다. 그런데 그러한 지식 수용의 추세가 단지 실업 교육에만 머물렀지, 도덕 교육은 없었다고 해도 과언이 아닙니다. 심지어 우리들은 도덕 교육을 한쪽 구석에 내팽개쳐 버린 채 전혀 신경을 쓰지 않고 있는 지경입니다. 더구나 이것을 문제로 여기면 이상하게 바라보기까지 합니다. 그리하여 자신만의 부귀를 쌓기를 바라는 사람이 날이 갈수록 늘어갈 뿐입니다. 어떤 사람은 요행히 부를 폭발적으로 축적해 벼락부자가 되기도 합니다. 그것이 자극이 되기도 하고 유혹이 되기도 하여 그 누구든지 부자가 되고 싶어 안달입니다.

또한 부자는 더 많은 부를 얻으려고만 하고, 빈자는 재물을 조금이라도 얻는 것을 일생의 절체절명으로 여기고 있는 탓에 인의도덕은 이제 구시대의 유물로만 전락해 버렸습니다. 혹자는 인의도덕에 관해서는 전혀 몰라도 되고, 단지 실용적 지식을 이용해 자신의 재부를 늘리기만 하면 만사형통이라고까지 곧잘 말합니다. 이러한 사회는 부패와 혼탁, 심지어 타락한 혼란의 도가니로 빠진다손 치더라도 전혀 이상할 게 없을 것입니다! 하지만 이런 천박한 물질만능주의 추세만 횡행하는 사회에서는 어진 지사志士가 높은 소리로 왜곡된 풍토를 바로잡자는 구호를 외치지 않으면 안 됩니다.

그렇다면 어떻게 물질만능주의라는 왜곡된 풍토를 청산할 수 있을까요? 앞에서 이미 말한 바대로 모든 사람들이 정당한 방법으로 이익을 도모하지 않고 단지 사리사욕에 눈이 멀어 아귀다툼만 벌인다면 그 결과는 도덕적 타락이란 것이 불을 보듯 뻔한 결론입니다. 그런데 개인의 영리 활동을 지나치게 증오하거나 경원시하는 작태도 치부의 근본을 막는 우매한 짓입니다. 물질은 아랑곳하지 않고 오직 윤리만 지나치게 따지는 풍토도 부당하기에 저는 그것을 받아들일 수 없습니다. 왜냐하면 지나친 외설을 혐오하기 때문에 남녀 간의 자연스런 애정까지도 단절시키자는 주장과 엇비슷하기 때문입니다. 이런 행태는 인간의 성정性情에 맞지도 않을 뿐만 아니라 실행되기도 어렵습니다. 결국 천리와 인정을 모두 배반하는 꼴에 처하고 사람의 활달한 생기라고는 전혀 찾아볼 수 없는 메마른 사막과 같은 세상으로 귀결되고 말지요.

실업계가 처한 부패와 타락도 마찬가지입니다. 경제 부패를 막기 위해 그 모든 상인을 숙청하면서 오로지 그 모든 문제를 상인들만의 탓으로 돌리며 그들을 공격한다면 도리어 국가의 기반인 경제적 부를 잃을 뿐만 아니라 국가 그 자체의 생기도 죽은 시체처럼 파리해질 뿐입니다. 그래서 실업계의 부패 청산은 반드시 뿌리를 뽑기는 하되, 깊은 사려 속에서 이루어져야만 하는 골치 아픈 문제입니다.

만약에 다시 옛날의 에도 시대로 돌아가 단지 정치나 사대부들만이 도의를 중요시하거나, 상인의 수를 제한하거나, 상업 활동을 일정한 장소에서만 하게 한다면 이것 역시도 폐단의 청산은커녕 도리어 국가의 진보만 가로막을 뿐입니다. 따라서 죄악이 없는 재부를 쌓기 위해서는 반드시 지켜야만 하는 '상인의 원점'과 같은 '논어주의'가 필요합니다. 그것은 바로 제가 늘 주장해온 인의도덕입니다.

에도 시대의 유학자들이나 송나라의 유학자들이 생각했던 것처럼 인의도덕과 영리추구는 절대로 모순 관계가 아닙니다. '인의도덕과 이익은 더불어 함께 추구할 수 있다'는 대원칙을 여러분들이 이해한다면, 그것이 어떻게 가능한가에 대한 구체적인 방법을 우리 모두가 다 함께 머리를 맞대고 숙고해 보아야 할 것입니다. 정당한 방법으로 부를 쌓을 수 있다는 것! 이 대원칙 아래 상업 활동을 하면 절대로 부패와 타락의 도가니에 빠지지 않고 개인과 국가 그 모두가 잘살 수 있을 것이라고 저는 확신합니다.

정당한 방법으로 부를 쌓는 일을 일상적으로 어떻게 할 수 있는지를 여기서 자세하게 말하는 것은 불가능하겠지만, 가장 중요하고도 가장 근본적인 것은 바로 우리 모두가 상도를 지키면서 영리 활동을 할 수 있다는 자신감을 가져야 한다는 점, 그리고 그 둘은 결코 모순 관계가 아니라는 확신을 가져야 한다는 것입니다. 공익을 치부의 취지로 삼으면 남을 핍박하거나 학대하거나 손해를 입히거나 속이지 않으면서도 자신의 이익을 추구할 수 있다는 말이기도 합니다. 도리를 저버리지 않으면서 쌓은 부는 신성합니다. 모든 영리가 도리대로 쌓아진다면 결국 이 사회의 부패와 타락도 자연스레 없어지고 말고요.

6

자신의 품격을 닦아라

인격과 수양

사람들이 모두 다 개인의 영달과 부귀만 바라면서 나라와 사회의 복리는 안중에도 안 둔다면 그것이야말로 사람을 한량없이 슬프게 하는 일일 것입니다. 더군다나 정당하지 않고, 도리에 어긋나게 사리사욕을 추구하는 것은 청맹과니에 빠지게 합니다. 사회의 인심이 모두 부귀로만 몰리는 안중에도 안 둔다면 그 원인은 다름이 아니라 우리들에게 인격 수양이 부족하기 때문이라고 생각합니다. 만약 국가가 인권 문제는 고려해서 존중해야만 하는 도덕을 세워 주었다면 사람들은 그것을 심양처럼 싫고 인격 수양이 자연스럽게 됐을 것입니다. 그러면 사회에서도 오직 부귀만을 추구하는 왜곡된 풍토가 점차로 사라질 것이고요. 그래서는 청년들에게 인격의 필요성을 간절하게 호소하는 것입니다. 청년들은 정말로 군건하고 튼튼한 몸에서 나오는 활력이 넘쳐 나고 앞으로 나아가려는 기백도 강하기에 당연히 이른바 무력에도 굴하지 않는 인격을 갖추어야만 합니다. 이러한 인격으로 생은 부귀만이 사회를 부유하게 하고 나라를 강하게 할 수 있습니다. 그러나 신뢰가 동요하는 사회에서 가장 유혹을 받기 쉬운 존재는 바로 청년들이란 점도 기억해 주십시오. 때문에 청년들은 자아를 잃어버리지 않도록 각별히 신경 써야 할 것입니다. 이 밖에도 인격 수양을 할 수 있는 방법은 많습니다. 불교 신앙도 있고 기독교 신앙도 있지요. 저는 청년 시절부터 유교와 공맹의 가르침을 긴급하게 말해 온 사람으로 검심기에 충신효제 忠信孝悌를 존중하고 깊이 믿어 왔고, 그것이야말로 권위 있는 인격 수양법이라고 생각합니다. 부모에게 효도하고 형을 공경하는 것이 바로 인의 근본이다. 孝悌也者, 其爲仁之本與, 긴근하게 말해 온 것은 자녀로서 공자의 말씀대로 인仁을 근본으로 합니다. 이것이야말로 인격 수양의 으뜸한 기초이기도 하며, 세상을 올바르고 굳성하게 살아가는 데 없어서는 안 될 조건이기도 하지요. 효제의 도는 공자의 인생 지침

군자는 도의에 밝고, 소인은 이익에 밝다

우리들은 모두 다 인간은 만물의 영장이라고 생각합니다. 그렇다면 사람들끼리는 똑같이 만물의 영장이기 때문에 그 무슨 차이도 없어야 하는 게 당연하지 않은가요? 그런데 세간의 사람들을 세세하게 관찰해 보면 너무나도 서로 다른 구석이 있습니다. 현재 제가 내왕을 하고 있는 친척과 친우 중에는 위로는 왕족과 귀족도 있고, 아래로는 필부필부匹夫匹婦에 이르기까지 그 차이가 몹시도 큽니다. 한 고을, 한 마을을 둘러보아도 차이가 있고 한 현縣, 한 주州를 살펴보면 그 차이는 더더욱 커집니다. 더구나 한 국가를 보노라면 현격한 차이가 너무나도 커 차이를 일일이 잴 수도 없는 형편입니다. 이처럼 지혜와 우매함, 존귀함과 비천함의 차별이 이미 존재한다면 그 가치를 명확하게 재는 것은 무척이나 어려울 것입니다. 하물며 명확한 기준이야 그 무슨 근거로 있을 성 싶겠습니까? 하지만 만약에 우리가 '인간은 만물의 영장'이라고 인정한다면 그 사이에는 자연히 우열의 차이가 있을 것입니다. '사람은 관을 덮어 보아야 알 수가 있다'는 옛말을 보더라도 사람을 가르는 명확한 기준이 있다고 할 수가 있겠지요.

일견 '모든 사람은 같다'라는 말은 일리가 있습니다. 또한 '모든 사람은 같지 않다'라는 말도 근거가 있습니다. 따라서 사람의 진가를 정하고자 할 때, 이 두 가지 논리를 모두 다 연구해야만 적당한 판단을 내릴 수 있지 않을까요. 하지만 이것은 뜻밖에도 매우 곤란한 일이기도 합니다. 그래서 그러한 판단을 내리기 전에 마땅히 '무엇이 사람인가?'라는 문제에 대한 해답이 필요합니다. 사람과 금수는 도대체 무엇이 다른가요? 이 문제는 과거에 매우 단순한 해답을 내놓았지만, 시대가 점점 진보해 감에 따라 이 문제 역시 매우 복잡한 설명이 필요하게 됐습니다.

전해지는 말에 의하면 옛날에 유럽의 어느 국왕이 인류의 천연적 언어를 연구하기 위해 두 명의 딸아이를 밀실에 가두고 사람들의 말도 전혀 듣지 못하게 했을 뿐만 아니라 그 어떤 교육도 시키지 않았다고 합니다. 그녀들이 성인으로 성장한 연후에야 밀실에서 나오게 했는데요. 그 결과 그녀들은 인간들이 도저히 알아먹을 수 없는 금수들이 내는 소리를 지르고, 사람들의 언어와는 생판 다른 소리만 내뱉었다고 합니다. 저는 그 이야기가 진짜인지 가짜인지를 판가름할 수는 없지만, 인간과 금수 사이에는 아주 작은 차이만 있다는 말은 틀린 것이란 걸 위에서 한 이야기를 통해 알 수가 있습니다. 설령 사지육신과 오관(五官, 귀·눈·입·코·혀)을 지니고 있더라도, 즉 완전한 인간의 외양을 띠고 있더라도 단지 이것만으로 진짜 사람임을 판단할 수는 없다는 말입니다.

따라서 인간과 금수의 차이는 사람만이 능히 도덕심, 지혜, 사회 공헌력을 지니고 있다는 점에 달려 있습니다. 바로 이러한 능력을 지니고 있지 않으면 도저히 사람이라고 할 수가 없는 것이지요. 한마디로 정리하자면 인간은 도덕심, 지혜, 사회 공헌력을 지니고 있기에 만물의 영장이라고 감히 부를 수 있다는 말입니다. 때문에 한 사람의 진정한 가치를 평가할 때 능히 사용할 수 있는 기준은 바로 이러한 기조 아래 토론이 되어야 마땅합니다.

공자는 사람의 가치를 그 사람이 군자인가, 소인인가로 판가름한 것 같습니다.

"군자는 도의에 밝고, 소인은 이익에 밝다." 君子喩於義, 小人喩於利.[71]

사실 군자와 소인은 그 마음의 모양새가 완전히 다릅니다. 군자는 일을 할 때 그것이 정말로 올바른가, 도리에 부합하는 가를 먼저 궁리하며, 정당함과 도리를 행위의 판단 기준으로 삼습니다. 즉 도의에 따라 행동합니다. 이에 반해 소인은 항상 사리사욕을 생각하며, 자신의 이득을 표준으로 삼고 만사를 다룹니다. 즉 이익이 생기면 그것이 설령 도리에 어긋나더라도 개의치 않지요. 이렇게 같은 것을 보더라도, 같은 것을 듣더라도, 군자는 이것을 도의에 꿰맞추어 보지만 소인은 도리어 돈 버는 일에만 일단 깜냥을 부려 봅니다. 그래서 군자와 소인의 사상은 하늘과 땅처럼, 구름과 진흙처럼 엄청난 차이가 벌어지는 것입니다.

그럼 고금의 역사를 통해 누가 참된 인간, 즉 군자로서의 가치가 있는 삶을 살았을까요? 옛날 중국의 주나라를 보자면 문왕文王과 무왕武王은 군사를 일으켜 포악무도한 은나라 주왕紂王을 주멸하고 중원을 통일했습니다. 그리고 그들은 성심성의껏 덕정을 베풀었지요. 때문에 후세인들은 그들을 덕이 높고 도를 중히 여긴 성왕聖王으로 간주합니다. 이것으로 보건대 주나라 문왕과 무왕은 분명히 공명과 부귀를 얻은 사람이라고 말할 수 있습니다.

그런데 공자는 문왕, 무왕, 주공 단과 더불어 나란히 부자(夫子, 옛날에 덕망과 학식이 높은 사람을 존칭하는 말)라고 존숭을 받아 왔습니다. 또한 성인으로 추앙받는 공부자(孔夫子, 공자 선생님)의 사배(四配, 공자 문묘에서 공자의 좌우에 모신 네 현인)인 안자顔子, 자사子思, 증자曾子, 맹자孟子도 성인의 전통을 잇는 이들로 추존을 받고 있습니다. 덕망으로 논해도 그들은 문왕, 무왕에 못지않고, 명성으로 치면 그들보다 오히려 더 높습니다. 하지만 그들은 평생 동안 천하를 돌아다니며 왕도王道를 유세했지만, 춘추전국시대에 아주 작은 나라에서조차도 등용되지 못했지요.

공자는 "부귀는 모든 사람이 바라는 것이지만 정당한 방법으로 얻은 것이 아니라면 부귀를 누리지 않아야 한다"富與貴, 是仁之所欲也. 不以其道得之, 不處也.[72]고 했는데, 실제로 자신이 생각하는 도리에 맞지 않는 정치를 하는 제후들을 위해 일하면서 부귀를 누릴 생각이 없었습니다. 따라서 부귀를 표준으로 삼아 인생의 가치를 판단하자면 공자는 확실히 열등한 삶을 살았습니다.

그럼 공자 그 자신도 자신을 인생의 열등생으로 생각했을까요? 만약에 문왕, 무왕, 주공 단, 공자 등이 모두 다 '물질적 만족'만을 자신의 본분으로 삼고 한 평생을 열심히 살다가 떠나갔다면, 부귀를 인간의 진짜 가치를 재는 기준으로 삼을 수 있을지 모릅니다. 그럼 진짜로 부귀와는 먼 삶을 살았던 공자를 열등생이라고 판단하는 것도 적절한 평가일 것입니다. 이렇듯 사람을 평가하는 것은 매우 곤란한 문제입니다. 그러므로 한 사람의 행위가 세상 사람들의 인심에 어떤 효과를 냈는가를 꼼꼼하고도 세심하게 관찰하지 않으면 우리들은 한 사람의 가치를 제대로 평가할 수 없습니다.

일본의 역사 인물을 놓고 보자면, 똑같은 모양새로 이런 현상이 벌어집니다. 만약에 후지와라 도키히라(藤原時平, 871년~909년, 헤이안 시대의 귀족)와 스가와라 미치자네(菅原道眞, 845년~903년, '학문의 신'으로 불리는 헤이안 시대의 대학자. 22세에 벼슬아치가 되어 요직을 두루 거쳤으나, 우대신이던 시절에 좌대신인 후지와라 도키히라의 모함을 받고 교토에서 추방당하고 2년 후 병사했다. 6년 후 후지와라 도키히라도 38세에 급사했는데 당시 사람들은 스가와라 미치자네 원혼의 앙갚음이라고 수군댔다. 옮긴이), 구스노키 마사시게(楠木正成, 1294년~1336년, 가무쿠라鎌倉 막부 말기부터 남북조 시대에 걸친 무장. 가마쿠라 막부를 무너뜨리고자 한 고다이고 천황後醍醐天皇이 유배된 이후에도 그를 위해 싸우며 가마쿠라 막부를 무너뜨렸다. 나중에 아시카가 다카우지가 무가 정권을 부활시키기 위해 반란을 일으키자 그와 결전을 벌이다 죽었다. 메이지 천황은 구스노키 마사시게의 충의를 칭송하기 위해 1869년에 미나토가와湊川 신사를 창건했다. 옮긴이)와 아시카가 다카우지(足利尊氏, 1305년~1358년, 남북조 시대에 북조의 고묘 천황光明天皇을 위해 남조의 고다이고 천황 세력을 무찌른 무로마치室町 막부의 초대 쇼군 옮긴이)를 평가한다면 과연 누가 더 가치가 높고, 누가 더 가치 있는 삶을 살았나요?

후지와라 도키히라와 아시카가 다카우지는 두 명 모두 다 재부財富 방면에서는 성공한 사람들입니다. 하지만 오늘날의 입장에서 보면 후지와라 도키히라의 이름은 단지 스가와라 미치자네의 충성을 표현하는 도구로 쓰일 때만이 평가의 대상이 됩니다. 반대로 스가와라 미치자네의 이름은 어린아이들이나 행상인과 심부름꾼들조차도 마음속에 깊이 새기고 있습니다. 그렇다면 도대체 누가 더 인간의 가치를 지니고 있는 것인가요? 아시카가 다카우지나 구스노키 마사시게 두 사람을 보아도 똑같은 현상이 벌어집니다.

말인즉슨, 세인들은 비록 사람의 장단점을 평가하기 좋아하지만 그 진면목을 충분히 이해하기란 무척이나 어렵다는 것입니다. 앞에서 말한 예들로 이것을 알 수가 있습니다. 그러므로 한 사람의 진정한 가치를 제멋대로 판단하는 것은 금물이겠지요. 만약에 진짜로 한 사람의 가치를 평가하고자 한다면, 반드시 공명과 부귀의 성패를 두 번째로 치고, 우선은 그 사람이 사회를 위해 실천한 공헌이 있나 없나를 반드시 먼저 관찰해 보는 것과 더불어 그 사람의 정신은 후대에 어떤 영향을 미쳤나를 고찰해 보아야 합니다. 이래야만 그 사람에 대한 정확한 평가를 내릴 수 있습니다.

▓ 오해받기 쉬운 호연지기 ▓

'원기元氣'란 도대체 무엇일까요? 구체적으로 말하려 하면 설명하기 무척 곤란한 문제입니다. 한자로 말하자면 맹자가 언급한 '호연지기浩然之氣'일 것이라고 생각합니다. 신문에서는 곧잘 '청년의 기백氣魄'이라며 호들갑을 떠는데, 그럼 청년들만 원기를 갖고 노인네들은 원기가 없어도 괜찮다는 말인가요? 그렇지는 않을 것입니다. 모름지기 원기는 남녀노소 그 모두에게 필요한 삶의 기운입니다. 오오쿠마(大隈侯爵, 1838년~1922년, 메이지 시대와 다이쇼 시대의 정치가 옮긴이)는 저보다는 두 살이나 나이가 많지만 그의 정신만큼은 또렷하고 원기도 왕성합니다.

호연지기에 대해 맹자는 이렇게 말했습니다.

"그 기의 성질은 매우 크고도 지극히 강하여, 곧게 기르고 해치지 않으면, 천지 사이에 가득 찬다其爲氣也, 至大至剛, 以直養而無害, 則塞于天地之間."[73]

'매우 크고도 지극히 강하여, 곧게 기르고至大至剛, 以直養'라는 말이 매우 흥미롭습니다. 세간에서 흔히 말하는 '기운이 없다'라든지, '기운 내라'라는 말과 엇비슷한데요. 하지만 서로 다른 상황에서 꼭 같지만은 않은 용법으로 쓰입니다. 가령 어떤 사람이 고주망태로 만취한 상태에서 큰 소리를 지르면, 곧바로 '그 사람, 기운이 좋네'라고 말합니다. 하지만 꿔다 논 벙어리처럼 아무런 말이 없으면, 곧바로 '그 사람, 기운이 참 없어 보이네'라고 말하지요. 그렇지만 술에 취해 고래고래 소리를 지르다 경찰에 연행이라도 될 성치면 그 어처구니없는 기운을 결코 칭찬만 할 수는 없는 노릇입니다.

만약에 어떤 사람이 다른 사람과 싸움질을 하면서 자신의 잘못을 명명백백하게 알고 있으면서도 도리어 자신의 고집을 꺾지 않는데도 '그 사람, 참 기운 좋네'라고 하면 이 소리야말로 너무나도 허튼 소리입니다. 원기의 참뜻을 오해한 탓입니다.

사실 원기는 품격이 고상한 단어입니다. 그래서 맹자는 호연지기라고 했고요. 예컨대 후쿠자와 유키치(福澤諭吉, 1835년~1901년, 게이오 대학을 세우는 등 교육과 언론 방면에서 계몽 운동가로 큰 업적을 남긴 일본 1만 엔권 지폐의 주인공 옮긴이) 선생은 항상 독립자존을 주장했는데, 이때의 '자존'이야말로 '진정한 원기'일 것입니다. 만약에 어떤 사람이 자조력自助力, 자수력自守力, 자치력自治力, 자력갱생력自力更生力이 강하다면 곧바로 자존 능력이 좋은 것입니다.

하지만 진정한 자활 혹은 자력갱생에는 상당한 노력이 필요합니다. 자존이라는 단어는 얼핏 보면 교만이라든지 불합리로 오해받기가 쉽기 때문입니다. 정말로 그것이 교만이자 불합리의 자존이라면 악덕임에 분명합니다. 가령 도로를 지나가는데, 자신은 자존의 힘이 강하기에 절대로 양보할 수 없다고만 하면 자동차 사고가 날 게 뻔합니다. 이때의 자존은 결코 참된 원기가 아니지요.

이른바 맹자가 말한 '지대지강, 이직양至大至剛, 以直養'이라는 호연지기는 지극히 크고 몹시도 강하기에 '곧게' 길러야만 마땅합니다. 호연지기는 '곧게 길러야'만 한다는 것이지요. 호연지기를 지극정성으로 곧게 기르면, 그 원기는 평생 동안 영원히 남는 기운찬 원기일 것입니다. 만약에 한때 술에 취해 고래고래 내지르는 원기라면 다음날 곧바로 사라지고 말 객기이기에 이러한 기운을 기를 필요는 없지요. 단지 정직하고도 곧게 원기를 길러야만 '천지 사이에 가득 차는塞于天地之間' 호연지기가 될 수 있을 것입니다. 그래야만 이것을 진정한 원기라고 부를 수 있고요.

호연지기를 굳이 『논어』에서 찾자면 '홍의弘毅'가 아닐까 합니다.

"선비라면 반드시 넓고 꿋꿋해야 하니 맡은 바 일이 무겁고 갈 길이 멀도다. 인으로 자기의 임무를 삼으니 책임이 무겁지 않겠는가? 죽은 후에야 그만두니 갈 길이 멀지 않겠는가?"士不可以不弘毅, 任重而道遠. 仁以爲 己任, 不亦重乎? 死而後已, 不亦遠乎?[74]

적어도 '사람들의 위에 서는 남자(선비)'는 '크고 강인해야弘毅' 합니다. 홍弘은 크다는 뜻인데, 사람됨의 국량 즉 '그릇이 크고도 넓다'는 것입니다. 작은 일에 아득바득하지 않고 시시하고 보잘것없는 일에 악이 오른다든지 하지 않는 사람 그릇입니다. 의毅는 '강하게 단행한다'는 의미로, 강하게 참고 강하게 인내하며 참고 또 참아 마지막에 결심을 실천한다는 뜻이지요. 가령 학문이 높다손 쳐도, 또는 지식이 많다손 쳐도, 이 흥의의 자질이 없으면 선비의 일을 치러 내고 감내하기란 애초에 불가능합니다.

선비는 일을 인간 최상의 덕인 인仁의 마음으로 처리합니다. 한 나라로 치면 정치를 바르게 하는 것이요, 한 가정으로 치면 가화만사성家和萬事成을 이루어 내는 것이요, 또 하나의 회사와 같은 집단으로 치면 사운과 경영 이념을 크고도 바르게 발전시키는 일입니다. 이러한 임무는 실로 무겁기 그지없습니다. 견고한 의지와 마지막까지 꼭 이루고 말겠다는 기백이 없고서는 그러한 일을 도저히 참아 내며 이루어 낼 수가 없습니다.

게다가 그렇게 책임도 무거운데 그런 일을 행할 시간도 부족할 때가 있습니다. 일국의 정치에서도 자그마한 시간이라도 태만하게 굴면 곧바로 나라가 혼란에 빠집니다. 한 집안의 일도 마찬가지고요. 털끝만큼의 방심도 용서하지 않지요. 방심은 가장 큰 적입니다. 선비의 임무를 완벽하게 완수하기 위해서는 젖 먹던 힘까지 쏟아 내는 분투를 하지 않으면 안 됩니다. 어찌 보면 죽고 나서야 일이 끝났다고 할 수도 있습니다. 때문에 선비가 걸어가야만 하는 길은 무겁고도 까마득히 멉니다. 아마도 이 길보다 더 먼 길은 없을 것입니다.

오늘날의 학생 여러분들도 만약에 호연지기 같은 원기를 기르면 절대로 나약함, 방종함, 우유부단함이 생겨나지 않을 것입니다. 홍의의 뜻을 이루어 내는 원기야말로 호연지기기 때문입니다. 하지만 만약에 세상이 조롱하는 것처럼 조금이라도 부주의를 하게 되면 호연지기를 기르는 데 큰 잘못을 저지르고야 말 것입니다. 나이가 든 사람들도 원기를 곧게 기르는 데 주의를 기울여야 하지만, 특히나 임무가 무거운 청년은 원기를 아무쪼록 곧고, 정직하고, 성실하게 기르도록 땀을 흘리지 않으면 안 됩니다. 정이천(程伊川, 정이程頤, 1033년~1107년, 북송北宋의 유학자. 형 정호程顥와 함께 주돈이에게 배웠고 형과 아울러 '이정자二程子'라 불리며, 정주학程朱學을 창시했다. 옮긴이)은 이런 말을 한 적이 있습니다.

　"철학자는 생각을 성의껏 하고, 지사는 행동을 엄격하게 한다哲人見機誠之思, 志士勵行致之爲."

이 말을 제가 늘 각골명심하고 있는 말인데 지금도 여전히 탄복을 금치 못하는 명언입니다. 실제로 메이지 시대의 선배들은 '철학자처럼 생각을 성의껏 성실하게 했다哲人見機誠之思'고 생각합니다. 또 다이쇼(大正, 1912년~1926년) 시대의 청년들은 '지사처럼 행동을 엄격하게 했습니다志士勵行致之爲.' 저는 그들이 호연지기를 충분히 발휘했다고 생각하는데요. 지금의 청년 제군 여러분들도 원기왕성하게 호연지기를 품고 살면서 이 시대를 더욱 발전시켜 주기를 바랍니다.

수양은 이론이 아니다

수양은 도대체 어느 정도까지 해야 마땅한가요? 제 생각으론 수양은 제한이 없습니다. 하지만 가장 주의해야 할 점은 반드시 공리공담에 빠져서는 안 된다는 것입니다. 수양은 어디까지나 이론이 아닙니다. 반드시 '실천'이 뒤따라야 하기 때문에, 수양은 시종일관 이론과 실제의 조화가 필요합니다.

실제와 이론의 배합은 어떻게 가능한가에 대한 설명이 반드시 필요한 터인데요. 간단하게 말하자면 이론과 실제가, 학문과 사업이 동시에 발전하지 않으면 국가는 진정으로 융성할 수가 없습니다. 그 어떤 쪽이든 오직 하나만 발달하고 다른 한쪽이 그것을 따라가지 못하는 국가는 결코 세계적인 나라의 반열에 오를 수가 없지요. 바꾸어 말하면 이론과 실제가 긴밀하게 결합하는 국가는 문명부국이 될 수가 있고, 마찬가지로 한 개인도 참된 인격을 지닐 수가 있습니다.

그러한 실례는 아주 많습니다. 한학을 예로 들자면 공맹의 유교야말로 중국에서 가장 존중을 받으며 경학經學이라든지, 혹은 실학實學으로 불리어 오며 수많은 시인들과 문학가들이 뛰어난 재주를 부리며 그 지평을 넓혀 왔습니다. 그중에서 유학을 가장 철저하게 연구하여 발흥시킨 인물은 바로 송나라 말기의 주자입니다. 주자는 몹시도 박학다식하면서도 학문을 열정적으로 연구했습니다.

하지만 주자가 살았던 송나라 시대의 중국은 정치가 부패하고 군사력은 쇠약하여 근본적으로 실학이 현실에서 움트지 못했습니다. 단지 경학만이 매우 발달하여 학문이 탁상공론으로만 멈추고, 그 결과 이론과 실제가 완전히 동떨어진 채 굴러가자 정치가 극히 혼란스러워졌습니다. 요컨대 중국의 경학은 비록 송나라 주자의 힘으로 크게 진흥됐지만 조정은 그것을 실제의 사물에 실용적으로 응용하지 못했던 것입니다.

그런데 일본은 도리어 중국의 유학을 현실 세계에 응용하여 발흥시켰습니다. 죽은 학문이 되어 버린 송나라 주자학의 공리공론을 실학으로 부활시켰던 것이지요. 주자학을 십분 활용한 인물로는 도쿠가와 이에야스가 대표적입니다.

겐키(元龜, 1570년~1573년), 덴쇼(天正, 1573년~1593년) 연간의 일본은 천하의 패권을 차지하기 위한 다이묘들의 치열한 싸움이 막바지에 접어들던 시대였습니다. 당시의 처참한 전쟁 통에 모든 다이묘들은 무력에만 의지해 천하를 다스리려 했지만, 도쿠가와 이에야스는 오직 무력에만 의지해서는 치국평천하를 이룰 수 없다고 생각했습니다. "말등에 올라타 천하를 얻었다고, 어찌 말등에 올라타 천하를 다스릴 수 있겠는가(居馬上得之, 寧可以馬上治乎. 육고가 문화 정치를 펴지 않은 한고조 유방에게 한 말로 사마천의 『사기』 「역생·육고열전」에 나옴 옮긴이)"라는 이치를 알고 있던 것입니다. 그래서 그는 문사文事에도 깊은 관심을 기울이며 유학자인 후지와라 세이카(藤原惺窩, 1561년~1619년, 정유재란 때 일본으로 끌려온 조선의 유학자 강항의 영향으로 유학을 공부해 일본 성리학의 독자적인 체계를 완성 옮긴이), 하야시 라잔(林羅山, 후지와라 세이카의 제자 옮긴이) 등을 연이어 초빙하여 학문을 실제의 사물에 응용하려고 매우 노력했습니다.

도쿠가와 이에야스가 살벌했던 당시의 인심을 위무하고 300년간에 걸친 도쿠가와 막부의 태평성대를 열 수 있었던 까닭은 그가 유학이라는 이론을 일본이라는 현실에 철저하게 접목시켰기 때문입니다. 그런데 겐로쿠(元祿, 1688년~1703년), 교호(享保, 1716년~1735년) 연간의 일본 사회에 유학의 여러 가지 학파가 점점 더 갈래지어 나오면서 유학은 학파 간의 싸움질에 이용되는 수단으로 전락하고, 실제와 이론은 점점 더 멀어져만 갔습니다. 유명한 학자들은 많았지만 이론과 실제의 배합에 주목하는 학자들은 적었던 것이지요. 단지 구마자와 반잔雄澤蕃山, 노나카 겐잔野中兼山, 아라이 하쿠세키新井白石, 가이바라 에키겐貝原益軒 등만이 도쿠가와 막부가 쇠락하는 국면을 벗어나고자 이론과 실천의 결합을 제창했습니다. 하지만 이미 탁상공론의 학문만 횡행하던 도쿠가와 막부는 퇴락해져만 갔지요.

이상의 예들로 청년 제군 여러분들은 예나 지금이나 이론과 실제의 결합을 어떻게 하느냐에 따라 사물의 성쇠가 판가름 난다는 것을 알수가 있을 것입니다. 세계의 2, 3등 국가들만 보아도 실제와 이론의 괴리로 인한 병폐가 얼마나 심한지 알 수 있지 않습니까? 물론 세계의 1등 국가 중에서도 이론과 실제가 병행되어야만 국가가 발전한다는 사실을 종종 무시하는 일이 발생합니다.

  그런데 현재의 일본은 어떤가요? 결코 양자의 결합이 완전하다고만은 쉽사리 단정할 수 없습니다. 비단 이럴 뿐만 아니라 양자의 거리가 점점 더 멀어져만 가는 것 같아 나라의 큰 우환거리이지 않을 수 없습니다. 때문에 저는 수신제가치국평천하에 대한 뜻을 세울 여러분들이 제대로 된 수양을 하기 위해서 과거를 거울로 삼아 주기를 바랍니다. 결코 이론적 기교에만 매달리지 말고, 이론과 실제를 결합하는 중용의 도를 잃지도 말며 항상 건전한 뜻을 세워 끊임없이 전진하기 바랍니다. 다시 말해 오늘날에도 수양이란 정신적으로 진력을 다하는 동시에 실제에 대한 지식을 부단히 넓히는 것입니다. 더불어 자기 자신만을 위해 사는 게 아니라 한 마을, 한 고을, 더 나아가 사회와 국가의 융성을 위해 조그마한 힘이라도 보태려고 노력하는 게 진정한 수양임을 잊지 말기를 진심으로 바랍니다.

▨ 도쿠가와 이에야스의 수양과 『논어』 ▨

  도쇼코(東照公, 도쿠가와 이에야스의 시호 옮긴이)는 놀랍게도 신도神道, 불교, 유교 등에 모두 마음과 힘을 크게 기울였습니다. 그가 신神·불佛·유儒에 대하여 다양한 조사를 벌이도록 하고, 이를 보급하여 나라의 흥성을 꾀한 것은 사실 매우 쉽지 않은 일이었죠. 물론 이 일에 대한 역사학자들의 평론이 적지 않지만, 저는 특히 문교文敎 정치를 행한데 대해 경탄해 마지않습니다. 불교계에 보순梵舜이라고 하는 승려가있었는데, 그렇게 출중한 학자는 아니었나 봅니다. 도쇼코도 그를 기특하게 여기지 않았습니다.

그리하여 난코보(南光坊, 에이메 현愛媛縣 이마바리 시今治市에 있는 사원 옮긴이)의 덴카이天海에게 불교를 조사, 연구하도록 했지요. 유교 방면에서는 제일 먼저 후지와라 세이카를 초빙하고 연이어 그의 제자인 하야시 도순林道春을 관방 유학자로 삼으니, 그들은 결국 탁월한 학파를 형성했습니다. 도쇼코는 후지와라 세이카의 유교 학파를 매우 존중하며몹시도 중히 여겼습니다. 특히 도쇼코 자신이 항상 『논어』와 『중용』을읽었다고 하는 게 역사서에도 기재되어 있습니다.

여러분도 기억하고 있겠지만, 한자와 히라가나로 쓰여진 도쿠가와이에야스의 문장 「신군유훈神君遺訓」이 있습니다.

"인생이란 무거운 짐을 지고 먼 길을 가는 것처럼, 절대 서두를 수가 없다…."

저는 이렇게 시작하는 걸로 기억하고 있는데, 사실 이 유훈은 전부『논어』로부터 나왔습니다. 도쇼코가 『논어』를 늘 즐겨 읽었다는 증거이기도 합니다.

"선비라면 반드시 넓고 꿋꿋해야 하니 맡은 바 일이 무겁고 갈 길이멀도다. 인을 자기의 일로 삼고 있으니, 그 또한 무겁지 않겠는가? 죽고 나서야 멈춰야 할 터이니 그 또한 멀지 않겠는가?"士不可不弘毅, 任重而道遠. 仁以爲己任, 不亦重乎? 死而後已, 不亦遠乎?[75]

『논어』 「태백泰伯」 편에 나오는 증자曾子의 말입니다. "인생이란 무거운 짐을 지고 먼 길을 가는 것처럼…"과 완전히 같은 의미이지요. 또

"미치지 못함이 정도가 지나침보다 더 낫다及ばざるは過ぎたるより勝れり"는 「신군유훈神君遺訓」의 마지막 말도 공자의 과유불급過猶不及[76]이란 말로부터 나왔습니다. 도쇼쿄는 원래의 과유불급이란 말을 '승勝'자로 더 강조한 것입니다. 이것에 대한 비평은 이쯤으로 마치지만, 하여튼 「신군유훈」은 『논어』로부터 파생된 점을 여러분은 이제 이미 잘 알았을 것입니다.

이 밖에 도쇼쿄는 도덕 방면에도 마음을 크게 쓴 걸로 보입니다. 겐키(元龜, 1570년~1573년)와 덴쇼(天正, 1573년~1593년) 무렵은 난세가 끊임없이 이어진 센코쿠戰國 시대였지요. 서로가 천하를 차지하기 무자비한 싸움을 일삼는 시대에 문학 취미 등은 거의 다 사라지고, 인의도덕이란 도대체 무슨 물건인지도 모르는 시대였습니다. 그런데 도쇼쿄는 누가 상주서上奏書를 올리지도 않았는데, 놀랍게도 원대한 안목으로 문학을 진흥시키기 위해 마음을 썼습니다. 게다가 근본적인 문학을 제창했죠. 인의도덕을 간절하게 중요시하는 논어주의를 갖고, 전적으로 주자학을 채용했습니다.

그 후 경학에도 점점 각각의 파들이 나왔지만 하야시 집안은 시종일관 철두철미하게 주자학을 주로 하며 큰 빛을 보았습니다. 도쇼쿄의 이런 준비는 아무튼 큰 수완이었는데, 저는 그가 센코쿠 시대에 이미 '말 위에서는 천하를 다스릴 수 없다'는 것을 알고, 주자학을 통치 이념의 근간으로 삼고자 철저한 준비를 했다는 데 경탄해 마지않습니다. 게다가 주목하지 않을 수 없는 게 불교 방면에도 있습니다. 도쇼쿄는 불교 연구에도 깊게 천착을 했나 봅니다. 그는 먼저 미카와三河의 다이주지大樹寺 정토종淨土宗 절에 귀의하여 다이주지의 승려들과 교류를 가졌습니다.

뒤이어 시바芝 조조지增上寺 절의 주지를 불러들이고, 스루가(駿河, 지금의 시즈오카 현靜岡縣 중부, 도쿠가와 이에야스는 1607년 스루가에 머물며에도 막부를 통제했는데 이를 '오오고쇼大御所 정치'라고 부름 옮긴이)로 옮겨간 후에는 또 곤치인金地院의 임제종臨濟宗 승려인 스덴崇傳과 조다承兌 등을 중용했습니다. 나중에는 도에이잔東叡山을 열고 지겐 대사慈眼大師라는 호를 받은 난코보덴카이南光坊天海 스님을 중용했습니다. 이 덴카이가 바로 승려 중의 영웅인데요. 물론 영웅이라고 부르기에는 조금 너무한 감이 있지만, 승려 중에서 걸출한 인물임에는 틀림없었습니다. 특히 정력이 절륜하고, 게다가 대외후(大畏候, 도쿠가와 이에야스)가 예상한 것보다 1년을 더 살다 126세에 죽었다고 합니다.

도쇼쿄는 덴카이의 영향을 깊게 받아 늘 그와 설법을 나누었다고 합니다. 요즈음에도 덴카이의 전기가 조사, 연구되고 있는데, 도쇼쿄는 스루가에서 덴카이의 법담을 여러 차례 들었습니다. 비록 명확하지는 않지만 덴카이 전기에 기재된 바에 따르면, 어느 해에는 90일 사이에 여섯, 일곱 차례의 법담이 오갔다고 합니다. 도쇼쿄는 당시에 비록 이미 은거에 들어갔지만, 그와 에도 막부 쪽은 늘 서신으로 문서가 오고갔습니다. 교토에 가서도 마찬가지였습니다. 도쇼쿄는 비록 은퇴했지만, 결코 한가하게 노가쿠(能樂, 일본의 전통 가면 음악극)라든지, 차 삼매경에 빠져 마냥 한가롭게만 하루하루를 보내지 않았습니다. 짬이 나면 그 사이에 지겐 대사에게 가 법담을 경청했습니다. 『도쿠가와 실기德川實記』에는 비록 상세하게 기재되어 있지 않지만, 덴카이는 항상 도쿠가와 이에야스의 고문 노릇을 하며 이런저런 이야기를 올렸다는 것을 알 수가 있습니다.

▨ 수양 무용론을 반박하다 ▨

수양을 말할 양 치면 저는 이미 다른 사람의 비판을 받은 적이 있는 데요. 저를 비판한 사람들은 대략 두 가지 부류의 주장으로 나눌 수 있습니다. 첫째 수양은 천진난만한 천연의 인성을 상하게 하기 때문에 좋지 않다. 둘째로는 수양은 사람을 비굴하게 한다. 저는 이와 같은 의견에 대해 이미 반박을 한 적이 있는데, 지금도 저의 대답은 다음과 같습니다.

우선 수양이 인성의 발달을 가로막는다고 주장하는 사람은 수양을 오해하고 있습니다. 수양과 수식修飾을 헷갈리고 있는 것이지요. 이른바 수양이란 바로 연마, 연구, 극기, 인내 등의 덕목을 포함해 덕을 기르는 수신修身입니다. 하지만 수신의 덕은 저절로 쌓아지는 게 아니라 끊임없는 각근면려恪勤勉勵의 노력을 통해서만이 성인이나 군자의 경지에 이를 수가 있습니다. 다시 말해 한 개인이 만약에 충분한 수양을 계속해 나간다면 날이면 날마다 선한 쪽으로 변하면서 성인의 경지에 가까이 접근할 수 있는 것입니다. 그런데 수양을 쌓기 위해서 천연적인 본성인 천진난만함에 상처를 입힐 수밖에 없다면 그 누구든지 간에 성인군자의 덕을 쌓을 수가 없을 것입니다.

심지어 마음의 수양은 사람을 사이비 군자로 만들어 비굴함의 수렁으로 몰아넣고 만다고 하는 사람도 있습니다. 하지만 이러한 사이비 군자의 수양은 참된 수양이 아니라 가짜 수양일 뿐입니다. 제가 늘 주장하는 정당한 수양과 그 모양새도 생판 다르고요. 사람은 자연적인 천성인 천진난만함을 유지해야 좋습니다. 저 또한 천진난만함이야말로 인간의 순수한 본성이라는 것에 적극적으로 동의합니다. 사람은

'희, 노, 애, 락, 애, 오, 욕'이라는 칠정七情의 발작이 그 어떤 때, 그 어떤 곳에서든 일어날 수 있기 때문에, 그리고 그 발작을 조절하고 절제할 수 있다는 보장을 할 수 없기 때문에, 하물며 성인군자 역시도 칠정의 발작이 일어나 늘 그것을 절제하느라 땀을 흘리기 때문에, 천진난만함을 유지하기 위해서는 더더욱 수양이 필요합니다. 그래서 저는 수양이 사람을 비굴하게 하고 자연적인 인성을 해친다고 말하는 사람의 의견에 절대로 동의할 수 없습니다. 그들은 수양을 크게 오해하고 있기 때문입니다.

사실 수양이 사람을 비굴하게 만든다는 사람들의 말은 예절 상의 공손함과 경건함, 그리고 정성스러움을 경시한 탓에 생겨난 망언에 불과합니다. 일반적으로 말해 효제충신과 인의도덕은 사람이 스스로 일상적으로 늘 수양을 하는 노력으로 얻어지는 것입니다. 사람이 만약 우매하고 비굴하면 절대로 수양의 덕을 잘 쌓은 성인군자의 경지에 다다를 수가 없습니다. 『대학』에서 말하는 '치지격물(致知格物, 실천을 통하여 지에 이른다)'이나 왕양명王陽明의 '치양지(致良知, 사물의 시비를 바로잡는 양지를 발휘함)' 역시 수양입니다. 수양은 결코 진흙 인형을 날조해 사람이라고 둘러대는 게 아니지요. 수양은 분명히 사람의 양지를 성장하게 하고, 사람의 영혼을 맑게 발양시킵니다. 수양을 계속 쌓아 덕이 두텁고도 돈후한 사람은 사물을 접할 때 그 선악의 판명을 분명히 할 수 있고, 선과 악을 취사선택할 때 결코 우물쭈물 하지 않습니다. 물이 높은 곳에서 낮은 곳으로 흐르듯, 흔쾌히 선을 받아들입니다.

지식을 쌓기 위해서도 수양을 하지 않으면 안 됩니다. 수양은 결코 지식을 가볍게 보는 게 아닙니다. 단지 현재의 교육이 지나치게 지식만을 중요시하다 보니 정신의 연마와 마음의 수양이 빈곤해진 것입니다. 이러한 결함을 메우기 위해서 우리들은 더더욱 수양을 할 필요가 있는 것이지요.

정리하자면 수양의 함의는 매우 넓습니다. 정신, 지식, 신체, 품행 등등 각 방면의 단련을 통해 사람의 품격을 고양시키는 것입니다. 또한 수양을 해야 하는 사람에 대한 범위가 정해진 것도 아니어서, 남녀노소 그 누구를 막론하고 수양을 쌓아 가야만 참살이를 할 수가 있지요. 지금까지 저는 수양 무용론자들이 제기하는 두 가지 의견에 대해 반박을 한 셈인데, 저는 청년 제군 여러분들이 저의 의견을 곰곰이 생각해 보면서 자기를 잘 수양해 멋진 동량으로 성장해 주기를 바랄 뿐입니다.

▨ 도리를 어긋난 부귀는, 뜬구름과 같다 ▨

오늘날의 청년들에게 그 무엇보다 절실한 게 인격 수양이라고 저는 생각합니다. 메이지 유신 이전까지는 사회에 도덕 교육이 비교적 왕성했지만 서양 문화가 유입되면서 사상계는 적지 않은 변화를 겪었습니다. 한마디로 지금의 상황을 보노라면 거의 도덕의 혼잡시대라고 해도 과언이 아닐 것입니다.

유교가 구닥다리 옛 유물로 배척을 받고 있을 뿐만 아니라 오늘날의 청년들은 그것을 잘 알지도, 잘 이해하지도 못합니다. 기독교가 아직 일반적인 도덕률로 자리를 잡고 있지도 않은 메이지 시대 역시도 별다르게 새로운 도덕이 정립되지 않았었지요. 때문에 일본의 사상계

자신의 품격을 닦아라 — 인격과 수양

는 길 잃은 어린아이처럼 심한 동요를 일으키고 국민들은 마음의 위로를 어디서 받아야 할지도 모른 채 정신적인 아노미 상태에 빠져 있지요. 심지어 청년들 중에는 인격 수양이라고 하는 일에는 전혀 관심도 없는 이들이 많은데, 이거야말로 사람을 심각한 우울증에 빠지게 하는 현상입니다.

세계의 열강들은 종교를 도덕률로 수립한 곳이 적지 않습니다. 이것과 비교해 일본은 사상계가 혼잡스럽기 그지없는데 국민의 한 사람으로서 부끄럽기 짝이 없는 노릇입니다. 우리 사회가 어떤 상황에 처해 있는지를 한 번 둘러보세요. 사람들은 이기주의의 극단에 빠져 이익을 얻기 위해서라면 그 어떤 일도 참아 내겠다는 심보로 가득 차 있습니다. 나라의 부강함보다는 오직 자기 자신만의 부유함을 최고의 자리에 올려놓기를 주저하지 않고 있습니다. 물론 부는 근본적으로 극히 중요한 일입니다. 공자가 아끼던 제자 안회顔回의 삶을 보며 이렇게 말했지요.

"훌륭하도다! 안회여! 한 그릇의 밥과 한 바가지의 물로 빈민가에 살게 되면 보통 사람들은 그 근심을 감당하지 못하는데, 회는 그렇게 살면서도 그 가운데서 즐거움을 느끼고 자신의 즐거움을 바꾸지 않는구나."賢哉回也! 一簞食, 一瓢飮, 在陋巷, 人不堪其憂, 回也不改其樂. 賢哉回也![77]

물론 모든 사람들이 굳이 안회처럼 살며 청빈함을 인생 최대의 나침반으로 삼을 필요는 없습니다. 그럼에도 공자가 "훌륭하도다! 안회여賢哉回也"라며 안회의 청빈하고 검소한 삶을 칭찬한 이유는, 그 말의 이면에 "도리를 어긋난 부귀는, 나에게 뜬구름과 같다"不義而富且貴, 於我如浮雲[78]라는 의미가 포함되어 있는 것입니다. 여하튼 저는 부귀는 반드시 나쁜 것이라고 폄하할 필요는 전혀 없다고 생각합니다. 하지만 만

197

약 사람들이 모두 다 개인의 영달과 부귀만 바라면서 나라와 사회의 복리는 안중에도 안 둔다면 그것이야말로 사람을 한량없이 슬프게 하는 일일 것입니다. 더군다나 정당하지 않고, 도리에 어긋나게 사리사욕을 추구하는 것은 절망감에 빠지게 합니다.

사회의 인심이 모두 부귀로만 몰리는 현실 앞에서 저는 그 원인은 다름이 아니라 우리들에게 인격 수양이 부족하기 때문이라고 생각합니다. 만약 국가가 이런 점들을 고려해서 준수해야만 하는 도덕률을 세워 주었다면 사람들은 그것을 신앙처럼 삼고 인격 수양이 자연스럽게 됐을 것입니다. 그러면 사회에서도 오직 부귀만을 추구하는 왜곡된 풍토가 점차로 사라질 것이고요. 그래서 저는 청년들에게 인격 수양의 필요성을 간절하게 호소하는 것입니다. 청년들은 정말로 굳건하고 튼튼한 몸에서 나오는 활력이 넘쳐 나고 앞으로 나아가려는 기백도 강하기에 당연히 이른바 "무력에도 굴하지 않는" 인격을 갖추어야만 합니다. 이러한 인격으로 쌓은 부귀만이 사회를 부유하게 하고 나라를 강하게 할 수 있습니다. 그러나 신뢰가 동요하는 사회에서 가장 유혹을 받기 쉬운 존재는 바로 청년들이란 점도 기억해 주십시오. 때문에 청년들은 자아를 잃어버리지 않도록 각별히 신경 써야 할 것입니다.

이 밖에도 인격 수양을 할 수 있는 방법은 많습니다. 불교 신앙도 있고 기독교 신앙도 있지요. 저는 청년 시절부터 유교와 공맹의 가르침을 저의 인생 지침으로 삼기로 결심했기에 충신효제忠信孝悌를 존중하고 깊이 믿어 왔고, 그것이야말로 권위 있는 인격 수양법이라고 생각합니다. "부모님께 효도하고 형을 공경하는 것이 바로 인의 근본이다."孝悌也者, 其爲仁之本與.[79]

간단하게 말해 충신효제의 도는 공자의 말씀대로 인仁을 근본으로 합니다. 이것이야말로 인격 수양의 튼튼한 기초이기도 하며, 세상을 올바르고 풍성하게 살아가는 데 없어서는 안 될 조건이기도 하지요. 더 나아가 지혜를 계발하려는 노력을 하면 가장 완벽한 인격 수양법일 것입니다. 지혜의 계발이 일단 불충분하면 자신의 뜻을 세상에서 제대로 펼칠 수가 없습니다. 게다가 충신효제의 도를 원만하게 펼칠 수도 없지요. 지혜는 일단 터득하기만 하면 자신이 맞닥뜨리는 사물의 시비를 판별할 수 있고 이용후생利用厚生의 도도 실천할 수가 있습니다. "자기를 닦고 남을 다스린다修己治人"는 도의道義 관념과도 일치합니다. 이렇게 개인의 인격 수양과 지혜의 개발 그리고 사회적 도리의 실천을 일치시키는 데 어긋남이 없어야 비로소 인생의 원만한 성공을 맛볼 수가 있지요.

인생이란 결국 어떠해야 완전한 성공을 거두었다고 할 수 있을까요? 근래에 여러 가지 논의가 있는데요. 어떤 사람은 '인생의 종국적인 목적을 이루기 위해서는 수단과 방법을 가려서는 안 된다'라고도 하는데, 이는 성공에 대한 커다란 오해입니다. 어떤 사람은 또 단지 재부를 축적할 수만 있다면, 혹은 높은 사회적 지위를 얻을 수만 있다면 그게 바로 성공이라고 확신합니다. 저는 이러한 생각에 절대 동의할 수 없습니다. 만약에 품격이 높은 인격과 정의, 그리고 도리가 없이 제아무리 큰 재부와 지위를 얻었다손 치더라도 그것은 절대로 완전한 성공일 리가 없습니다. 단지 '욕심의 충족'일 뿐이지요. 욕심이라는 밑 빠진 독에 계속 물을 붓는 거나 진배없습니다.

7

경쟁 사회에서도 따뜻한 유대를 잃지 말라

저는 사업을 경영할 때 항상 맑은 바 죽우를 다하면서 국가에 어떤 공헌을 할 수 있는가를 염려하는 태도를 지켜 왔습니다. 설령 그 아무리 작은 사업일지라도, 제자신의 이익에 도움이 되지 않는 비록 하찮은 일일지라 도 나라에 필요한 사업을 합리적으로 하면 마음은 항상 즐거웠고 기꺼이 그 일을 잡아려고 최선을 다했습니다. 그래서 저는 '군언'를 비즈니스의 바이블로 삼으며 공자의 도에 한 발짝이라도 어긋나는 일은 하지 않으 려고 노력했습니다. 저는 한 개인의 이익에만 멈추는 사업보다도 다수의 사회 구성원에 이익을 주지 않으면 진짜 사업이 아니라고 생각합니다. 다수의 사회 구성원에 이익을 주는 사업을 긴밀하게 발전 시키고 번창시키지 않으면 그것도 진짜 사업가로서는 자격 미달이라고 생각합니다.

《인은 스승일지라도 양보하지 말라》

흔히 세상 사람들은 『논어』에 권리 사상이 부족하다고 말하곤 하지요. 또한 권리 사상이 없기 때문에 문명국에서는 『논어』를 온전하게 교육시킬 수 없다고 주장하기도 합니다. 하지만 이것은 그릇된 견해이자 오해일 뿐입니다. 역시나 공자교를 표면적으로만 관찰하면, 더러는 권리 사상이 빠져 있는 것처럼 보일지도 모릅니다. 기독교를 정수로 한 서양 사상과 비교하자면, 분명히 권리 사상이 박약하다고 생각할 수 있습니다. 그러나 저는 이러한 주장을 펼치는 이들은 아직껏 공자를 참말로 이해하지 못하고 있는 분들이라고 생각합니다.

기독교와 불교는 처음부터 '종교'로써 세상에 나왔지만 공자는 종교로써 세상 사람들을 대했던 게 절대로 아니죠. 유교는 기독교, 불교와는 전혀 다르게 성립했던 것입니다. 특히 공자가 살던 시대에 중국의 풍습은 그 무엇보다 의무를 우선시하고 권리를 나중에 두는 경향이 강했습니다. 이러한 분위기에서 성장한 공자를 두고 2천 년 후인 오늘날, 전혀 사상이 다른 기독교와 비교하는 것은 이미 비교가 불가능한 것을 두고 굳이 비교하는 형국일지도 모릅니다. 때문에 이 논의는 처음부터 그 뿌리를 잘못 찾은 게 아닐까요? 하여 두 가지가 서로 다른 결과를 낳는 것은 너무나 당연합니다. 그럼 공자교에는 권리 사상이 전혀 없는 것일까요? 제가 생각하는 바를 조금 피력해 작은 힘으로나마 이 사회를 약간 깨우쳐 볼까 합니다.

논어주의論語主義는 '자신을 다스리는' 게 가르침의 취지입니다. 사람은 당연히 이런저런 처신을 해야 한다, 혹은 사람은 응당 저렇게 해야만 한다고 옴니암니 가르칩니다. 그런데도 오히려 이것을 소극적인 방식으로 '인도仁道'라고 설명하지요. 만약 우리가 정말로 이러한 주장을 널리 보급할 수 있다고 칩시다. 그럼, 사람들을 반드시 천하에 바로 세울 수 있을 것입니다. 하지만 공자의 진의를 미루어 헤아려 보면, 공자는 처음부터 종교적으로 사람들을 가르치기 위해 학설을 세운 것은 아닙니다. 그렇다손 치더라도 공자에게 교육 관념이 전혀 없었다고는 말할 수 없습니다. 만약 공자에게 정권을 장악할 기회가 주어졌다면, 그는 필연적으로 선정을 베풀면서, 부국안민富國安民을 하고 왕도를 실현시키고자 노력했을 것입니다.

바꿔 말하면 공자는 애초에 경세제민經世濟民을 하는 정치가가 되고자 했습니다. 공자가 경세가의 입장으로 세상에 나왔기 때문에 문하생들이 여러 가지로 복잡한 문제를 여쭙고, 그것에 대해 공자는 하나하나 대답을 해주었던 것이지요. 문하생들도 다양한 계층을 이루었기 때문에 질문도 상당히 광범위했습니다. 어떤 학생은 정치에 대해 묻고, 어떤 학생은 충효에 대해 묻고, 어떤 학생은 예학禮學이나 문학을 묻기도 했습니다. 잘 아시다시피 이러한 질문과 대답을 한데 모으자, 이윽고 『논어』 20편이 엮어진 것입니다. 그리고 공자는 만년인 68세에 이르기까지 『시경』을 연구하고, 『서경』을 주해하고, 『역경』을 편집하고, 『춘추』를 지었습니다. 후쿠치 오치福地櫻痴가 말한 대로, 공자는 단지 68세 이후 세상을 뜨기 전 5년간만을 포교적인 교학에 전념한 걸로 보입니다. 이처럼 공자는 권리 사상이 결핍한 사회에서 생활을 한 것이지, 결코 종교적 입장에서 세상 사람들을 가르치고 인도한 게 아닙니다. 공자의 교육학에서 권리 사상을 확연하게 강조하지 않은 것은 실제로 어쩔 수 없는 일이었던 것입니다.

그런데 기독교는 이에 반해, 완전히 권리 사상에 충실한 가르침이지요. 원래 유태(猶太, 이스라엘)와 이집트 등의 나라 풍습은 예언자라고 하는 사람들의 말을 강하게 믿었습니다. 그래서 당시 그들의 사회에서는 수많은 예언자들이 나왔죠. 기독교의 선조인 아브라함부터 기독교의 2천 년 역사 동안 모세라든지, 요한 등의 예언자들이 나왔습니다. 또는 예언자풍의 성왕들이 나와 치세를 펼쳤습니다. 혹은 어떤 국왕들은 일반적인 신처럼 세상을 다스렸다고 전해집니다.

그런 시대에 기독교가 생겨났는데, 로마 총독은 예언자의 말을 믿고 자신을 대신해 세상을 통치하는 이가 나타나면 큰일이라고 생각했기 때문에 병사들에게 근처의 모든 아이들을 죽이라고 명령했습니다. 예수의 어머니인 성모 마리아가 다른 곳으로 다행히 도망을 쳤기 때문에 재앙을 면할 수가 있었지요. 기독교는 실제로 이렇게 잘못된 몽상의 시대에 태어난 종교이기 때문에 교리가 명령적이고 권리 사상도 매우 강합니다.

그러나 기독교가 말하는 '사랑愛'과 『논어』가 가르치는 '어짊仁'은 거의 일치한다고 생각합니다. 단지 능동적이냐, 수동적이냐의 차이가 있지요. 가령 예수교 쪽에서는 "자신이 바라는 것을 다른 이에게도 베풀어라"라고 가르칩니다. 하지만 『논어』는 "자신이 바라지 않는 것을 남에게 강요하지 말라"己所不欲, 勿施於人[80]고 가르칩니다. 문득 보면 공자는 거의 의무만 신경을 쓰고 권리 개념이 없는 듯합니다. 하지만 양극단은 서로 통한다는 말이 있듯이, 두 가지 말은 목적이 종국에는 같습니다.

하지만 제가 생각하기에 종교로써, 또는 경문으로써는 예수교의 가르침이 좋습니다만, 인간이 지켜야 할 도리로써는 공자의 가르침이 더 낫다고 생각합니다. 어쩌면 저의 관점에 동의하지 못하는 분들이 계실지도 모르지만, 여기서 제가 높이 신뢰하는 것은 공자 사상은 기적을 논하지 않았다는 점입니다.

기독교든 불교든 간에 기적이 매우 많이 있지요. 예수가 십자가에 못이 박혀 돌아가신 후 3일 만에 다시 소생하신 게 기적이 아니면 무엇인가요? 물론 이러한 기적이 우수한 인간의 몸에 결단코 나타나지 않는다고 우리가 단언을 할 수야 없지만, 보통 사람들의 지혜로는 도저히 감당할 수 없는 것만은 사실입니다. 그럼에도 만약에 그러한 기적을 완전히 믿는다면, 혹여 미신에 빠진 것은 아닐런지요. 일단 이와 같은 기적을 하나하나 사실이라고 인정하면 우리의 지식은 전부 종적을 감추어야만 하는 게 아닐까? 주술에 의해 물 한 방울이 의약품 이상의 효과를 내고, 질냄비에 삶은 쑥 한 포기가 치료 효과를 내거나 하는 믿음이 쌓이고 쌓이다 보면, 마침내는 커다란 재앙으로 변질되고 말 것입니다.

일본은 비록 사람들에 의해 문명국이라고 인정을 받고 있지만 엄동설한에 하얀 옷을 입고 신사에 참배를 한다든지, 콩을 뿌리고 움직이지 않는 신을 부르며 액운을 쫓는 풍습이 여전히 없어지지 않고 있습니다. 미신의 나라라고 힐난을 받아도 어쩔 도리가 없는 노릇인 것이지요.

하지만 공자는 기적이라든지 미신이라든지 하는 것은 믿을 수 없기에 논하지 않았습니다.

"공자께서는 괴상한 일, 무력을 사용하는 일, 덕을 어지럽히는 일, 알 수 없는 귀신에 대한 일, 이 네 가지에 대해서는 말하지 않았다."子不語怪力亂神.[81]

"자로가 귀신을 섬기는 것에 대해 묻자 공자께서 '사람도 제대로 섬기지 못하는데 어찌 귀신을 섬기겠는가'라고 답했다."季路問事鬼神, 子曰, 未能事人, 焉能事鬼.[82]

"번지가 지혜에 대해 묻자 공자께서 말씀해 주었다. 사람이 지켜 나갈 도의에 힘쓰고, 귀신을 존경하되 멀리하면 지혜라 할 수 있다."樊遲問知, 子曰, 務民之義, 敬鬼神而遠之.[83]

이것이 바로 제가 공자를 믿는 이유이고, 이것이야말로 진정한 믿음의 조건이 아닐런지요. 『논어』에 권리 사상이 들어가 있는 증거는 공자가 "인을 행함에는 스승께도 양보하지 않는다"當仁不讓於師[84]라고 말한 대목에서 확연하게 드러납니다. 도리가 올바르다면 곧바로 자신을 관철시키며 앞으로 나아갈 필요가 있는 것입니다. 여전히 스승은 당연히 존경해야 하지만 '어짊'을 실천함에는 스승님일지라도 양보할 필요가 없다는 것입니다. 설령 이 말씀에 생동하는 권리 사상이 들어가 있지 않은 것은 아니겠지요? 사실 오직 이 구절만이 아니라 광범위한 『논어』의 각 장을 섭렵하다 보면 이와 유사한 구절들을 많이 찾아볼 수가 있습니다.

※ 골든게이트 공원의 팻말 '일본인 출입금지' ※

제가 처음으로 유럽에 갈 때가 에도 막부시대였지요. 게이오慶應 3년(1867년)에 프랑스에 도착해 약 1년여 동안 머물다 그 기간에 다른 나라를 순회한 덕분에 유럽 각국의 사정을 대략적으로나마 이해하고 있습니다. 하지만 유감스럽게도 미국에는 계속 못 가 보았는데, 드디어 메이지 35년(1902년)이 되어서야 처음으로 갈 수가 있었습니다. 물론 그동안 미국 영토에 발을 들여놓지는 못했지만, 저는 45세 때부터 미국에 대한 공부를 한 덕분에 점점 더 그들을 이해할 수 있었습니다. 특히 미국의 외교 관계에 각별한 관심이 있었는데요. 당연히 미국과 일본의 외교 관계는 계속 좋았기 때문에 '미국'이라는 말은 저의 귀를 항상 즐겁게 해주었지요.

제가 저의 두 눈으로 처음 미국을 보았을 때, 그 모든 것이 저의 마음을 정말로 기쁘게 했습니다. 오랫동안 가 보지 못했던 고향에 돌아온 것 마냥 기뻤습니다. 우선 샌프란시스코 항구에 상륙을 해서 이런저런 사물을 흥미롭게 접했습니다. 하지만 하나의 사건이 저의 마음을 무겁게 가라앉히고야 말았습니다. 바로 골든게이트Golden Gate 공원의 해수욕장에 갔었을 때였는데요. 그곳에 이런 팻말이 있더군요.

"일본인 수영 금지!"

미국에 좋은 감정을 가득 지니고 있던 저에게 이 팻말은 갑작스레 기이한 생각을 갖게 했습니다. 당시 샌프란시스코 일본 영사관의 영사였던 우에노 스에사부로(上野季三郎, 1864년~1933년)에게 왜 그런 팻말이 해수욕장에 있느냐고 묻자 그는 이렇게 대답했습니다.

"미국에 이민을 온 일본 청년들이 이곳에 와서 수영을 하다가 미국

아녀자들이 수영을 하고 있으면 잠수를 하여 다리를 잡아당기는 못된 장난을 치는 게 곧잘 있어, 그런 경고 팻말을 박아 놓은 것입니다."

저는 그의 말을 듣고 무척이나 놀라면서 이렇게 대답했습니다.

"그것은 일본 청년들이 예의범절이 없는 탓일 겁니다. 하지만 그렇게 작은 일에 차별 대우를 받는 것은 일본으로서는 몹시도 난처한 일입니다. 이런 일이 점점 더 많아지다 보면 결국에는 양국의 우호 관계가 어떻게 악화될지 모르는 일이지요. 그렇지 않아도 동서양 인종 간에는 종교 신앙도 다르고, 민족 습성도 달라, 지금도 서로 융화를 못하고 있는 게 현실인데 그런 일이 벌어지다니 정말로 걱정이 되는군요."

제가 이렇게 말하고 떠나려고 하자, 그가 "해수욕장 사건과 같은 일이 다시는 터지는 않도록 각별히 주의하겠습니다"라고 다짐을 하더군요. 이것이 메이지 35년 6월 초의 일이었습니다. 그리고 저는 시카고, 뉴욕, 보스턴, 피츠버그를 지나 워싱턴에 도착했습니다. 그때 미국 대통령 시어도어 루스벨트Theodore Roosevelt를 알현하고, 당시의 저명한 인사들이던 E. H. 하리만(Edward Henry Harriman, 1848년~1909년, 1905년에 일본에 와 러일전쟁 후 남만주철도를 미국과 일본이 함께 경영할 것을 제창해 가쓰라 기요즈미桂淸澄 수상과 예비협정각서를 작성했지만 고무라 주타로小村壽太郎 외무대신의 강경한 반대로 무효가 됐다. 옮긴이), 록펠러(Rockefeller, 1839년~1937년, 미국의 대자본가) 등도 만나 보았습니다.

루스벨트 대통령을 접견했을 때 그는 일본의 군사와 미술에 대해 경탄을 금치 못하며 이렇게 말하더군요.

"일본의 군대는 용감하며 전략도 풍부합니다. 게다가 인애仁愛의 정도 깊고, 절제와 검소함마저도 갖추고 있다고 하던데요. 미국 군대와 함께 작전을 폈던 북청사건(北淸事件, 1900년 중국의 의화단이 '청나라를 받들고 외국을 멸망시킨다'는 부청멸양扶淸滅洋의 기치를 내건 배외운동. 영국, 러시아, 독일, 프랑스, 미국, 이탈리아, 오스트리아, 일본 등 8개국은 연합군을 형성한 후 톈진과 베이징에 입성해 의화단과 싸움을 벌였다. 옮긴이) 때 저는 일본 군대의 선량함을 보고 경탄을 금치 못했습니다. 또한 굉장한 묘미가 있는 일본 미술은 서양인들의 선망의 대상입니다."

저는 그때 이렇게 대답한 걸로 기억하고 있습니다.

"저는 미술가가 아니라 은행가입니다. 또한 군인도 아니기에 군사 방면에 대해서는 문외한이지요. 각하께서는 저에게 일본의 군사와 미술만 칭찬하셨는데, 다음에 제가 일본의 각료를 만나면 일본의 공업과 상업도 다른 나라 사람에게 칭찬을 받을 수 있도록 발전시켜야 한다고 얘기하겠습니다. 그리고 불초한 저부터 국민을 이끌면서 노력할 생각입니다."

그러자 루스벨트 대통령이 손사래를 치며 이렇게 대답했습니다.

"저는 일본의 공업과 상업이 열등하다는 의미로 그렇게 말한 게 결코 아닙니다. 저의 눈에는 우선 일본의 미술과 군사 방면이 눈에 띄기에 일본의 유력 인사를 만나면 우선 일본의 장점부터 말하는 게 좋을 것이라고 생각해 그렇게 말한 것뿐입니다. 결코 일본의 경제를 경멸하려는 의도가 아니었어요. 제가 말하는 방식이 실례를 범했더라도 나쁜 감정을 갖지 말아 주기를 진심으로 바랍니다."

그러자 저는 허심탄회하게 저의 속마음을 말했더랬지요.

"아닙니다. 결코 각하의 말씀에 나쁜 감정을 지니고 있지 않습니다. 각하께서 일본의 장점을 칭찬해 주신 것은 정말로 고맙지만, 저는 개인적으로 공업과 상업의 발전을 일본의 제3대 장점으로 만들고 싶어 몹시도 노력하고 있습니다.”

그 후 아메리카 각지를 돌아보며 여러 사람들을 만나고 가지가지 사물을 접한 후 유쾌한 여행을 마치고 일본으로 귀국했습니다.

▨ 오직 인의만이 왕도 ▨

자장이 공자에게 인에 대해 여쭙자, 공자께서 말씀하셨습니다. “다섯 가지를 천하에서 실천할 수 있다면 그것이 인이다.” “그 내용을 여쭙고 싶습니다.” 공자께서 말씀하셨습니다. “공손함, 너그러움, 진실함, 민첩함, 은혜로움이다. 공손하면 업신여김을 받지 않고, 너그러우면 많은 사람들의 마음을 얻으며, 진실하면 믿음을 얻고, 민첩하면 공을 세우고, 은혜로우면 다른 사람을 부릴 수 있다.”子張問仁於孔子, 孔子曰, 能行五者於天下爲仁矣. 請問之 曰, 恭寬信敏惠. 恭則不侮, 寬則得衆, 信則人任焉, 敏則有功, 惠則足以使人.[85]

저는 사회문제와 노동문제 등은 단지 법률의 힘으로만 해결할 수 없다고 생각합니다. 가령 한 가족 내에서 부자, 형제, 그리고 나머지 권속들까지 각자가 권리와 의무를 주장할 때 법률의 재단에만 미주알고주알 의지하면 인정은 자연스럽게 험악해지고, 마침내 가족 간에도 장벽이 쳐지며 매사가 첨예하게 충돌할 것입니다. 그런데도 법률 재판에만 의지한다면, 전 가족이 화목하고 단결하고자 하는 희망은 사라지고 말 것이 불을 보듯 뻔합니다. 빈부 문제도 이와 엇비슷하다고 생각하는데요. 자본가와 노동자는 원래 가족적 관계를 갖고 탄생했습니다.

　그런데 별안간 법을 제정해 오직 이것에만 의지해 모든 것을 처리하게 됐지요. 이러한 변화는 얼핏 보아 몹시도 도리에 부합하는 것 같지만, 실제 결과는 당국의 희망대로만은 되지 않았습니다. 여러 해 동안 자본가와 노동자의 관계는 여하튼 말로는 형용할 수 없는 감정으로 결합되어 왔습니다. 그런데도 만약에 서로 간의 권리와 의무를 법률만을 앞세워 주장한다면, 서로 간의 장벽만 높아질 뿐이므로 관리자의 마음 씀씀이만 공염불이 되기 십상입니다. 그러면 위정자가 고생한 보람도 없고, 또한 원래 목표에도 도달할 수 없기 때문에 이 방면에 대한 깊은 연구가 필요하다고 생각합니다.

　여기서 저의 생각을 간략하게 말해 보고자 합니다. 법률의 제정은 원래 좋지만, 그렇다고 만사를 법률로만 재단할 수는 없다고 생각합니다. 만약 부자와 빈민이 인도仁道를 갖고, 즉 인류 행위의 준칙으로 처세를 한다면 백 개의 법률도 천 개의 규칙도 이겨 낼 수 있지 않을까요. 바꿔 말해 자본가는 인의로 노동자를 대하고, 노동자도 자본가를 인의로 대하고, 사업의 성패는 그들의 공동 이해라는 것을 깨닫고, 혹은 서로를 동정하는 태도로 공동의 노력을 한다면 진정한 조화를 얻을 수 있다는 말입니다.

　만약에 노동자와 자본가 쌍방이 법률 규정에만 의지한 채 권리와 의무를 주장하면, 마치 넘을 수 없는 큰 간격이 존재하는 것 마냥 쌍방의 감정은 공연히 멀어질 뿐만 아니라, 거의 모든 일이 아무런 효과도 보지 못할 것입니다. 몇 년 전 제가 유럽과 아메리카를 여행할 때 직접 경험한 일인데요. 크루프Krupp라 불리는 독일 회사와, 미국 보스턴 근처에 있는 월섬Waltham 시계 회사는 회사 자체를 가족처럼 만들어 자본가와 노동자 간에 그 어떤 거리감도 없이 완전한 융합을 이루었더군요. 저는 그것을 보고 찬탄을 금할 수가 없었습니다. 그거야말로 이른바 인도仁道의 원만한 표현이었습니다. 이러한 상황 아래에서는 이미 제정된 법률 조문도 한 장의 종이쪽지밖에 안되고요. 만약에 정말로 이러한 이상에 도달할 수 있다면 노동문제는 물론이고 여타의 다른 문제들도 잘 될지 안 될지는 법률에 달려 있지 않을 것입니다.

그런데 우리 사회에는 이러한 인의 정신에 대한 세심한 관찰이 없는 듯합니다. 어떤 사람은 심지어 강제적으로 빈부격차를 없애려고 합니다. 어떤 세상이든, 어느 시대이든 빈부의 차이는 있게 마련이고 단지 정도가 다를 뿐입니다. 당연히 모든 사람을 모두 부호로 만드는 게 가장 좋겠지만, 사람들도 현명한 사람과 어리석은 사람은 나누어지고 무능과 유능으로 나누어지듯, 부의 분배평균은 공상에 불과합니다.

따라서 부가 있으면 반드시 가난이 있다는 논지 아래, 세상 사람들이 모두 부자를 배제하면 어떻게 부국강병이 이루어질 수 있겠습니까? 개인의 부는 국가의 부이기도 합니다. 개인이 부자가 되고 싶다는 마음이 없으면 나라가 부강해질 수가 없습니다. 국가가 부강해지기를 바래야 개인의 부도 생긴다는 풍조가 싹터야, 사람들은 비로소 늘 부지런하게 일을 할 것입니다. 그러한 결과로 빈부격차가 생기면 그것은 자연스런 현상이기에, 단지 인류 사회에 피할 수 없는 법칙이라고 생각하는 것 외에는 달리 방도가 없습니다. 따라서 쌍방 간의 관계를 더더욱 원만하고 조화롭게 하려는 노력이 더욱 필요하다는 것을 깨달아야 합니다. 특히 지식인들은 이 점을 단 하루라도 망각해서는 안 되지요. 빈부 차이는 자연스런 현상이고 인간 사회의 법칙이기에 그대로만 방치하면 결국에는 어느 날 큰일을 야기할 수 있습니다. 때문에 저는 화를 미연에 방지하는 수단으로 사람들이 모두 전심전력해서 인도를 확장하는 게 왕도라고 확신합니다.

사회의 행복과 일치하는 부를 쌓아야

작금의 기업계에 일종의 기괴한 현상이 있는데요. 바로 악덕한 중역들이 다수의 지주들이 위탁한 자산을 마치 자신의 재산인양 임의로 운용해 사리를 채운다는 것입니다. 그런 탓에 회사 내부에 일종의 복마전이 생겨나 공사의 구별도 없는 비밀 행동이 성행하고 있습니다. 정말로 사업계를 위해선 통탄할 만한 일이지요.

원래 상업은 정치와 비교하면 마땅히 공개를 해야만 하는 기밀이 비교적 적은 활동입니다. 단 은행은 사업의 성질상 몇 개의 기밀을 반드시 지키지 않으면 안 됩니다. 가령 누가 어느 정도 대출을 받았다던가, 대출로 인해 어떤 저당이 잡혀 있는가 하는 등등의 일들은 도의상 반드시 기밀에 부쳐야만 하는 것이지요. 물론 일반적인 상업과 장사는 당연히 '정직'을 원칙으로 삼아야 합니다. 하지만 가령 이 물품의 매입원가는 얼마인가, 지금 그 물품은 팔면 어느 정도의 이윤이 남는가 하는 등등의 일을 일부러 세상에 알릴 필요는 없습니다. 요약하자면 부당한 일이 아니라면 그것은 도덕상으로 전혀 하자가 없는 행위라고 생각합니다.

그러나 이런 일 외에 현재 있는 것을 없다고 말한다든지, 없는 것을 있다고 말하는 것은 순전히 기만을 하는 행위이므로 마땅히 상도에 어긋납니다. 때문에 정직하고 정당한 장사에는 당연히 그 어떤 비밀도 있을 리가 없습니다. 하지만 우리들의 현실은 어떤가요? 어떤 회사는 비밀리에 하지 않아도 될 것은 마치 기밀인양 취급하고, 진짜 기밀은 도리어 직원이 자신의 사익을 도모하는 데 악용하고 있기도 합니다.

왜 이런 현상이 벌어지는 것일까요? 저는 전혀 거리낌 없이 단언하건대, 사장이 사람을 잘못 쓰고 있는 탓이라고 생각합니다. 그렇다면 중역에 적임자를 앉힌다면 이런 문제의 뿌리가 자연스럽게 없어지는 것일까요? 물론 적재적소에 인재를 쓰는 것은 정말로 어려운 일입니다. 지금도 우리 실업계에는 중역으로서의 능력이 없음에도 불구하고 그 자리에 앉아 있는 사람들이 적지 않습니다. 가령 이른바 이름만 걸어 놓은 명예직 중역은 회사를 소일거리로 삼습니다. 흔히 말하는 허영에 휩싸인 중역인데요. 그들의 천박한 생각은 물론 사람들의 업신여김을 받지만, 그렇다고 그들의 욕망이 그 무슨 커다란 위해성을 갖고 있는 것은 아니므로 그들이 특별히 나쁜 짓을 크게 저지를 거라며 걱정하지는 않아도 좋습니다.

그런데 좋은 사람이지만 그 대신 사업 수완이 없는 사람도 있습니다. 그런 인물이 중역이 되면 그 사람은 부하 직원 능력의 좋고 나쁨을 식별할 수도 없고, 장부상의 항목을 처리할 안목도 없습니다. 그리하여 자신도 모르는 사이에 부하 직원에게 속임을 당하곤 하지요. 비록 잘못을 자신이 조성한 것은 아니지만 종국에는 자신도 어찌할 수 없는 궁지에 몰리곤 합니다. 비록 전자에 비교해 죄는 크지만 이런 중역은 모두 잘못을 고의로 범하지는 않습니다.

그런데 이런 두 종류의 사람보다 더더욱 위험한 사람은 회사를 자신의 영달을 추구하는 도약대로 삼는다든가, 자신의 사욕을 채우는 기관으로 삼고자 하여 중역이 된 자들입니다. 물론 이러한 죄악은 결코 용서할 수 없습니다. 그들의 수단은 매우 많습니다. 가령 주식 가격이 오르지 않는 게 경영상의 어려움이라고 핑계를 대면서 실제로는 있지도 않은 이익을 있는 것처럼 꾸미고 허위 배당을 한다든지, 사실 지급하지도 않은 주식 배당을 마치 배당한 것 마냥 꾸민다든지 하며 주주들의 눈을 속이는 중역들이 있는데, 이러한 행위는 명명백백하게 사기이지요. 그런데도 그들의 악한 행동이 그것으로만 멈추는 게 아니라, 설상가상 극단적인 사람이 되어 회사의 공금을 유용해 투기를 한다든지, 자신의 사업에 투자를 하는 사람도 있나 봅니다. 그런 사람들은 분명히 도적임에 틀림없습니다.

이러한 일들이 터지는 원인은 바로 도덕 수양의 결핍 탓입니다. 만약에 중역이 성심성의껏 자신의 맡은 바 일을 한다면 이런 비열한 짓은 터질 수가 없지요.

저는 사업을 경영할 때 항상 맡은 바 직무를 다하면서 국가에 어떤 공헌을 할 수 있는가를 염려하는 태도를 지켜 왔습니다. 설령 그 아무리 작은 사업일지라도, 제 자신의 이익에 도움이 되지 않는 비록 하찮은 일일지라도 나라에 필요한 사업을 합리적으로 하면 마음은 항상 즐거웠고 기꺼이 그 일을 잘하려고 최선을 다했습니다. 그래서 저는 『논어』를 '비즈니스의 바이블'로 삼으며 공자의 도에 한 발짝이라도 어긋나는 일은 하지 않으려고 노력했습니다. 자신합니다. 저는 한 개인의 이익에만 멈추는 사업보다도 다수의 사회 구성원에게 이익을 주지 않으면 진짜 사업이 아니라고 생각합니다. 다수의 사회 구성원에 이익을 주는 사업을 견고하게 발전시키고 번창시키지 않으면 그것도 진짜 사업가로서는 자격 미달이라고 생각합니다. 후쿠자와 유키치福澤諭吉는 이렇게 말한 적이 있습니다.

"책을 쓰는데도 그것을 다수의 사람들이 읽지 않으면 효능이 낮다. 저자는 항상 자신보다도 국가와 사회를 위한다는 생각을 갖고 펜을 들지 않으면 안 된다."

사업계의 일 역시도 이런 원리여야만 합니다. 대다수 사회 구성원을 위한 사업이 아니라면 정당한 사업이라고 감히 말할 수가 없습니다. 가령 한 개인이 거대한 부호가 되더라도 사회 구성원 대다수가 빈곤의 늪에 빠지는 사업이라면 도대체 그것은 무엇이란 말입니까? 어떻게든 그 부호가 부를 축적한다 한들 행복은 영원하지 않을 것입니다. 때문에 사회와 국가의 행복과 일치하는 부를 쌓는 방법을 궁리해야만 하는 것이지요.

8

윤리 없는 부자는 반드시 망한다

공자께서는 이렇게 말씀하셨습니다. 부귀는 모든 사람이 바라는 것이지만 정당한 방법으로 얻은 것이 아니라면 부귀를 누리지 않아야 한다. 빈천은 모든 사람이 싫어하는 것이지만 정당한 방법으로 버리는 것이 아니라면 버리지 않아야 한다. 富與貴, 是人之所欲也, 不以其道得之, 不處也, 貧與賤, 是人之所惡也, 不以其道得之, 不去也.

요? 공자의 가르침은 분명히 현명한 사람은 빈천해지도 도를 버리기가 쉽지 않다는 것입니다. 이 진신은 무사가 전장에 나가 적에게 등을 보이지 않는 각오와 같습니다. 달리 말하면 도리로 얻은 부귀가 아니라면 그것

을 추구하거나 그것에 안주하지 않은 정신인 것이지요. 이러한 가게는 옛날 무사는 망약 도리로 얻는 게 아니라면 털끝만큼이라도 탐내지 않은 의기와 같습니다. … 흔히 망각은 인간의 본능이라고 하지만 도덕을 베

반하고 사리사욕을 채우거나, 권력에만 눈이 멀어 일신의 영달을 위해 아귀다툼만을 하는 처세는 인간의 표준을 무시하는 행위에 지나지 않습니다. 설령 도리를 망각한 채 부귀와 권력을 얻었다손 치더라도 그것은 절

대로 영원히 유지될 수 없습니다. 지속 가능한 부와 권력이 절대로 아닌 것입니다. 하지만 만약에 도리에 근본을 두고, 그 어떤 신분에서든, 그 어떤 직업을 갖든, 시종일관 도리와 스스로의 힘으로 무엇인가를 이루어

낸다면 그것이야말로 진정한 가치를 지닌 생활이자, 영원한 부귀일 것입니다.

무사도와 상도

무사도武士道의 참뜻은 정의, 청렴, 정직, 의협, 패기, 겸양 등의 미덕입니다. 비록 이러한 미풍은 단연코 무사도라고 부를 수 있지만, 그 내용은 매우 복잡한 도덕관념이죠. 그런데 제가 몹시도 유감스럽게 생각하는 것은 일본의 정수인 이 무사도가 예로부터 사무라이 계급사회에서만 유행하고, 생산을 담당하는 상인이나 수공업자 계층에서는 전혀 풍미하지 않았다는 점입니다.

옛날의 수공업자와 상인들은 무사도 관념을 크게 오해해, 만약에 정의, 청렴, 정직, 의협, 패기, 겸양 등의 가치를 지닌 채 생업에 종사하면 낭패를 본다고 생각했습니다. '사무라이는 굶고도 잇새를 후빈다(한국 속담으론 '양반은 냉수 먹고도 이를 후빈다'는 뜻 옮긴이)'와 같은 기풍은 상인과 수공업자들에게 금기였던 셈입니다. 곰곰이 생각해 보면 시대가 그것을 강제한 면이 있습니다. 사무라이에게 무사도가 절실했던 것 마냥, 역으로 상공업자들에게는 무사도가 필요 없었던 모양입니다. 하지만 '상공업자에게 도덕은 절대로 필요 없다'는 생각은 어처구니없는 잘못입니다.

틀림없이, 봉건시대에 무사도와 재산을 늘리고 이익을 추구하는 도를 서로 어긋나게 보는 관점은 후세의 유학자들이 인仁과 부富를 함께 좇을 수 없다고 본 관념과 같습니다. 모두다 착각일 뿐입니다. 무사도와 이익 추구, 인과 부 양자가 서로 상반된 게 아닌 이유는 지금에야 모두들 알고 있고 이해할 수 있을 것입니다.

공자께서는 이렇게 말씀하셨습니다.

"부귀는 모든 사람이 바라는 것이지만 정당한 방법으로 얻은 것이 아니라면 부귀를 누리지 않아야 한다. 빈천은 모든 사람이 싫어하는 것이지만 정당한 방법으로 버리는 것이 아니라면 버리지 않아야 한다."富與貴, 是人之所欲也. 不以其道得之, 不處也. 貧與賤, 是人之所惡也, 不以其道得之, 不去也.[86]

이 말이 설마 무사도의 고갱이인 '정의, 청렴, 정직, 의협' 등과 어울리지 않는 말은 아니겠지요? 공자의 가르침은 분명히 "현명한 사람은 빈천해져도 도를 버리기가 쉽지 않다"는 것입니다. 이 정신은 무사가 전장에 나가 적에게 등을 보이지 않는 각오와 같습니다. 달리 말하면 도리로 얻는 부귀가 아니라면 그것을 추구하거나 그것에 안주하지 않는 정신인 것이지요. 이러한 기개는 옛날 '무사는 만약 도리로 얻는 게 아니라면 털끝만큼이라도 탐내지 않은' 의기와 같습니다.

역시나 부귀는 성인군자도 그것을 바라고, 빈천은 성인군자도 원하지 않습니다. 성현과 같은 부류의 사람들은 도의를 근본으로 하고 부귀빈천을 끄트머리에 둡니다. 하지만 옛날 에도 시대의 상공업자들 사이에는 이와는 다른 기풍이 만연해, 부귀빈천을 근본으로 하고 도의를 말석에 두고 만 것이지요. 오해를 해도 정말로 지나치게 오해를 한 것입니다.

생각해 보건대 무사도는 단지 사무라이든지 유학자들만이 지키는 정신이 아니라 문명국의 상공업자라면 반드시 가져야 할 도리였습니다. 서양의 상공업자들은 서로의 약속을 존중하면서 비록 서로 간에 손해와 이익이 엇갈리더라도 한 번 약속을 한 이상은 절대로 약속을 어기지 않습니다. 이러한 기풍의 도의심이 정의, 청렴, 정직의 관념을 견고하게 한 게 틀림없습니다. 그런데 우리 일본의 상공업자들은 도리어 옛날의 습관들을 완전히 버리지 못하고 종종 도덕관념을 무시하기 일쑤입니다. 잠시의 이익을 위해 도리를 헌신짝처럼 버려 사람들을 불안하게 하고, 신용 없는 사회를 만들기도 합니다. 그래서 서양 사람들은 일본인의 이러한 작풍을 크게 꾸짖지요. 무역을 하면서 그들이 일본을 신용하지 않는 것은 일본 상공업자들의 입장에서는 너무나도 큰 손실입니다.

흔히 망각은 인간의 본능이라고 하지만, 도덕을 배반하고 사리사욕을 채우거나, 권력에만 눈이 멀어 일신의 영달을 위해 아귀다툼만을 하는 처세는 인간의 표준을 무시하는 행위에 지나지 않습니다. 설령 도리를 망각한 채 부귀와 권력을 얻었다손 치더라도 그것은 절대로 영원히 유지될 수 없습니다. 지속 가능한 부와 권력이 절대로 아닌 것입니다. 하지만 만약에 도리에 근본을 두고, 그 어떤 신분에서든, 그 어떤 직업을 갖든, 시종일관 도리와 스스로의 힘으로 무엇인가를 이루어 낸다면 그것이야말로 진정한 가치를 지닌 생활이자, 영원한 부귀일 것입니다.

오늘날에는 무사도를 상도商道라 해도 좋을 것입니다. 우리 일본 사람들은 일본의 정신이 가장 잘 응축되어 있는 무사도를 온몸으로 기억하며 공업을 하든, 상업을 하든, 그 무사도의 마음을 잊지 않고 살아간다면 전쟁터에서 일본이 항상 세계의 우위를 점하듯이, 상공업에서도 세계와 더불어 용감하게 겨룰 수 있을 것입니다.

✄ '애국심과 중류 사회가 없는' 중국의 두 가지 결점 ✄

중국과 일본, 두 나라 간에는 밀접한 관계가 있는데요. 영토적 지리가 인접해서 그렇다기보다는 자고 이래 역사적 근원을 거슬러 올라갈 수 있고, 더 나아가 사상, 풍속, 취미 등의 방면에 공통점이 있습니다. 이러한 점으로 보자면 두 나라는 당연히 협력을 해야만 합니다. 그렇다면 어떻게 두 나라가 제휴를 해 알찬 열매를 맺을 수가 있을까요?

사실 그 대책은 다름이 아니라 공자님 말씀에 있습니다. 바로 "자신이 원하지 않는 바는 다른 사람에게도 강요하지 않는己所不欲, 勿施於人" 것입니다. 서로 사랑하고 용서하는 충서忠恕의 도로 교류를 맺자는 말입니다.

상업의 진정한 목적도 서로에게 있는 것과 없는 것을 융통하여 서로가 모두 이익을 보자는 것입니다. 이익을 추구하는 사업도 도덕이 함께 수반되어야 애초의 목적에 도달할 수 있다는 게 저의 평소의 지론이고, 중국과 일본의 상업적 교류도 마땅히 충서의 관념을 유지해야 합니다. 우리들은 당연히 일본의 이익을 추구해야 하지만 동시에 중국의 이익도 고려해야 한다는 말이지요.

우선 시험 삼아 해볼 만한 일은 개척 사업입니다. 즉 '하늘이 준 보고寶庫'인 광활한 중국 영토를 열어 중국의 국부를 증진시킬 수 있다는 말입니다. 구체적 경영 방법을 말해 보자면 두 나라 국민이 공동으로 출자하는 합병 사업을 하는 게 가장 좋습니다. 혼자서만 하는 개척 사업이 아니라, 조직을 함께 꾸리는 중일 합병 사업을 해보는 게 좋을 것입니다. 이것은 중일 양국 간에 긴밀한 경제적 협력 관계를 낳고, 더 나아가 양국 간의 견고한 우호 관계를 싹트게 할 것입니다. 제가 관계를 맺고 있는 일중실업회사日中實業會社는 이런 의미에서 발기해 설립된 회사로, 성공가도를 달릴 수 있었던 까닭도 이런 취지 덕분이었습니다. 이렇게 일본과 중국이 서로 제휴해서 견실한 열매를 맺는 것은 기실 그렇게 어려운 일이 아닙니다.

역사서를 통해 이해를 하더라도, 우리들은 중국 역사에서 요순堯舜 시대와 하夏나라, 은殷나라, 주周나라, 이른바 '당우삼대唐虞三代 시대'를 경외합니다. 이 시대는 문화가 최고조로 발달한, 하나의 휘황찬란한 시대였습니다. 비록 현재의 이론에 부합되지 않지만, 당시의 역사책에서 볼 수가 있는 천문에 관한 글이라든지 또는 당시의 많은 일들을 현재의 중국과 비교하자면 지금이 옛날보다 더 못하다는 감마저 듭니다. 그 후 서한, 동한, 육조六朝, 당唐, 오대五代, 송, 원, 명, 청 등 이른바 21사二十一史를 거치면서 각 조대마다 큰 인물과 위대한 문명을 낳았다는 것은 두말할 나위 없습니다. 진秦나라는 만리장성, 수나라는 대운하를 축조했는데 도대체 그 광대한 사업의 목적이 무엇이었는지는 여기서는 우선 논하지 않겠지만 그 규모의 웅장함은 지금도 따라잡을 수가 없습니다. 때문에 당우삼대와 같은 찬란한 문화를 중국 역사서에서 한 두 개쯤 엿보는 거야 그다지 어려운 일이 아닌 것이지요.

저는 다이쇼大正 3년(1914년) 봄에 민간의 인정과 풍속을 연구해 보기 위해 중국을 돌아다녔습니다. 저는 중국에 가기 전에는 정치하고 교묘한 중국 미술을 통해 미인과 같은 중국 풍경을 상상했지만 실제로 가서 본 중국 사람들은 제 상상 속의 중국인들이 아니어서 크게 유감스러웠습니다. 제가 애초에 중국이 너무 좋았던 만큼 실망도 컸던 것이지요. 결과가 바라는 것과는 정반대가 되어 버린 꼴이었습니다.

유교의 발원지에 대해서 이야기하는 것은 공자 앞에서 문자를 쓰고 부처에게 설법하는 꼴이어서 가관일지도 모르지만, 중국 여행에서 가장 인상 깊었던 것은 중국에는 상류 사회도 있고, 하층류 사회도 있지만 국가의 튼튼한 기둥이 되는 중류 사회가 없다는 점이었습니다. 인격이 무척이나 탁월한 인물이 없다고는 말할 수 없지만, 국민 전체를 놓고 보았을 때는 개인주의와 이기주의가 상당히 팽배해 있었습니다. 나라를 염려하는 관념도 보편적으로 결핍되어 있었지요. 나라를 진정으로 걱정하는 우국지심, 게다가 중류 사회가 없다는 것, 이 두 가지가 중국의 양대 결점이었습니다.

❋ 지리의 천지개벽, '하늘 끝도 이웃이라네' ❋

세계 문명의 진보와 더불어 인류는 지혜로 자연의 저항을 정복해 가며 해륙 교통의 편리함을 증가시켜 왔습니다. 교통이 세계의 거리를 단축한 걸 보면 그야말로 경이롭기 그지없습니다. 옛날 중국에는 천원지방天圓地方이라는 말이 있었는데, '하늘은 둥글고 인간들이 사는 대지는 네모졌다'는 뜻입니다. 게다가 옛날의 중국인들은 자신들이 사는 나라 외에는 다른 나라의 존재를 거의 인정하지 않았지요. 일본도 처음에는 그러한 편협한 사고방식을 받아들여 일본 밖의 나라를 말할손 치면 곧바로 당나라와 천축(인도)만을 떠올렸습니다. 더군다나 당나라와 인도 외에는 세계에 그 무슨 물건이 있고 세계가 도대체 얼마나 큰지를 전혀 몰랐지요. 그러니까 유럽, 아메리카, 아시아, 아프리카, 오세아니아라고 하는 오대주五大州를 꿈속에서라도 떠올릴 수가 없었던 것입니다.

지금 생각해 보면, 어렸을 적에 들었던 동화 중에 대붕大鵬이 한 번 양 날개를 펴면 그 길이가 3천 리에 다다랐다고 하지만, 세계의 끝은 보지를 못했습니다. 이 동화는 일본인들이 옛날에 세계에 대해 얼마나 무지했는가를 단적으로 보여 줍니다. 세계는 이렇게 광대무변함에도 불구하고 인간의 지혜는 그것의 자초지종을 쉽사리 알지 못하나 봅니다. 그런데 문명의 진보에 따라 교통수단도 발달하니, 지구의 면적도 차츰차츰 작아지는 것만 같습니다. 최근의 반세기 동안 이러한 진보는 그야말로 격세지감입니다.

1867년을 되돌아보자면, 나폴레옹 3세가 재위할 때 프랑스 파리에서 세계만물박람회가 열렸습니다. 도쿠가와 막부는 쇼군의 동생인 도쿠가와 민부德川民部를 특명 사절로 파견했는데, 저 또한 수행원으로 유럽에 건너가게 됐습니다. 당시 우리들이 요코하마에서 프랑스 우편선을 타고 인도양과 홍해를 지나 수에즈 해협에 다다랐을 때, 프랑스인 페르디낭 레셉스가 수에즈 운하 공사를 이미 시작했지만 아직 완성을 하지 못했었죠. 그래서 우리는 그곳에서 배를 포기하고 육지로 올라가 기차를 타고 이집트를 가로질러 카이로를 지나 알렉산드리아 항구에서 다시 배를 타고 지중해를 건너갔습니다. 요코하마로부터 바다에 나간 지 55일 만에 프랑스 마르세유에 도착할 수 있었습니다. 다음해 겨울에 다시 수에즈 해협을 지나갔는데 여전히 운하를 완공하지 못했더군요.

그 후 1869년 11월, 운하가 드디어 완공되어 각 나라의 선박들이 수에즈 운하를 통과할 수 있게 됐습니다. 유럽과 아시아의 교통에 신기원이 열렸던 것입니다. 두 대륙 간의 무역, 항해, 군사, 외교 등등의 방면도 일대 변혁을 맞이하게 됐지요. 이와 동시에 각국의 선박도 갈수록 거대하게 만들어졌고 속도도 엄청 빨라졌습니다. 대서양은 두말할 나위가 없고, 태평양도 점점 더 그 면적이 축소되어 갔습니다. 게다가 시베리아 횡단철도가 준공되어 유럽과 아시아의 육상 교통도 신기원을 열었습니다. "천애약비린(天涯若比隣, 하늘 끝도 이웃이라네)"[87]라는 시구가 드디어 현실화가 된 셈이지요.

하지만 유감스럽게도 아메리카 대륙의 중간은 꾸불꾸불 길게 이어진 구렁이의 허리인양 연결이 되어 있었기 때문에 대서양과 태평양은 여전히 서로 맞닿지 못한 상태였습니다. 이러한 장애를 제거하기 위해 페르디낭 레셉스가 매운맛 신맛을 실컷 맛보았지만 불행하게도 파나마 운하를 파는 데 성공하지 못했었지요. 그러나 일본 동쪽의 우방인 미국의 웅대한 경영으로 드디어 파나마 지협을 뚫는 대공사가 준공되어, 남북의 물이 드디어 만날 수가 있게 됐습니다. 동서의 반쪽 지구가 드디어 이웃으로 마주하게 된 것이지요.

동양에 "명이 길면 수치도 많아진다"는 속담이 있지만, 요즈음의 반세기에 걸친 교통의 발달과 해운 거리의 단축은 그야말로 현저해 전과 비교하면 하늘과 땅 차이입니다. 이것을 생각하면 태평성대에 태어나 풍요로운 윤택을 받으면 장수는 도리어 행복을 부르는 즐거움이 아닌가 합니다.

❰ 부귀는 성욕과도 같은 욕구다 ❱

야마토다마시이日本魂와 무사도를 자랑으로 삼는 일본의 상공업자에게 도의적 관념이 부족하다는 사실은 정말로 비탄을 금치 못할 일입니다. 그 유래를 따져 보자면 일본 교육의 인습과 폐단에서 비롯됐다고 생각합니다.

저는 역사학자도, 또한 학자도 아니기에 그 근원의 깊은 곳까지는 헤아릴 수가 없습니다. 그러나 "백성으로 하여금 좇아 따르게 할 것이지, 알게 할 것이 아니다"民可使由之, 不可使知之88라는 공자의 말씀을 우민 정치로 곡해한 주자학파의 주장은 가깝게는 메이지 유신 때까지 문화와 교육의 패권을 장악했던 임가(林家, 에도 시대 초기의 유학자인 하야시 라잔林羅山를 비조로 하는 일본의 주자학파 옮긴이)학파에 의해 농후한 색채를 더해 갔습니다. 그 결과 피통치 계급에 속하는 농민, 수공업자, 상인 등의 생산 계층은 도덕적 규범 밖에 방치됐고, 동시에 그들 역시도 스스로 도덕적 속박을 받을 필요가 없다고 생각했습니다.

임가학파의 종사宗師인 송나라의 주자는 단지 한 사람의 대학자였을 뿐이지 몸소 진리를 실천하는 사람은 아니었습니다. 비록 입으로는 도덕을 말했지만 몸으로 인의를 실천하지 않은 인물이었기 때문에 임가의 학풍도 그 전통을 이어받아, 유학자는 단지 성인의 학설을 강의하고 실제로는 속인들이야말로 성인의 학설을 실천해야 한다고만 주장했을 뿐입니다. 그로 인해 말과 행동이 일치하지 않는 구별이 생겨나고 말았던 것이지요. 그 결과 이른바 공맹의 백성이라고 하는 사람들, 즉 피통치 계급은 단지 명령에만 따르면 그만이지 한 고을이나 한 나라의 정치와 공사公事를 홀시하는 게 낫다는, 점점 더 백성들의 비굴한 근성만 키우는 주자학적 통치 관념이 생겨났습니다.

이리하여 인의도덕은 통치 계급의 일이고, 농민들은 단지 정부가 맡긴 전답이나 잘 경작하고, 상인들은 주판이나 잘 두드리면 그것으로 피통치 계급의 책임을 다하는 것이라는 폐단이 싹튼 것입니다. 이런 주자학적 통치 관념에 순치된 백성들은 결국 이러한 못된 습관이 몸에 배다 보니, 나라를 사랑한다든지, 도덕을 중요시하는 관념이 온전히 모자라게 된 것입니다.

"어물전 가게에 들어진 지 오래되면 스스로도 비린내를 못 맡는다"라는 말처럼, 수백 년 동안 양성된 악습으로 인해 교화와 도야로도 탁월한 도덕군자를 기르기 어려운 차에, 공교롭게도 서양의 신문명이 들어옴에 따라 사람들은 서양의 공리주의에 빠지고, 결국 이러한 악습이 더더욱 조장됐던 것입니다.

물론 서양에도 윤리학이 성행합니다. 품성 수행의 목소리도 높고요. 그런데 그 출발점이 종교이다 보니, 일본 사람들의 국민성과 일치하는 게 무척이나 어렵습니다. 허나 지금의 일본 사람들에게 몹시도 환영을 받은 것의 실체는 도덕적 관념인 게 아니라 부를 늘리는 데 즉효인 과학 지식, 이른바 공리학설입니다.

물론 부귀는 인류의 성욕과도 같습니다. 가장 원시적이며 근본적인 욕구입니다. 그러나 애초부터 인의도덕이 없는 사람이 공리학설을 배우면, 마른 장작에 기름이라도 부어 불을 싸지르고 풀무질이라도 하는 듯, 성욕이 불타오른다는 것은 누구나 쉽게 상상할 수 있을 것입니다.

지금은 왕년에 하층의 생산자 계급이던 적지 않은 사람들이 엄청난 피땀을 흘린 대가로 결국 집안을 크게 일으키고, 입신양명을 하여 혁혁한 지위에 올라왔습니다. 하지만 그런 사람들이 모두 정말로 인의 도덕에 기반을 두고 정당한 방법으로 바른 길을 걸으며, 하늘을 우러러 한 점의 부끄럼도 없이 부와 명예를 쌓았을까요? 자신의 회사나 은행의 발전을 위해 밤낮으로 쉬지 않고 전심전력을 다하는 것은 실업가로서 매우 훌륭한 태도입니다. 주식을 출자한 사람의 입장에서는 정말로 충성을 다하는 사람이라고 부를 만합니다.

하지만 이렇게 회사와 은행을 위하는 정신이 단지 자신의 이익을 얻기 위한, 소위 이기주의일 뿐이라면, 출자자에게 이익 분배가 증가하더라도 단지 그것은 자신의 집안 곳간만을 위하는 일입니다. 만일 회사나 은행이 파산할손 치면 도리어 출자자의 손실은 크고 자신의 이익만 많아지는 경우도 있을 것입니다. "만약 의리를 뒤로 돌리고 이익을 앞세운다면 더 많은 것을 빼앗지 않고는 만족하지 않을 것苟爲後義而先利, 不奪不饜"이라는 맹자의 가설이 바로 이런 경우에 해당할 것입니다.

또 부호 거상을 모시면서 한마음 한뜻으로 주인집을 위해 몸과 마음이 지쳐 쓰러질 정도로 열심히 힘을 다 한다면 그 행적으로 보아서도 충의의 행위라고 부를 만합니다. 그런데 그 충복한 마음이 단지 자신의 집안만을 위한 이득에서 출발하여, 주인집의 부가 곧바로 자신의 부라고만 생각한다고 칩시다. 그러면 고용인을 돈으로만 보는 피고용인에게 무시를 당하고 있다는 기분에 휩싸인 고용주는 마음이 그다지 썩 유쾌하지 않을 것입니다. 하지만 그런 피고용인이 돈을 잘 벌어 주는 것만으로 만족하는 고용인이라면, 모두다 서로에게 만족하겠지요. 때문에 그런 사람들의 충심은 근본적으로 '이익 문제'라는 네 글자로 환원될 뿐입니다.

그런데 세상 사람들은 흔히 그렇게 해서 성공한 사람들을 존중하고 부러워합니다. 또한 청년들은 그런 사람들의 모습에 자신의 미래를 투영하면서, 두 주먹을 불끈 쥐고 그런 사람들의 수준에 다다르려고 노력합니다. 그리하여 나쁜 기풍이 성행하는 게 끝이 안 보입니다.

하지만 만약에 우리 같은 상인들이 모두 다 이렇게 자신만의 이익에 혈안이 된 인간이라면, 진실하지도 않고 도덕적이지도 않은 비루한 인간에 지나지 않습니다. 물론 실제로는 당연히 그렇지 않고, 맹자가 "인간의 본성은 선하다人性, 善也"고 한 것처럼, 인간은 누구나 선한 마음을 지니고 있기에 상인들 중에서도 군자와 같은 사람들이 적지 않아 타락한 상인 도덕을 구해 내기 위해 노력합니다. 그럼에도 과거 수백 년 동안 쌓아져 온 적폐에다가 공리학설의 나쁜 면까지 겹치어, 하루아침에 부도덕한 상인들을 계도하기란 쉽지만은 않은 현실입니다. 비록 이렇게 어렵다손 치더라도, 이런 이들이 제멋대로 상인의 도덕을 어지럽히게 하면 결코 뿌리 없는 가지에 잎이 무성할 리 없고, 기둥 없는 나무에 꽃이 필 리 만무합니다. 그리고 이러한 악습만 쌓여 간다면 국가의 근본도, 상권의 확장도 모두 헛된 망상에 지나지 않을 것이란 말입니다.

상업 도덕의 진정한 고갱이는 국가, 더 나아가 세계에 직접적으로 공헌을 하는 것입니다. '장사꾼은 믿을 만하다'라는 바로 그 '믿음信'이 위력을 떨치는 것은 순전히 저희와 같은 기업가들의 손에 달려 있습니다. 여러분들은 '신뢰Trust'야말로 만사의 근본임을 이해하실 것입니다. 신뢰야말로 경제의 근간을 튼튼하게 하는, 그래서 우리 기업가들에게 가장 필요하고도 절실한 상도가 바로 신뢰라는 것을 알고 계실 것이라고 믿습니다.

🎴부와 인, 모순관계인가? 🎴

어떤 일이든지 경쟁이 있기 마련입니다. 그중에서 가장 격렬하게 보이는 경쟁은 경마, 경조競漕일 터입니다만, 아침에 일찍 일어나는 것에도 경쟁이 있고, 독서에도 경쟁이 있고, 심지어 덕망이 높으신 분들은 후배들과 제자들의 사랑을 더 많이 받기 위해 경쟁하기도 합니다. 단지 나중에 언급한 경쟁은 그다지 격렬하지 않지만, 경마나 경조는 그야말로 목숨을 걸고 피가 터지게 하기 마련인 경쟁입니다. 또한 자신의 재산을 조금이라도 늘리기 위한 경쟁도 무지막지하게 격렬합니다. 극단적으로는 도의 관념을 깡그리 내팽개쳐 버립니다. 다시 말해 자신의 이득을 위해서라면 모든 수단과 방법을 가리지 않으며 잘못을 저지르고, 타인을 부수고, 자신을 썩게 합니다.

"부귀는 어짊과 멀다爲富不仁"는 옛말이나 "장사는 모두 악이다"라는 아리스토텔레스의 말이 그런 극단적인 현상을 잘 설명해 줍니다. 하지만 그 당시에는 아직 인문사상이 꽃을 피우지 못한 시대이다 보니, 비록 대철학자의 말일손 치더라도 그 진짜 참뜻은 받아들여지지 못했을 것입니다. 그런데 맹자도 "부귀는 어짊과 멀고, 어짊은 부귀와 멀다爲富不仁, 爲仁不富"라고 했는데, 당시에는 단순하게 '장사=악'이라는 의미로만 받아들여졌을 것입니다. 때문에 부귀와 어짊은 서로 모순관계이자 상극이라는 오해가 조성됐고 보통 사람들의 습관은 여전히 그렇다고 할 수 있을지도 모릅니다.

겐나元和 원년(1615년), 도요토미 히데요리(豊臣秀頼, 1593년~1615년, 도요토미 히데요시의 아들로 도요토미 히데요시가 죽은 후 도쿠가와 이에야스와의 오사카 여름 전투에서 패하고 친모인 요도기미와 함께 자살했다. 옮긴이)가

사망한 후 도쿠가와 이에야스가 천하를 통일하고 병사들을 쉬게 하니 마침내 전쟁이 끝났습니다. 그 이후 정치적 통치 방침은 모두 공자의 가르침에서 나왔는데요. 에도 시대 전에도 일본은 중국 혹은 서양나라들과 상당한 접촉을 했는데, 에도 시대에 소수의 기독교인들이 딴마음을 품고 불량한 계획을 세우는 게 눈에 띄고 말았죠. 네덜란드의 문서 어디선가 어떤 사람이 종교를 이용해 일본을 점령해야 한다고 적어 놓은 것이지요. 그래서 당시의 에도 막부는 해외와의 접촉을 완전히 차단하고, 오로지 나가사키長崎 항구만 특정 국가에게 열어 주었습니다. 그리고 일본 국내는 사무라이의 무력으로 통치를 했지요.

하지만 그 무력을 갖고 있던 통치 계급이 신봉한 것은 공자의 가르침이었습니다. 수신修身, 제가齊家, 치국治國, 평천하平天下의 도리로 나라를 다스린다는 게 에도 막부의 방침이었습니다. 때문에 사무라이 계급은 반드시 인의도덕, 효제충신의 도를 배워야만 했지요. 즉 인의도덕을 지니고 백성들을 통치하는 사무라이들은 이익을 내는 생산노동의 일에는 전혀 관여를 하지 않았다는 말이기도 합니다. 다시 말해 "부귀는 어짊과 멀고, 어짊은 부귀와 멀다"라는 말이 사무라이 계급에 의해 실현됐던 것입니다.

백성을 다스리는 사무라이들은 소비자였기에 생산노동에 종사하지 않았습니다. 생산노동을 하여 이익을 창출하는 일은 '사람을 다스리고 사람을 가르치는 이(사무라이)'들의 직분에 반하는 것이었습니다. 이른바 "사무라이는 굶고도 잇새를 후빈다"는 기풍을 지키며 살았던 것입니다. 사무라이들은 사람을 다스리는 이는 사람을 양육하는 것이기 때문에 "다른 사람의 것을 먹으면 목숨을 걸고 보답을 해야(食人之食者死于人之事, 유방을 도와 한나라를 세운 한신의 말 옮긴이)" 하고, "먼저 천하의 근심거리를 걱정하고 나중에 천하의 즐거움을 생각하는(先天下 之憂而憂 后天下之樂而樂, 송나라의 명재상 범중엄范仲淹의 말 옮긴이)" 게 그들의 본분이라고 여겼습니다.

생산노동과 이익 추구는 '인의도덕과는 거리가 먼 사람(상인, 수공업자, 농민)'들의 본분이라고 생각했기 때문에 "장사는 모두 악이다"라고 말하던 옛날 시대와 같은 그릇된 관념에 젖어 버리고 말았던 것입니다. 이것이 바로 에도 시대 3백 년의 기풍이었습니다. 에도 시대 초기에는 시대의 요구에 그런대로 부응하며 활기에 찼지만 쇄국정책을 펼친 후로부터는 지식은 점차 낙후되고, 활력은 쇠퇴하고, 형식은 번잡해져 사무라이 정신은 퇴폐해지고 상인은 날이 갈수록 비굴해져, 결국엔 서로가 서로를 속이는 허위가 판을 치는 국면에 접어든 것입니다.

9

꼭 필요한 교육은 무엇인가

교육과 정의 情誼

오늘날의 사회 전체에서 교육, 특히 중등교육에 커다란 병폐가 있다고 생각합니다. 거의 전면일률적으로 지식의 전수에만 매몰되어 있습니다. 바꿔 말하면 인성교육에는 전혀 신경을 쓰지 않는다는 말입니다. 심지어 아예 도덕교육은 완전히 실종됐다고도 말할 수 있는 지경입니다. 한편 오늘날 학생들의 기풍도 과거의 청년들과는 매우 다릅니다. 그들에게는 사기를 진작시켜 주는 호연지기와 용기라든지 분투, 혹은 자각 정신이 결핍되어 있는 것 같습니다. 현재의 교육은 학과가 너무 많아, 이것도 배워야 하고, 저것도 메워야 단지 여러 과목의 진도를 따라가기에만 급급한 형국입니다. 여러 과목의 지식을 배우느라 시간이 턱없이 부족한데, 인격이나 상식 방면의 수양을 쌓을 여력이 어디에 있겠습니까? 이것이 시대의 추세라니, 참으로 유감스럽고, 그지없습니다.

▨ 부모님은 오직 자식의 질병만을 근심한다 ▨

『논어』「위정爲政」편에서 맹무백孟武伯이 효에 대해 묻자 공자는 이렇게 말씀하셨습니다.

"부모님께서는 오직 자식의 질병만을 근심하신다."父母唯其疾之憂[89]

또 제자인 자유子遊가 효에 대해 묻자 공자는 이렇게 말씀하셨죠.

"오늘날의 효를 이야기하는 사람들은 부모님을 잘 봉양하는 것만을 가리키는 경향이 있다. 그렇지만 개나 말조차도 모두 사람들이 기꺼이 잘 돌봐 주고 있으니 만약 부모님을 공경하는 마음이 없다면 부모님을 봉양하는 것이 개나 말을 돌보는 것과 무슨 구별이 있겠는가?"今之孝者, 是謂能養, 至於犬馬, 皆能有養, 不敬, 何以別乎?[90]

이 밖에도 공자는 효도에 대한 여러 가지 말씀을 남기며, 누차에 걸쳐 효를 가르치고 있습니다. 하지만 부모가 자식에게 효도를 억지로 강요하면 도리어 자식은 불효자로 변할 수 있다고 합니다. 저 또한 몇 명의 불효한 자녀들을 두고 있는데요. 그들이 장래에 어떻게 변할지는 저 또한 모르는 바이지만, 때로는 자식들에게 "부모님께서는 오직 자식의 질병만을 근심하신다父母唯其疾之憂"는 훈계를 하면서 절대로 억지로 효도를 하라고는 강변하지 않습니다. 물론 부모는 자신의 생각대로 자식을 기르지만 자식은 효자가 되기고 하고, 불효자가 되기도 합니다.

　그런데 만약에 부모가 바라는 대로 하지 않는 자식은 무조건 불효 자식이라고 못 박으면 그거야말로 크나큰 오해입니다. 부모를 잘 따른다는 것만을 보아 반드시 효자라고 부를 수는 없다는 이야기이지요. 개나 말과 같은 금수도 제 부모를 능히 봉양하지 않습니까? 하지만 사람 자식들의 효도는 개나 말의 효도에 비해 훨씬 더 복잡합니다. 부모의 생각을 따르지 않는다거나, 늘 부모의 곁에 머물며 부모를 모시지 않는다고 해서 무조건 효자가 아니라고 단정할 수는 없는 노릇인 거지요. 이렇게 말하면 마치 자화자찬을 하는 것 같은데, 실제로도 지나치게 잘난 체 하는 게 맞는 것 같습니다. 하지만 실례를 들어 증명을 할 수가 있기에 이렇게 대담하게 말을 하는 것이지요.

　제가 스물세 살 적에 저의 부친께서 이렇게 말씀하신 거로 기억하고 있습니다.

　"아들아, 나는 너를 열여덟 살 때부터 세세하게 살펴보았다. 그런데 너는 나와 무척 다른 점이 있더구나. 너는 책 읽기도 좋아하고, 그 어떤 일을 하더라도 영민하고 조리가 있단다. 아비의 바람대로만 이야기하자면, 나는 네가 내 곁에 영원히 머물며 나의 일을 도와주었으면 하는구나. 하지만 애비가 이렇게만 고집하면 너를 불효자로 변하게 할 수 있기 때문에, 오늘 이후부터는 애비의 생각대로만 할 게 아니라, 너의 생각대로 일을 처리하길 바란다."

　부친께서 말씀하신 대로 비록 저는 불초한 자식이지만 당시에 이미 부친의 앎을 넘어섰을지도 모릅니다. 이 밖에 기타 방면에서도 부친의 고명함을 넘어섰을지도 모르고요. 만약에 그때 부친께서 억지로 당신의 뜻만을 관철시켰다면, 물론 그걸 따르는 게 효도였겠지만, 일종의 '강제적 효도'이기 때문에 저는 부친께 반항을 하며 서서히 불효자로 변했을지도 모릅니다.

허나 다행스럽게도 부친께서는 그렇지 않으셨지요. 저는 비록 부모님 곁에 머물면서 부모를 모시지는 않았지만, 그렇다고 불효자가 되지는 않았다고 자신합니다. 이것은 순전히 부모님이 저를 강제하지 않으셨고, 저에게 저의 생각과 의지대로 삶을 개척하게 했기 때문에 가능했습니다. 부모가 자식에게 영향을 주어 자식이 효도를 하는 것이지, 부모가 강제적으로 자식에게 강요하기 때문에 효도를 하는 것은 절대로 아니지요.

저의 부친께서는 이렇게 열린 생각으로 저를 대해 주셨기에 저는 부친에게 감화가 됐고, 매우 자연스럽게 저 역시 자식들을 그렇게 대합니다. 당시에 저의 부친이 저를 대해 주셨던 태도대로 저 또한 자식을 대하는 것이지요. 물론 제가 이렇게 말하는 게 자화자찬이고 불초한 태도라는 것을 알고 있습니다만, 그 어떤 방면에서라도 저는 부친보다 나은 점이 있었기 때문에 일을 하는 모양새가 부친과는 완전히 달랐습니다. 저는 부친과 다른 점이 있었기에 결과 역시도 달랐던 것입니다.

그럼, 저의 자식들은 나중에 어떻게 될까요? 저는 당연히 신이 아니기에 창졸간에 단언을 할 방법은 없습니다. 하지만 현재의 정황으로 보건대, 그들과 저는 역시나 다른 구석이 있습니다. 혹은 저와 저의 자식들 간의 다름이 마치 저와 저의 부친과의 다름인양 공교롭게도 일치합니다. 하여튼 저의 자식들은 저에 비해 모자란 구석이 있지요. 그런데 제가 저의 자식들이 저보다 모자라기 때문에 저의 생각대로만 자녀들을 움직이게 하면, 이것은 강제이기에 결코 도리에 맞지 않습니다.

설령 저의 의지대로 억지로 그들을 강제하더라도, 그들은 제가 상상하는 대로 되어 주지는 않을 테지요. 저의 생각만 고집하면서 그 무슨 일에서든지 자식들을 간섭하고 강제한다면 제 생각대로 자식이 변해 주는 게 아니라, 오히려 부득이하게 불효자가 될 가능성이 더 크다는 말입니다. 이왕 자식들에게 한계가 있는 바에야, 그들을 강제하는 것은 도리어 쓸데없이 애쓰는 헛수고일 뿐입니다. 때문에 저는 자식들에게 강제로 효도하라고 강변하지 않습니다. 비록 자식들은 마땅히 부모에게 효도를 다하는 게 근본이라고 가르치지만, 제 자식들이 저의 의도대로만 일을 처리하도록 하지 않습니다. 그렇다고 그들이 불효하다고 절대 생각하지도 않고요.

지식은 많으나 품성은 없는 현대 교육의 득실

옛날의 청년들과 오늘날의 청년들은 옛날 사회와 지금의 사회가 다른 것처럼 아주 다르지요. 저는 스물서너 살 때 메이지 유신 전의 청년이었는데 당시의 저와 지금의 청년들과 비교를 하자면 교육이든 혹은 그 어떤 방면일지라도 판이하게 다릅니다. 때문에 누가 더 우월하고 누가 더 열등한가를 논하자면 단 한마디로 표현하기가 무척이나 어렵습니다. 하지만 어느 면을 보면 옛날의 청년들이 기개도 있고 포부도 있었던 반면 오늘날의 청년들은 우수하기는 하지만 경박하고 생기도 별로 없는 듯합니다.

물론 이렇게 말하는 것은 편견일지도 모릅니다. 왜냐하면 과거 소수의 우수한 청년들과 지금의 일반적인 청년들을 비교해 이러한 결론을 냈을지도 모르기 때문입니다. 오늘날의 청년 중에서도 우수한 청년들이 있고, 옛날 청년들 중에서도 우수한 청년들이 있기 마련이고요.

메이지 유신 전에는 사농공상의 계급 구분이 대단히 엄격했습니다. 사무라이 중에서도 하급 무사와 상급 무사가 나누어져 있었고 농민이나 상인 등 중에서 보통의 백성들과 명문 집안이 나뉘어져, 그들 간에는 기풍과 교육이 자연스레 서로 달랐습니다.

설령 똑같이 옛날의 청년이었을지라도 출신에 따라 받을 수 있었던 교육이 매우 달랐던 것이지요. 옛날에 사무라이와 상층 농민, 상층 상인 청년들은 대다수가 한학 교육을 받았습니다. 『소학小學』『효경孝經』『근사록近思錄』(중국 남송南宋의 주희周熹와 여조겸呂祖謙이 함께 편찬한 성리학 해설서. '근사近思'는 자하子夏가 '간절하게 묻고 가까이서 생각한 것切問近思'이라고 한 말에서 따왔다. 송나라 이학가理學家인 주돈이周敦頤, 정호程顥, 정이程頤, 장재張載 등 4명의 어록 가운데서 뽑아 편찬했다. 옮긴이) 등을 배우고 더 나아가서는 『논어』『대학』『맹자』 등을 공부했지요. 다른 한편으론 신체를 단련하고 사무라이 정신을 고취시켰고요.

하지만 보통의 농민, 상인 출신의 청년들은 비록 교육을 조금 받더라도 단지 얕은 수준의 행동 교육이나 일반적인 『정훈왕래庭訓往來』(편지 관용어를 묶어 놓은 초급자를 위한 한문 서간체 입문서. 남북조 시대에서 무로마치 막부 초기의 겐케이玄惠가 지었다. 옮긴이)나, 가감승산의 계산법만을 배웠더랬지요. 때문에 고상한 한학 교육을 받은 사무라이들은 흔히 이상도 높고 식견도 갖추었지만 보통의 백성들은 단지 통속적인 습자나 산수만을 배웠고, 태반은 무학자들이었습니다.

현재는 사농공상의 계급이 없어진 평등의 시대입니다. 귀천이나 부귀의 차별 없이 모두다 똑같은 교육을 받을 수 있지요. 이와사키岩崎, 미쓰이三井 집안의 자제나 구척이간(九尺二間, 정면의 가로가 아홉 자, 세로가 두 칸인 가난뱅이의 집)의 자제나 모두 똑같이 교육을 받을 수 있는 것입니다. 때문에 대다수 청년 중에는 품성을 더 닦아야 하고, 학문도 얕은 이들이 있는 게 당연한 현상이지요. 또한 그렇기 때문에 현재의 일반적인 청년들과 옛날의 사무라이 청년들과 비교해, 이러쿵저러쿵 미주알고주알 따지는 것은 온당하지 못합니다.

현재 고등교육을 받은 청년 중에는 옛날의 청년들에 비해 조금도 손색이 없는 청년들이 있습니다. 과거의 교육은 소수에게 집중됐고, 몇 명의 인재들만 길러 내면 그만이었습니다. 하지만 현재는 상식을 가르치고, 대다수의 청년들을 평균적인 수준으로 끌어올리는 게 목표입니다.

물론 과거의 청년들은 좋은 스승을 찾기 위해 심혈을 기울였지요. 가령 유명한 양명학자陽明學者인 구마자와 반잔熊澤蕃山은 나카에 도주中江藤樹(1608년~1648년, 에도 시대 전기 유학자, 일본 양명학의 아버지 옮긴이)를 찾아가 제자로 받아들여 주기를 청했지만 거절을 당했다고 합니다. 하지만 구마자와가 나카에의 집 앞에서 사흘 동안 밤낮으로 서 있자, 이에 감명받은 나카에가 그를 제자로 맞이했다고 하는군요. 아라이 하쿠세키新井白石는 기노시타 준안木下順庵(1621년~1698년, 에도 시대 전기 주자학자이자 걸출한 교육가 옮긴이)을 스승으로 모시고, 하야시 라잔林羅山은 후지와라 세이카藤原惺窩를 스승으로 맞이했는데 그 모두가 좋은 스승을 찾아 학문을 배우며 덕을 쌓고자 함이었습니다.

하지만 오늘날의 청년들과 스승들 간의 관계는 온통 난잡합니다. 스승과 학생 간에 미담이라든지 정의情誼가 없는데, 이것은 정말로 사람을 한심스럽게 하는 일이죠. 오늘날의 청년들은 근본적으로 스승을 존경하지 않고 학교의 학생들은 선생님을 마치 라쿠고(落語, 만담)를 하는 익살꾼이라든지 요설가로 꼰대 취급을 합니다. 스승의 강의가 좋지 않거나 해석이 졸렬하면 입에 담지 못할 말도 한다곤 하는데, 이것은 정말로 있어서는 안 될 일입니다. 이러한 현상이 터지는 까닭은 현재의 학과 제도가 옛날과 다른 탓인 것 같기도 하고, 학생들이 접하는 선생님들이 너무 많다 보니 사제 간의 관계도 난잡해지는가 봅니다. 또한 선생님도 학생을 돌보지 않거나, 심지어 싫어하기까지 합니다.

요컨대 청년들은 좋은 스승을 가까이하며 자신의 품성을 닦아야 합니다. 옛날 학생들과 요즘 학생들을 비교하면, 과거에는 비교적 정신적인 학문을 연마했지만, 오늘날에는 지식 교육을 지나치게 많이 받는 것 같습니다. 과거의 학생들이 읽었던 책들은 정신 수양에 관한 것들이 많아 학생들은 자연스럽게 책에서 배운 바를 실천했습니다. 그것이 수신제가이든, 치국평천하이든 모두가 인륜지대사人倫之大事였기에 그러한 가르침을 따랐던 것입니다. 공자는 이렇게 말씀하셨습니다.

"사람됨이 부모를 모시고 집안 어른을 잘 받들면서 윗사람의 뜻을 침범하기 좋아하는 사람은 드물고, 윗사람의 뜻을 침범하기를 좋아하지 않으면서 세상을 어지럽히기 좋아하는 사람은 없다. 군자가 근본을 세우고자 애쓰므로 근본이 서면 따라야 할 올바른 도리가 생겨난다. 부모를 모시고 형제자매를 서로 위하는 일이야말로 인을 실천하는 근본이 아니겠는가."其爲人也, 孝悌而好犯上者, 鮮矣, 不好犯上, 而好作亂者, 未之有

也. 君子務本, 本立而道生, 孝悌也者, 其爲仁之本與.[91]

공자의 제자 중에 학문이 뛰어났던 자하子夏는 또 이렇게 말했습니다.

"어진 사람을 어진 줄 알아보고, 여색을 가볍게 여기며, 부모를 섬기되 온 힘을 다할 줄 알며, 임금을 섬기되 제 몸을 다 바칠 줄 알고, 벗과 사귐에 말마다 믿음이 있으면, 비록 못 배웠다 해도 나는 그를 배운 사람이라 부르겠다."賢賢易色, 事父母, 能竭其力, 事君, 能致其身, 與朋友交, 言而有信, 雖曰未學, 吾必謂之學矣.[92]

충효사상 뿐만 아니라 인의예지신仁義禮智信의 교훈을 논하고 있는 대목이지요. 또한 동정심과 부끄러워할 줄 아는 염치의 마음도 환기시켜 줍니다. 더불어 학생들이 예절과 근검절약을 중시했다는 것도 강조를 하고 있지요. 이런 교육을 받고 자란 과거의 청년들은 늘 자신의 몸을 수양했기에, 자연히 천하와 국가의 대사를 염려하고, 착실함과 소박함을 기르고, 염치를 중시하며 신의를 귀하게 여기는 기풍이 있었던 것 같습니다. 이와 반대로 현대의 교육은 지식을 늘리는 것을 중시하기 때문에, 학생들은 초등학교 때부터 곧바로 여러 가지 과목을 배우고, 중학교에서 대학교에 이르면 더더욱 많은 지식들을 축적하지요. 하지만 인성 교육을 홀대하기 때문에 요즈음 청년들의 품성은 큰 걱정거리입니다.

종합하자면, 현대의 청년들이 학문을 닦는 목적이 옛날과는 크게 차이가 납니다. 공자는 다음과 같이 말씀하신 적이 있습니다.

"옛날에 배우고자 하는 사람은 자기 충실을 위하여 공부했으나, 오늘날 배우는 사람들은 다른 사람에게 인정받기 위하여 공부한다."古之學者爲己, 今之學者爲人.[93]

이 말씀은 오늘날에도 여전히 유효하고 현실에 적용이 되는 것 같은데요. 오늘날의 청년들은 단지 학문을 위한 학문을 하기 때문에, 학문을 시작할 때 명확한 목표도 세우지 않고 막연하게 공부를 하는 경향이 있는 듯합니다. 그 결과 그들이 사회에 진출하더라도 종종 "내가 왜 공부를 했지?"라는 질문에 스스로 봉착하고 맙니다. 한편으로는 이렇게 공부만 하다 보면 누구나 훌륭한 인물이 될 수 있겠지 하는 관념이 존재합니다. 그래서 자신의 처지와 생활을 돌보지 않고 단지 '그냥 공부를 하나 보다' 하며 자신과 어울리지 않는 학문을 연구하기도 합니다.

그러다 결국 자신의 적성이나 처지, 생활에 맞지 않는 공부를 했다며 뒤늦게 크게 후회하는 경우도 많지요. 때문에 청년 제군 여러분은 마땅히 자신의 재능을 면밀하게 고려하면서, 초등학교를 졸업한 후 각종 전문 교육에 들어가면 자신에게 쓸모가 있는 공부를 하여야만 합니다. 만약에 고등교육을 받고 싶으면 중등교육을 받고 있을 때에 명확한 목표를 세워야 하고, 자신의 장래가 도대체 어떻게 될지에 대한 밑그림을 충분히 그려야만 합니다. 자신의 허영심을 채우기 위해 학문을 하는 것은 절대로 도리에 맞지 않는다는 것을 명심하기 바랍니다. 이렇게 허영심에 쌓인 공부는 바로 여러분 자신을 망칠 뿐만 아니라, 나라 전체의 활력도 쇠퇴하게 하고 맙니다.

위인과 어머니

봉건시대처럼 여성들을 교육시키지 않고 우민으로 살게 하는 게 좋은가요? 그렇지 않으면 여성들도 교육을 받게 하여 수신제가의 도를 발휘하도록 하는 게 좋은가요? 이 문제는 굳이 싸울 필요도 없고, 설령 여자들 입장에서 교육을 논하더라도 적당하게 넘어갈 문제가 절대 아닙니다. 이 문제에 대해서, 저는 여성들의 천직이라고 하는 자녀 양육에서부터 이야기를 시작해야 한다고 생각합니다.

일반적으로 어머니와 자녀 간에는 특수한 관계가 존재합니다. 통계 자료가 명확하게 보여 주는데요. 대부분의 선량한 부녀자들은 선량한 자녀들을 기르고, 좋은 교육을 받고 자란 대부분의 어머니들은 우수한 인재들을 길러 냅니다. 바로 중국 맹자의 어머니, 미국 대통령 조지 워싱턴의 어머니가 가장 좋은 예입니다. 일본에서는 구스노키 마사쓰라(楠木正行, 일본 남북조 시대의 무장, ?~1348년 옮긴이)의 어머니와 나카에 도주中江藤樹의 어머니가 여러분들이 잘 알고 있는 현명한 어머니입니다. 가깝게는 이토 히로부미伊藤博文의 어머니와 가쓰라 기요즈미(桂淸澄, 1848년~1913년, 제11·13·15대 내각 총리대신 옮긴이)의 어머니도 현모라는 소리를 들었습니다.

여하튼 우수한 인재를 기른 현명한 어머니의 교육에 대한 예는 매우 많습니다. 위인과 현철賢哲의 탄생에는 어머니의 덕이 영향을 크게 미친다는 것은 저 혼자만의 생각이 아니라 여러분 모두가 인정하는 바일 것입니다. 때문에 여성 교육, 그러니까 여성들의 지능을 계발하고, 여성들의 덕을 배양하는 것은 절대로 훌륭한 여성만을 길러내는 게 아니라, 현명하고 선량한 국민의 소양을 양성하는 것입니다. 그러므로 여성은 반드시 교육을 받게 해야 하고, 마땅히 여성 교육은 크게 중시되어야만 합니다. 물론 이런 점만이 여성 교육의 중요성을 대변해 주는 게 아니라, 다른 이유도 있습니다.

메이지 시대 이전, 여성 교육은 완전히 중국 사상에 근거해 진행됐습니다. 그런데 중국이 여성들을 대하는 사상은 소극적으로 여자들의 정조, 순종, 세밀함, 우아함, 아름다움, 인내심 등만을 강조합니다. 이런 종류의 교육 방침은 정신교육 방면만을 중요시할 뿐 지혜, 학문, 학리 방면에서의 지식은 키워 주지를 않지요. 에도 막부 시대의 여성 교육도 이러한 사상을 주로 했는데, 가이바라 에키켄(貝原益軒, 1630년 ~1714년, 에도 시대 초목학자이자 유학자 옮긴이)의 『여대학女大學』이 그 당시 유일하게 가장 좋았던 여성 교과서였습니다. 말인즉슨 여성 교육에서 학문, 지혜, 학리 등등의 방면은 완전히 등한시해 왔다는 것입니다. 단지 소극적으로 여성 그 자신의 몸을 어떻게 하면 삼갈 수 있는가에 대한 교육에만 매몰되어 왔던 것이지요. 그런데 지금도 그러한 교육을 받은 여성들이 이 사회에서 태반을 차지하고 있습니다.

　메이지 시대 이후, 비록 여성 교육이 진일보했지만 진정으로 신식 교육을 받은 여성들은 대단히 극소수에 불과합니다. 실제로 지금도 여성 교육은 『여대학』의 범주를 크게 벗어나지 못하고 있는 실정입니다. 제가 이렇게 말해도 절대로 지나친 표현이 아닐 것입니다. 오늘날의 사회에서 비록 여성 교육이 점점 더 보급되어 가고 있지만, 여전히 과도기여서 여성 교육의 효과를 충분히 범사회적으로 인식하지 못하고 있습니다. 그렇다면 여성 교육의 중요성을 인정하는 사람들은 어떻게 하면 여성 교육이 잘 이루어질 수 있는가에 대한 고민과 연구를 하는 게 사회적 임무일 것입니다. 오늘날은 분명히 봉건시대가 아님에도 불구하고, 여성을 단지 아이를 낳는 도구 정도로만 인식하는 봉건적 사상이 잔존하고 있습니다. 하물며 여성을 멸시하고 조롱하는 풍토 역시도 남아 있는데, 이런 봉건적 사상은 당연히 하루속히 없어져야 마땅하지요.

　기독교의 여성관은 여기서 논외로 치더라도, 인간의 도리상으로만 보아도 여자는 정말로 남자의 도구에 불과한 것인가요? 남자를 중시한 인류 사회였지만, 여성은 항상 사회적 일의 반몫을 담당해 왔습니다. 그런데도 여자를 홀시하는 게 당연한가요? 저는 그 어떤 방면에서든지 여성과 남성은 똑같이 중시되어야만 한다고 생각합니다. 『맹자』의 「만장萬章 상」편에 이런 글귀가 있습니다.

　"남녀가 결혼을 해서 한 방을 쓴다는 것은 인류의 큰 도덕이다男女居室, 人之大倫也."

　이렇듯 말할 필요도 없이 여자도 사회의 구성원이자, 국가의 한 성원입니다. 이런 이상 여성 홀대 관념일랑은 깡그리 벗어던져 버려야 하지 않나요. 여성도 당연히 남자랑 똑같이 국민으로서의 재능과 지식을 내놓을 수가 있습니다. 남녀가 서로 합심하고, 서로가 서로를 도와준다면 5천만 일본 국민 중에서 단지 2천 5백만의 사람만이 아니라 나머지 2천 5백만의 사람도 활용할 수 있다는 것 아니겠습니까? 이것이 바로 제가 여성 교육을 꼭 필요하다고 생각하는 이유입니다.

▨ 선생과 학생, 누구의 잘못인가 ▨

　사제지간은 마땅히 정의情誼가 두터워야 하고, 서로를 위하며 친근하게 지내야 하지요. 이 지방의 학교는 어떤가를 저로서야 알 수가 없지만, 도쿄 주변의 학교는 이미 사제 간의 정이 너무나도 얇다고 합니다. 객석에 앉아 라쿠고 만담을 듣는 다수의 청중들처럼 강의를 듣지를 않나, 어느 학생은 강의가 재미없다고 한다든지, 어느 학생은 강의 시간이 너무 길다는 불평을 늘어놓는다고 합니다. 심지어는 스승의 단점을 찾기 위해 별의별 궁리를 다 하며 욕을 해대는 학생들도 있다고 합니다.

물론 옛날에는 사제지간의 감정이 모두 다 좋았다는 걸 말하려는 게 아닙니다만, 공자의 예로 설명을 해볼까 합니다. 공자는 3천 명의 제자가 있었지만, 오늘날 학자들은 공자와 그 제자들 모두가 항상 만나면서 이야기를 나누었다고는 믿지 않습니다. 하지만 그중에서 육예六藝에 정통한 72명의 제자들은 늘 공자와 만나 이야기를 나누면서 스승의 인격에 온전히 감화가 됐다고 생각합니다. 이러한 사제지간의 관계를 하나의 이상적인 예로 들어도 된다고 생각하지만, 지금의 중국을 보더라도 이러한 규범이 통하지를 않고 있습니다. 중국이 나쁜 방향으로 변해 공자를 가볍게 여기는 것이지, 공자의 덕이 변해서 그런 것은 아닐 것입니다. 물론 중국이 좋게 변하더라도 폭군이던 하나라의 걸왕桀王과 은나라의 주왕紂王을 중히 여길 이유는 없지만요.

지금의 일본에서도 이상적인 사제지간을 여전히 바라는 것은 불가능할 것입니다. 하지만 도쿠가와 막부 시대에 사제지간의 감화력은 매우 강했고, 정의情誼도 몹시 두터웠습니다. 하나의 예를 들어볼까요. 구마자와 반잔熊澤蕃山이 나카에 도주中江藤樹를 스승으로 모신 예가 아주 적당할 것입니다.

반잔은 인품이 상당히 청렴하고 고결한 인물이었습니다. 말하자면 "부귀해도 음탕하지 않고, 빈천하되 지조를 바꾸지 않으며, 위압과 무력에 굴복하지 않는富貴不能淫, 貧賤不能移, 威武不能屈"[94] 대장부라 부를 만했던 것이지요. 천하의 제후들조차 모두 그를 몹시 존경했습니다. 비록 그는 비젠후(備前候, 즉 이케다 미쓰마사池田光政로 에도 시대 초기 오카야마岡

山의 번주. 1609년~1682년 옮긴이)를 모셨지만 스승으로 존경을 받았고, 정치적 식견이 탁월한 인물이었습니다. 그런데 나카에 도주를 스승으로 모시고 싶어 그를 찾아갔을 때는 나카에 도주가 그만 그를 어린애 취급을 해버리고 말았지요. 반잔은 사흘 동안 나카에 도주를 기다리는 인내심을 발휘해 드디어 그의 제자로 받아들여졌습니다. 사제지간의 정이 이렇게 두터운 이유는 나카에 도주의 덕망이 사람들을 감화시킨 덕분일 것입니다.

이 밖에 아라이 하쿠세키新井白石 역시도 의지와 지모, 재기가 보통 사람들을 뛰어넘는 보기 드문 비범한 인재이지만 종신토록 스승 기노시타 준안木下順庵을 모셨다니, 정말로 경탄스럽습니다. 근대에는 사토 이치사이(佐藤一齊, 1772년~1859년, 에도 시대 후기 유학자 옮긴이)가 제자들을 크게 감화시켰고, 히로세 단소(廣瀨淡窓, 1782년~1856년, 에도 시대 후기 유학자, 시인 옮긴이) 역시도 마찬가지였습니다.

비록 제가 알고 있는 분들은 모두 한학 선생들이지만 그들과 제자들의 관계는 모두 다 고풍스럽고, 화목하고 친밀하다는 것을 쉽게 엿볼 수 있습니다. 그러나 오늘날의 학생과 스승 사이는 마치 객석에 앉아 있는 관객과 익살을 떠는 만담꾼처럼 되어, 걱정을 크게 하지 않을 수 없습니다. 필경 이것은 스승인 자가 나빠서일 테지요. 스승의 덕망, 재능, 학문, 인격 등이 한층 더 진일보하지 않으면 제자들로부터 경외감을 불러일으키지 못할 것입니다.

하지만 제자들의 마음도 몹시 나쁘다고 저는 생각합니다. 스승을 존경하는 아주 상식적이고도 일반적인 품성도 지니고 있지 못한 탓입니다. 다른 나라의 상황은 자세하게 잘 알지 못하지만, 제가 알기로 영국의 사제지간은 일본과 다르다고 합니다. 물론 오늘날의 일본에도 좋은 스승들이 있지만 제가 말한 그런 분들 같지는 않습니다. 지금의 일본에는 나카에 도주라든지, 기노시타 준안 같은 교육가가 적다는 말이지요.

현재는 과도기인 탓에 별안간 선생이 된 사람이 매우 많습니다. 하지만 그들은 늘 오늘날 교육 현장의 이런 폐해를 학생들이 조장했다고 변명합니다. 하지만 분명히 이것은 자기변명일 뿐입니다. 이왕 사람의 스승이 된 바에야 당연히 근면하고 신중하게 스승의 노릇을 해야 할 터이고, 돌이켜 자성하며 스스로의 사명을 욕되게 하는 경우가 없어야 할 것입니다. 동시에 충분히 경건하고 정성스러우면 사제지간의 정도 충만할 것입니다. 만약 학교에 계시는 여러 교원들이 늘 학생들과 접촉하고 그들에게 관심을 쏟는다면, 비록 학생들의 기풍과 예절을 완전히 고치지는 못할손 치더라도, 최소한 불량 학생의 출현만큼은 미연에 방지할 수 있지 않을까요?

지식과 도덕, 모두를 가르쳐야

오늘날의 사회 전체에서 교육, 특히 중등교육에 커다란 병폐가 있다고 생각합니다. 거의 천편일률적으로 지식의 전수에만 매몰되어 있습니다. 바꿔 말하면 인성 교육에는 전혀 신경을 쓰지 않는다는 말입니다. 심지어 아예 '도덕교육은 완전히 실종됐다'라고도 말할 수 있는 지경입니다. 한편 오늘날 학생들의 기풍도 과거의 청년들과는 매우 다릅니다. 그들에게는 사기를 진작시켜 주는 호연지지와 용기라든지 분투, 혹은 자각 정신이 결핍되어 있는 것 같습니다.

　제가 이렇게 말하는 모양새는 저를 포함한 옛 청년들에 대한 자화
자찬일 것입니다. 하지만 현재의 교육은 학과가 너무 많아, 이것도 배
워야 하고, 저것도 배워야 해 단지 여러 과목의 진도를 따라가기에만
급급한 형국입니다. 여러 과목의 지식을 배우느라 시간이 터무니없이
부족한데, 인격이나 상식 방면의 수양을 돌볼 여력이 어디에 있겠습
니까? 이것이 시대의 추세라니, 참으로 유감스럽기 그지없습니다.

　사회 명사들이야 잠시 논외로 치고, 이후 사회에 진출해 국가를 위
해 전심전력을 다할 청년들이라도 이런 방면에 정력과 마음을 기울이
기를 바랍니다. 하지만 제가 가장 관심을 기울이는 실업 방면을 보더
라도, 옛날에는 아예 '실업교육'이라는 명칭 그 자체가 없었고, 메이지
14, 15년간(1881, 1882년)이 되어서도 실업교육은 그 어떤 진보도 이루
지 못했습니다. 상업학교라는 말도 최근 20년간에 생긴 말입니다.

　문명이 진보할수록 정치, 경제, 군사, 공업, 상업, 학술 등 모든 방
면이 진보하기 마련입니다. 만약에 그중 하나라도 진보를 하지 못하
면 참다운 문명의 진보라고 감히 부를 수가 없지요. 그런데 일본은 문
명국의 가장 큰 요소인 공업과 상업이 아주 오랫동안 홀시를 받으며
성공적으로 발전하지 못했습니다. 반대로 유럽의 강대국들을 보노라
면 경제 방면의 진보야말로 일취월장했고, 기타 방면도 두말할 나위
가 없습니다. 다행스럽게 일본도 이제 최근 몇 년 전부터 사람들이 실
업 방면에 특히 관심을 기울이기 시작했고, 서서히 조금씩 진보하고
있는 중입니다. 하지만 애석하게도 교육 방법은 앞에서 말한 바대로
여전히 지식을 쌓는 데만 급급하고, 반면에 인격과 도의 교육은 주의
를 전혀 못 받고 있습니다. 정세가 이렇게도 긴박한대 해결할 방안이
전혀 없다니, 정말로 탄식만 나올 뿐입니다.

군인들을 봐 봅시다. 그들은 통일, 규율, 복종, 명령 등의 방면에서는 모두 엄격하고 질서정연합니다. 이것은 군사교육이기 때문에 그런 것이지요. 당연히 군인의 본분이기도 합니다. 군인은 당연히 이런 군사교육을 잘 받아야 우수한 전사가 될 수 있습니다. 그런데 실업에 종사하는 사람들은 앞에서 말한 품성 외에도 아주 중요한 기질을 갖고 있어야 하는데, 바로 '자유'입니다. 실업 방면에서 만약에 군사상의 일처럼 모두 상급의 명령만을 기다린다면, 사업 기회를 잃어버릴 뿐만 아니라 도저히 사업을 번창시킬 수 없습니다.

때문에 무턱대고 인성 교육은 완전히 제쳐 두고, 지식만 실업자들에게 주입하면 오직 이전투구만 난무해 결국에는 맹자가 말한 바대로, "윗사람과 아랫사람이 번갈아 가며 서로 이익만 탐하여 나라는 위태로워질 것上下交征利而國危矣"입니다. 저는 진정으로 이러한 형국을 걱정하고 있는데요. 비록 저의 능력이 부족하더라도 사정이 이렇게 흘러가지 않도록 노력하며, 암암리에 주변의 실업교육과 지식교육, 도덕교육 그 모든 방면이 고루 발전할 수 있도록 노력하고 있습니다. 비록 아직은 제가 세운 목표를 이루진 못했지만, 제가 몸을 바쳐 땀을 흘린지는 꽤 여러 해가 흘러갔습니다.

▓참된 효, 모든 행동거지를 자연스럽게 하라▓

도쿠가와 막부 중엽 이후 신도, 유교, 불교 등 세 가지 종교가 서서히 통일되어 가며 통속적이고도 쉬운 용어를 사용하기 시작했습니다. 극히 통속적인 예들을 들며 평민들에게 도덕의 실천을 주창한 게 바

로 심학心學인데요. 이 심학은 에도 막부 8대 쇼군인 도쿠가와 요시무
네德川吉宗 때 이시다 바이간(石田梅岩, 1685년~1744년, 에도 시대 중기 심
학의 아버지 옮긴이)이 가장 먼저 제창했습니다. 저명한 『구옹도화鳩翁道話』
(시바타 다케나오柴田武修가 그의 아버지 시바타 규오[柴田鳩翁, 1783년~1839년, 에도 후
기의 심학가]와 나눈 대화 기록 옮긴이) 역시도 심학파에서 나왔고, 데지마 도안
(手島堵庵, 1718년~1786년, 에도 중기의 심학가 옮긴이)과 나카자와 도니(中
澤道二, 1725년~1803년, 에도 후기의 심학가로 데지마 도안의 명으로 제후들
을 순회하며 심학을 강연함 옮긴이)와 같은 명사들도 이시다 바이간 문하에
서 나왔는데 그들의 노력으로 심학이 드디어 널리 보급이 됐지요.

저는 나카자와 도니가 지은 『도이옹도화道二翁道話』를 이미 읽어 보았
는데, 그 책 안에는 제가 여지껏 잊지 않고 있는 오우미(近江, 지금의
사가 현滋賀縣) 효자와 시나노(信濃, 지금의 나가노 현長野縣) 효자 간의 이야
기가 있습니다. 무척이나 재미있는 이야기인데, 제목이 「효자수행孝子
修行」이라는 게 기억나는군요. 그들 두 사람의 이름이 무엇인지는 기억
나지 않는데, 이야기는 이렇게 시작합니다.

오우미의 유명한 효자가 "효는 천하의 크나큰 근본이요, 모든 행동
거지는 거기로부터 나온다孝者天下之大本也, 百行之所由生"는 것을 자신의
준칙으로 삼고, 다만 부모님께 효도를 다하지 못할까봐만 걱정하며
살고 있었습니다.

어느 날 오우미의 효자는 시나노에도 아주 유명한 효자가 있다는
소문을 듣고 그를 만나 어떻게 하면 참된 효도를 할 수 있는가를 묻고
싶었지요. 그리하여 그는 험산준령을 넘는 수고로움을 마다하지 않은
채 오우미를 떠나 시나노에 다다랐습니다. 그런데 시나노 효자의 집
을 찾기란 몹시도 어려워 그의 집을 찾을 무렵에는 이미 해가 중천을

넘어가 버렸지요. 당시 시나노 효자의 집에는 몹시도 쓸쓸해 보이는 늙은 모친 한 분만 있었습니다. 그래서 오우미 효자가 여쭈었지요.

"아드님은 집에 없는지요?"

"일하러 산에 올라갔소."

오우미의 효자는 자신이 이곳까지 특별히 온 까닭을 시나노 효자의 모친에게 자세하게 설명해 주었습니다.

"밤이 되면 아들은 반드시 돌아올 것이오. 방 안에서 들어가 쉬면서 조금만 기다리구려!"

그리하여 오우미의 효자는 어르신의 호의를 생각해 방 안으로 들어가 쉬고 있었습니다. 밤이 오자 과연 시나노의 효자가 땔감을 한 짐 지고 마침내 집으로 돌아왔습니다. 오우미 효자는 시나노 효자가 어떻게 하는지를 잘 관찰했다가, 자신도 그를 따라 참된 효도를 할 작정이었습니다. 그래서 그는 대청의 한쪽에서 몰래 엿보았더랬지요.

그런데 시나노 효자는 마루와 이어지는 한 곳에 별로 무겁게 보이지도 않는 땔감을 부려 놓기 위해 뜻밖에도 모친을 향해 '어서 와서 도와 달라'고 소리쳤습니다. 그러자 늙은 모친이 냉큼 달려와 아들을 도와주었지요. 이 광경을 훔쳐보던 오우미의 효자는 소스라치게 놀라면서 계속 엿보았습니다. 연이어 또 시나노 효자는 늙은 모친에게 발이 더럽다며 깨끗한 물을 떠와 발을 씻기고 닦으라고 분부했습니다. 그런데도 늙은 모친은 만면에 웃음을 가득 지으며, 아들이 분부한대로 따라 했습니다. 오우미 효자는 더더욱 놀라고, 심지어 도저히 믿기지 않는 불가사의한 일이라 두 눈을 비비며 그 광경을 지켜보았습니다. 이때 시나노 효자가 화롯가에 앉더니 늙은 모친에게 안마를 해달라고 하자, 이번에도 또 늙은 모친은 기쁜 안색으로 아들에게 안마를 해주었습니다.

늙은 모친은 한편으로 아들의 어깨를 주무르며 한편으론 이렇게 말했습니다.

"오우미에서 온 손님이 아까부터 방 안에서 기다리고 있구나."

시나노 효자는 곧바로 몸을 일으키더니 아무런 거리낌도 없이 방 안으로 성큼성큼 들어와 오우미 효자와 예의를 갖추어 인사를 나눈 후, 오우미 효자가 이곳에 온 까닭을 전해 들었지요. 둘이 이야기를 나누는 사이에 저녁 찬을 먹을 때가 오자, 시나노 효자는 모친에게 저녁밥을 준비해 손님에게 대접하라고 시키더니 자신은 손발을 전혀 꿈적거리지도 않았더랬지요. 얼마 후 늙은 모친이 저녁밥을 가져오고, 시나노 효자는 연이어 어머니에게 이것 해라, 저것 해라 하며 구시렁구시렁 대더니, 곧이어 찬이 짜네, 밥이 너무 딱딱하네 하며 무턱대고 어머니를 나무랐습니다. 이때 도저히 두고만 볼 수 없었던 오우미의 효자가 목소리와 표정을 매우 사납게 지으며 이렇게 말했더랍니다.

"제가 듣기로, 귀하는 아주 이름난 효자라 해서 천리를 마다하지 않고 찾아와 가르침을 얻고자 했네. 그런데 오늘 벌어진 광경을 보니, 너무나 뜻밖에도 귀하는 늙은 모친을 잘 모시지도 않고 질책만 하네. 귀하의 이런 기절초풍할 행동거지로 어찌 효자라 부를 만하겠는가? 참으로 불효막심하기 그지없네."

이 말에 대한 시나노 효자의 답변이 몹시도 재미있는데요. 시나노 효자가 말하기를.

"효행이라, 효행이라…. 그것은 모든 행동의 근본임에 틀림이 없네. 하지만 효행을 하기 위해 효행을 한다면 결코 참된 효라고 말할 수가 없다네. 억지나 고의가 아닌, 자연스럽게 우러나오는 효행이야말로 참된 효도이지. 나는 비록 늙은 어머니에게 이것 해라, 저것 해라 하고 심지어 나의 다리를 주무르게도 하는데, 그 까닭은 바로 모친께서 아들이 산에 올라가 땔감을 베어 오면 반드시 매우 피곤할 것이라고 생각하며 상냥하게 아들을 돌봐 주고 싶어 하시기 때문이네. 어르신의 호의와 기대를 저버리지 않기 위해 나는 두 다리를 펴 어머니께서 주물러 주시게 한다네. 심지어 손님을 대접하는 일도, 늙은 모친께서는 분명히 미흡한 점이 있다고 생각하실 것이기에, 아들인 내가 불만을 터트렸던 것이네. 이 모든 게 되어 가는 대로 자연스럽게 내버려 두며, 어머니께서 생각하신 대로 하는 것뿐이네. 그래서 아마도 사람들이 날 보고 효자라고 칭찬하는 것 같네."

오우미 효자는 그의 말을 듣고, 별안간 크게 깨달으며 효의 근본은 억지로 무슨 일을 하는 게 아니라, 모든 행동거지를 자연스럽게 하는 것이라는 걸 알았습니다. 그리하여 오우미 효자는 자신의 효도에 부족함이 있다는 것을 알고, 앞으로 평생 동안 참된 효도를 하겠다는 맘을 먹었다고 하는군요. 이것이 바로 『도이옹도화』가 들려주는 효도 수행의 가르침입니다.

10

삶의 즐거움은 성공 전에 있다

성패와 운명

세상에는 역경에 빠진 적이 있는데도 불구하고 성공한 사람은 결코 없습니다. 단지 사람을 평가할 때 담순히 성공이라든지, 또는 실패로만 표준을 세우는 게 근본적인 잘못일 것입니다. 사람은 그 사람에게 맞는 직분으로 인생이라는 항로를 개척하는 게 마땅합니다. 이른바 실패라든지, 성공이라고 하는 것은 결코 문제의 관건이 아니지요. 가령 어떤 사람은 액운을 만났더라도 그것을 극복하고 성공을 합니다. 한편 또 어떤 사람은 운이 좋지 않아 실패를 하기도 합니다. 그렇다고 그것을 보고 비관하거나 슬퍼만 할 필요는 없습니다. 사실 성공과 실패는 단지 진심전력을 이미 다한 사람의 몸에 날은 찌꺼기에 불과합니다. 오늘날 수많은 사람들은 단지 성공과 실패만을 바라볼 뿐이지, 그것보다 훨씬 더 중요한 천지간의 도리를 보지 못하고 있습니다. 그들은 실질적인 것은 생명처럼 아끼지 못하면서 단순히 찌꺼기에 지나지 않는

사람은 사람으로서 할 도리를 다해야만 안심을 하는 존재입니다. ∵ 기나긴 인생의 세월 속에서 한때의 실패는 거품에 지나지 않습니다. 그런데도 이러한 거품만 물고 늘어지는

단지 성공만을 동경하는 이들은 목전의 성패에만 눈을 돌리지요. 그런 사람만 넘쳐난다면 장차 국가의 발전과 진보는 양극 속에 빠지고 말 것이기에 염려스럽기 그지없을 뿐입니다. 가장 좋은 길은 이러한 전략

순간의 성공만을 동경하는 이들은 목전의 성패에만 눈을 돌리지요.

한 생각을 전부 내다버리고, 도리를 좋으며 초지일관하는 것입니다. 그러면 더 이상의 높은 가치가 없는 생애를 누릴 수가 있겠지요. 하물며 성공은 단지 인생의 책임을 완성한 후에 따르는 슬기미에 불과할진대, 어찌 그것에만 개의하면서 만족스러워 하겠습니까?

▒ 실패의 성공학 ▒

중국의 성현을 들라치면 사람들은 우선 요임금과 순임금을 떠올리고, 그 다음으로 우임금, 탕왕, 주 문왕, 주 무왕, 주공 단, 공자를 떠올립니다. 공자를 제외한 요임금, 순임금, 우임금, 탕왕, 주 문왕, 주 무왕, 주공 단 등도 모두 성현의 반열에 든다고 사람들이 동의를 하는 것이지요. 그런 만큼, 오늘날의 관점으로 보더라도 그들은 모두 성공한 인물로서, 정치적 치적을 쌓으며 세상 사람들의 존경을 깊게 받아 왔습니다.

하지만 공자는 도리어 그렇지 않았죠. 공자는 오늘날의 관점에서야 성공한 사람 축에 낄 수 있을지 모르지만, 생전의 공자는 아무런 이유 없이 불의의 재난에 맞닥뜨리고, 무고한 죄를 뒤집어써 진나라와 채나라의 들판에 갇히는 간난신고艱難辛苦를 맛보았습니다. 하지만 천재일우로 살아난 후 지금에 이르러, 공자와 여타의 성인들을 비교할손 치면 공자가 가장 존숭을 받고 있습니다.

중국이란 나라는 참으로 기묘한 구석이 있는데, 바로 영웅호걸의

분묘를 대강대강, 애석해하지도 않으면서 아무 데나 쌓는 것을 전혀 괴이하게 여기질 않습니다. 친우인 이라이白岩는 중국통인데요. 저는 그에게 직접 들은 적도 있고, 나중에 그가 나에게 보내 준 기행문 「고코로노하나心の花」에서 본 적도 있는데, 영웅호걸의 분묘를 소중하게 여기지 않는 중국인들도 산동성 곡부曲阜의 공묘孔廟만큼은 상당히 정중하게 보호한다고 합니다.

또한 공묘의 외관도 장중하고 엄숙하고 아름다우며, 공자의 후예는 아직까지도 특별히 존경을 받는다고 합니다. 하지만 공자는 살아생전에 요임금, 순임금, 우임금, 탕왕, 주 문왕, 주 무왕, 주공 단 등등만큼의 정치적 공적도 없고, 그들처럼 아주 높은 사회적 지위도 얻지를 못했었지요. 또한 재산도 별 볼일 없었습니다. 이렇게 놓고 보면 공자는 실패자입니다. 하지만 이러한 실패는 진짜 실패가 아니라, 도리어 공자야말로 참된 성공을 거둔 게 아닐까요?

만약 우리들이 당장 눈앞에 드러난 사실을 근거로 삼아 한 사람의 성공과 실패를 판단한다면, 미나토가와(湊川, 고베神戸 시를 경유하는 강)에서 화살이 바닥나고 칼이 부러져 자살을 한 구스노키 마사시게(楠木正成, 1294년~1336년, 아시카가 다카우지와 결전을 벌인 남조 정권의 충신 옮긴이)는 실패자일 것입니다. 정이대장군에 올라 위세가 사해를 짓누르던 아시카가 다카우지(足利尊氏, 1338년 교토京都 무로마치室町에 막부를 개설한 무장 옮긴이)는 당연히 성공한 사람일 것이구요. 하지만 오늘날 아시카가 다카우지를 숭배하는 사람은 없지만 구스노키 마사시게를 숭배하는 사람은 끊이지가 않고 있습니다. 이렇게 보면 생전에 성공한 것처럼 보이는 아시카가 다카우지는 영원한 실패자이고, 정반대로 생전에 패배한 구스노키 마사시게는 영원한 성공자인 것 같습니다.

스가와라 미치자네管原道眞와 후지와라 도키히라藤原時平를 비교해 보아도 후지와라 도키히라가 당시의 성공자였고, 후지와라 도키히라에게 터무니없는 참소를 당해 다자이후(太宰府, 지금의 후쿠시마 현福岡縣 서부에 위치했던 치쿠젠국筑前國에 설치한 행정기관 옮긴이)로 좌천을 당한 후 그곳에서 탄식을 하며 죽어 간 스가와라 미치자네는 당시로선 분명히 실패자였습니다. 하지만 오늘날에 후지와라 도키히라를 존경하는 사람은 없는데, 도리어 스가와라 미치자네는 죽은 후에 덴진사마天神樣로 불리어지며 전국의 방방골골에서 그를 위한 제사를 지냅니다. 미치자네의 실패는 결코 실패가 아니라, 진정한 승리였던 셈입니다.

이러한 사실을 바탕으로 궁리하자면, 세인들이 이른바 성공이라고 부르는 것이 반드시 성공인 것도 아니고, 세인들이 실패라고 하는 것도 반드시 실패인 것만은 아닌 듯합니다. 이러한 이치는 말을 하지 않아도 알 것입니다만, 회사라든지 영리사업은 일단 실패하면 투자자와 여타의 많은 사람들에게 막대한 손실을 입히고 맙니다. 때문에 여하튼 꼭 성공을 해야 하지 실패는 용서가 안 되지요. 하지만 정신 사업은 도리어 꼭 그렇지만은 않습니다. 만약 모두 다 안목이 짧고 식견이 천박해 당장 목전의 성공에만 집착하고, 또 사회의 비평에만 신경을 곤두세우면서 세상의 인심을 얻기 위한 사회적 공헌을 하지 않는다면 결국에는 영원한 실패로 귀결될 수가 있습니다.

가령 신문이나 잡지를 발행해 사람들을 일깨우려는 목적을 이루기 위해서는 때로는 당대의 풍조와 조류를 거스를 수밖에 없습니다. 또한 뜻밖의 화를 입어 세인들이 소위 말하는 실패의 늪에 빠져 고통을 당할 수도 있지요. 하지만 이것은 절대로 실패가 아니라, 비록 일순간에는 여지없이 참패를 당한 듯싶지만 장기적인 관점에서 보면 결코 헛된 노력을 한 것도 아니고, 사회를 위해 이루 말할 수 없는 큰 공헌을 한 것입니다. 결국에는 그 사람이야말로 천추만세를 기다릴 필요도 없이, 10년 혹은 20년, 때로는 수십 년 후에 그의 공적이 반드시 크게 빛나 만인의 우러름을 받을 것입니다. 이렇듯 언론문필이나 정신 사업에 종사하는 이들은 만약 생전에 세인들이 흔히 말하는 성공에만 집착하여 일순간의 이득이나 공리만 얻기 위해 시류에 아첨하면, 결코 사회를 위한 공을 세울 수가 없습니다.

때문에 그 어떤 정신 사업에 종사를 하든, 쓸데없이 호언장담만 일삼으며 인생의 근본에 뿌리를 두지 않고, 목전의 큰 이득만 보려고 한다든지 전혀 노력도 하지 않은 채 요행수나 바란다든지 하면, 백 년 후 가령 황하가 다 마르는 시절이 오더라도 결국에는 실패로 끝날 수밖에 없습니다. 최후의 성공은 언감생심일 뿐이지요. 영혼을 배반하지 않으면서, 혼신의 노력을 다한 정신 사업의 실패는 결코 실패이지 않습니다. 바로 공자의 유업이 오늘날 세계의 몇 천만 명의 사람들에게 발붙이고 살 곳과 의지할 곳을 마련해 주는 기초를 닦아 주고 있듯이, 후세를 위해 이바지를 하고, 인심을 얻는 큰 사회적 공헌을 하면 결코 그 공적은 영원히 덮어지지 않을 것입니다.

진인사대천명盡人事待天命

하늘天이란 도대체 무엇인가요? 하늘에 관한 문제는 제가 늘 귀일협회歸一協會 모임 때마다 제기를 해 함께 토론을 해보는데요. 종교를 믿는 어떤 분들께서는 하늘은 영혼이 있는 생물체처럼 인격과 영혼,

그리고 몸을 지니고 있다고 합니다. 사람처럼 수족을 움직이며 우리들에게 행복을 줄 뿐만 아니라, 때로는 불행을 내리기도 한다고 합니다. 게다가 보통 사람들이 하늘에 기도를 하거나 도움을 청하면 하늘이 그것을 받아 들어줘 명운이 바뀌기도 한다고 합니다.

그러나 하늘이 정말로 종교가들이 상상하는 것 마냥 인격과 몸을 지니고 있을까요? 사람의 기도에 따라, 하늘은 정말로 행복 혹은 불행을 사람들에게 내릴 수가 있을까요?

제가 생각하기에 하늘은 인간들이 모르는 사이에 움직이는 자연의 운행이지, 결코 마술사처럼 수많은 불가사의한 기적을 창조하지는 않습니다.

이것이 천명이라든지, 혹은 저것이 천명이라든지 하며 인간이 제멋대로 하늘의 일을 결정할손 치더라도, 하늘은 인간의 일에 근본적으로 개입을 하지 않을 뿐만 아니라 아예 그런 일 자체를 모릅니다. 따라서 사람은 천명을 경외하며, 하늘은 인력으로는 어쩔 도리가 없는 것을 갖고 있는, 그 위대한 힘을 인정하는 것입니다. 단지 사람은 전력을 다해 노력하면 되는 것이지, 아둔하고도 멍청하게 기왕에 억지스런 일이거나 불합리한 일을 반드시 관철시켜야만 한다고 고집을 피울 필요는 절대 없습니다. 단지 인간은 공恭, 경敬, 신信의 마음으로 하늘을 대하는 게 최고이지요.

메이지 천황의 교육칙어(敎育勅語, 국민도덕과 국민교육의 기본을 밝힌 메이지 천황의 칙어. 1890년에 반포해 1945년 종전 때까지 일본의 통치 이념 역할을 했다. 옮긴이)에 나오는 이런 말처럼 처신해야 하지 않을런지요.

"고금을 통해 잘못을 범하지 않고, 세상에 베풀되 도리에 어긋나지 않도록!"

단지 솔직담백하게 영원히 관철되는 대도大道를 좇아 행동하면 되는 것이지요. 인력으로 어쩔 수 없는 일을 과대포장한다든지 불합리한 일을 억지로 하지 않으며 스스로 삼가 바르도록 경계를 하며 근검하고 신중하게 살면 그것으로 족한 것입니다. 하늘이라든지, 신 혹은 부처님이 인격과 몸을 지니고 인간의 감정을 좌지우지한다고 생각하는 것이야말로 잘못인 것입니다.

"하늘이 무엇을 말하랴? 사계절이 운행되고 삼라만상이 잘 자라고 있는데 하늘이 무엇을 말하랴?"天何言哉? 四時行焉, 百物生焉, 天何言哉?[95]

"공자는 의리를 해치는 이익에 대한 것, 은미하여 잘 알 수 없는 천명에 대한 것, 크나큰 도여서 말보다 실천이 더 중요한 인에 대한 것은 적게 말했다."子罕言利與命與仁.[96]

사람이 천명의 존재를 의식하든 말든 천명은 사계절의 운행처럼 삼라만상 안에서 진행되고 있는 것입니다. 때문에 공恭, 경敬, 신信이라는 세 가지 원칙으로 하늘을 대하면서, "진인사대천명盡人事待天命"[97]이라는 말에 하늘의 진정한 뜻이 내포되어 있다고 생각하는 게 좋습니다. 저 또한 이 말이야말로 하늘을 온전히 이해하고 있다고 생각합니다. 때문에 저는 우리가 인생을 살아가면서 하늘을 어떻게 이해해야만 하는가 하는 문제는 공자의 해석이야말로 최선의 답안이라고 생각합니다. 자공子貢이 무엇 때문에 공자 선생님을 알아주는 사람이 없냐고 여쭙자, 공자는 이렇게 말씀하셨습니다.

"하늘을 원망하지도 않고 사람을 탓하지 않는다. 아래로 일상적인 인간의 일을 배워 위로 심오한 하늘의 이치를 통달하니, 나를 알아주는 것은 하늘일 것이다!"不怨天, 不尤人, 下學而上達, 知我者其天乎! [98]

하늘을 인격이라든지 영성을 지닌 동물로 바라볼 필요도 없고, 천

지와 사회에서 발생하는 모든 인과응보를 단지 우발적인 사건이라고
도 생각할 필요가 없이, 공恭, 경敬, 신信의 마음으로 하늘을 대하는 게
가장 온당한 것입니다.

사람의 성패는 관을 덮기 전에는 모른다

다이쇼 3년(1914년) 봄에 저는 중국 여행 중이었는데, 5월 6일에 상
해上海에 다다랐다가, 다음날 기차로 항주杭州에 갔었지요. 항주에는
아주 유명한 명승지인 서호西湖가 있는데, 주변의 서하령栖霞嶺 아래에
는 악비(岳飛, 1103년~1141년)의 돌비석이 있고 그곳으로부터 마흔다
섯 걸음 정도 떨어진 곳에 진회秦檜의 철상鐵像이 있어 악비의 돌비석
과 대비를 이루고 있습니다.

악비는 북송 말기의 명장으로 유명한 인물입니다. 당시 송나라와
금나라 간에는 사방에 봉화가 치솟을 정도로 치열한 싸움을 치르고
있었는데요. 금나라에 의해 연경(燕京, 지금의 북경)을 점령당한 송나라
는 종묘사직을 유지하기 위해 강남으로 철수하여 남송으로 불리어지
게 됐지요.

이때 악비는 조정의 명을 받아 금나라 군대를 대파하고 연경을 막
수복하려는 찰나였습니다. 하지만 간신인 재상 진회가 금나라의 뇌물
을 받고 악비의 지휘권을 박탈하고 그를 소환하고 말았죠. 악비는 간
신배인 진회의 획책임을 알고 이렇게 탄식했습니다.

"신의 직책을 다하지 않았는데, 간신 진회가 황제를 농간하여 십 년
동안 쌓은 업적을 하루아침에 무너뜨리는구나."

그 후 조정의 명령에 복종하지 않은 악비는 무고한 누명을 쓰고 투옥된 뒤 39세의 나이에 살해됐습니다. 악비는 진회가 죽은 후에야 혐의가 풀리고 명예가 회복됐으며, 구국救國의 영웅으로 악왕묘岳王廟에 배향됐습니다. 오늘날 수십 보를 사이에 둔 충성스런 악비와 음흉한 진회는 정말로 상반된 이미지로 절세의 풍자미를 자아내는데요. 절묘하기 그지없습니다. 오늘날 악비의 돌비석에 들리는 관광객은 그를 위해 눈물을 머금지 않는 이가 없는 반면에, 진회의 철상에 간 사람들 중에는 방뇨를 하지 않는 이들이 없습니다. 그들이 죽은 후에, 충신과 간신의 구별이 명확해졌으니, 통쾌하기 이를 데 없는 것이지요.

오늘날 중국인들 중에서는 악비와 같은 사람도 있을 것이고, 진회와 같은 사람도 있을진대, 사람들은 악비의 돌비석에는 참배를 하고 진회의 철상에는 방뇨를 합니다. 이것이야말로 과연 맹자가 말한 "인간의 본성은 착하다人性本善"는 것을 증명하는 게 아닙니까? 하늘과 통한 악비의 충심은 사람들의 마음속에 깊이 스며들어 천 년이 지난 후에도 여전히 그 덕이 숭모를 받고 있습니다. 이것이야말로 '사람의 성패는 관을 덮기 전에는 모른다'는 진리를 여실히 보여 주는 이야기이죠.

악비와 진회의 대비는 일본으로 치자면, 구스노키 마사시게楠木正成와 아시카가 다카우지足利尊氏, 스가와라 미치자네菅原道眞와 후지와라 도키히라藤原時平의 예와 같을 것입니다. 여하튼 악비의 돌비석을 보고 감개무량함을 느낀 것은 비단 저만은 아닐 것 같습니다.

▨ 담대하면서도 세심하게 ▨

자하가 노魯나라의 작은 읍인 거보莒父의 읍장이 되어 정치에 대해서 여쭙자, 공자께서 말씀하셨습니다.

"빨리 성과를 보려 하지 말고, 작은 이익을 추구하지 말라. 빨리 성과를 보려 하면 제대로 성과를 달성하지 못하고, 작은 이익을 추구하면 큰일이 이루어지지 않는다."無欲速, 無見小利. 欲速, 則不達, 見小利, 則大事不成.[99]

사회가 진보해 감에 따라 질서가 정비되는 것은 당연한 일이지만, 새로운 발전의 시대에는 다소간의 불편이 따르기 마련인가 봅니다. 때문에 사람들은 자연히 보수적으로 될 가능성이 짙습니다. 물론 항상 경솔하고 경박한 행동을 피해야 하지만, 지나치게 조심하고, 지나친 근신만을 고집하면 진취적인 기상을 잃어버린 채 인습에만 빠져 나태하기 쉽고, 융통성이 없고, 유약해서 담대하지 못할 수가 있습니다. 이는 사회 진보와 발전에 큰 장애가 되기 십상이고, 개인이나 나라의 앞날에 큰 걱정거리이지요. 세계의 대세가 시시각각 변화하고 경쟁도 날로 치열해지며, 문명의 진보는 더더욱 하루하루가 다르게 나아가고 있습니다. 하지만 유감스럽게도 일본은 너무나 오랜 기간 동안 쇄국정책을 고집하다 보니 세계의 발전 추세에 발을 맞추지 못해 왔지요.

1859년 일본이 개국을 한 이래, 비록 각 방면에서의 진보의 속도가 괄목상대했지만, 아직도 다른 국가에 비해 낙후된 분야가 한둘이 아니란 것을 부인할 수가 없습니다. 일본은 아직 낙후 국가를 벗어나지를 못했다는 말입니다. 때문에 다른 서양 국가와 경쟁하고, 각축하며 그들을 추월하기 위해서는 몇 배의 노력을 더 해야만 할 것입니다.

그런데도 종래의 전통만을 지키며 실패할까봐 두려워 망설이는 나약한 태도로는 국운의 쇠퇴를 피할 수가 없습니다. 이 점을 우리는 깊이 명심하며 그 어떤 계획을 세우더라도 정말로 우리나라를 진정한 일등국으로 만들어야 한다는 것을 목표로 삼아야 합니다. 현재 우리는 활발한 기백과 진취적인 정신을 기르는 게 필요할 뿐만 아니라, 동시에 목표를 충분히 실행에 옮길 수 있는 사람들을 키우는 게 급선무입니다.

활발하고 진취적인 기백을 길러야 진정한 독립자존의 인간이 될 수 있습니다. 지나치게 다른 사람에게 의지하는 것은 반드시 자신의 실력을 쇠퇴하게 하지요. 뿐만 아니라 자신감도 갖기 어렵습니다. 일단 비굴한 성격을 갖게 됐다면 자신을 크게 채찍질해 나약하고 비겁한 마음가짐이 일어나지 못하도록 해야 합니다.

또한 지나치게 자그마한 일에 구속되어 하찮은 일에 몰두하는 시간이 길어지면, 활력이 소멸되고 진취적인 용기가 무뎌지기 마련입니다. 때문에 이 점도 깊이 유념을 해야 하는 것이지요. 세심하고 꼼꼼함도 필요하지만, 다른 한편으로 대담성도 갖추어야만 합니다. 세심함과 담대함을 동시에 갖고 활발함과 적극성으로 일을 추진하면 큰일을 이루기 마련이란 말입니다. 때문에 최근의 보수적인 풍토는 마땅히 경계를 해야 하는 것이지요.

최근에 청년들 사이에서는 새로운 활기가 샘솟아 자신들의 본령을 발휘하는 경향이 있지만, 장년층에서는 여전히 보수적이고 활발하지 못한 기운이 만연하고 있어 걱정입니다. 독립적이고 비범한 정신을 발휘하기 위해서는 모든 사업을 정부에 의존하는 작금의 정부만능주의를 청산해야 합니다. 귀와 눈이 번쩍 뜨이도록 새로운 진보를 이루기 위해서는 민간이 전심전력으로 자신의 능력을 키워야 하는 것이죠. 우선은 정부를 번거롭게 하지 않아도 스스로 사업을 발전시킬 수 있다는 각오가 필요할 것입니다.

또한 하찮고도 소소한 일에 집착해 작은 일에만 몰두하면, 그 결과 국가의 법률 규칙은 갈수록 제정해야 할 게 많아질 뿐입니다. 그리하여 사람들은 법률에 저촉되는 일을 할까봐 몸을 지나치게 낮추게 되고, 수많은 규정을 접촉하는 것도 두렵거나, 규정 내에서만 일을 치르는 소심증에 걸릴 게 뻔합니다. 이렇게 되면 혁신 사업을 경영하는 활발한 기운과 진취적인 생명력이 나오지 못해 세계의 일등국가로 가는 길이 막막해질 뿐입니다.

▓ 순경도 없고, 역경도 없다 ▓

여기에 두 사람이 있다고 가정해 봅시다. 그중에 한 명은 사회적 지위도 없고 재산도 없습니다. 물론 이를 극복시켜 줄 윗사람도 없습니다. 즉 그는 이 세상에서 살아갈 수 있는 생존 환경과 조건이 매우 열악한 것이지요. 근근이 이 세상에 서서, 오직 조금 배운 덕에 보통의 학식으로 이 사회에 나왔습니다. 그런데 그 사람은 비범한 능력이 있고 신체가 건강하고 제법 인내심이 강해 그 어떤 어려움을 겪더라도 참고 노력하는 강인한 정신을 갖추고 있습니다. 그 어떤 일을 그에게 맡기더라도 알맞게 처리를 하여 사람들을 안심시킵니다. 심지어 손윗사람들의 예상을 뛰어넘을 정도로 성취를 이루어 내기 때문에 대부분의 사람들이 그를 매우 칭찬합니다.

그리하여 이 사람은 관직에 있든 없든 간에 반드시 언행일치를 하고, 업적을 이루어 내어 마침내 부귀와 영달을 얻고 출세를 하게 됐습니다. 그런데 사람들은 이 사람의 신분과 지위만을 보고 그의 일생은 순풍에 돛을 단 듯 늘 행운으로 가득 찼을 것이라고 생각하기 일쑤입니다. 하지만 그렇지만은 않습니다. 사실은 순경도, 역경도 없이 그 사람 스스로의 힘으로 그러한 경우를 만들어 냈을 뿐입니다.

또 다른 한 사람은 성정이 게을러 학창시절에는 늘 낙제만 했을 뿐입니다. 겨우 인정에 의해 졸업을 했지만, 지금까지 배운 학식으로 사회에 적응할 수밖에 없었습니다. 하지만 그는 성정이 우둔할 뿐만 아니라, 게다가 자기계발도 하지 않은 탓에 일을 찾아도 상사가 시킨 임무를 잘 해내지 못했습니다. 그런데도 마음에는 불평불만이 가득 차, 일도 열심히 하지 않다가 결국 잘리고 말았죠. 집에 돌아가도 부모 형제가 차갑게 대해 줍니다. 가정에서 신용이 없으면 동네 사람들에게도 마찬가지로 믿음을 얻을 수가 없죠. 이렇게 되면 점점 불평불만이 많아지고, 세월이 쌓이면 자포자기에 빠지고 맙니다. 이때 만약에 나쁜 친구들이 유혹이라도 할손 치면 그는 자연히 자신도 모르게 나쁜 길로 접어들고 말지요. 마침내 바른 길에 서지 못하고 방황만 하다 인생을 망칩니다. 그런데 세상 사람들은 이것을 보고 그 사람은 역경에 빠졌다고 곧잘 말합니다. 표면적으로 보면 여하튼 역경인 것처럼 보이지만, 사실은 그가 모든 걸 자초한 것에 불과합니다.

한퇴지(韓退之, 당나라 시인 한유韓愈, 768년~824년, 당송팔대가의 한 사람으로 산문이 유명하다. 옮긴이)가 그런 사람들을 격려한 시 〈부독서성남符讀書城南〉이 있습니다. 〈아들 부가 장안성 남쪽에서 독서함에 부침〉이라는 시입니다.

"나무가 둥글게도 모나게도 깎이는 것은 목수에게 달려 있고, 사람이 사람다운 것은 뱃속에 찬 시와 글들에 달렸네. 시와 글은 부지런하면 얻을 수 있고, 게으르면 뱃속이 텅 비는 것이라네. 배움의 힘을 알고 싶거들랑, 현명한 사람과 어리석은 사람도 처음에 같았다는 걸 알면 되는 걸세. 배우지 못해 사람됨이 마침내 달라지네.

두 집안에서 서로 다른 아들을 낳아도, 두세 살 어린 아이는 재주가 서로 비슷하네. 조금 자라 같이 모여 노닐 때도, 같은 무리의 물고기와 엇비슷하다네. 열두세 살이 되어, 머리 골격이 조금씩 달라지네. 스무 살이 되면 점점 더 차이가 벌어지고, 맑은 냇물이 구불구불한 도랑에서도 비추어지듯, 서른 살에는 골격이 굳어져 한 명은 용, 다른 한 명은 돼지로 변하네. 학문을 이룬 용은 하늘 높이 날건만, 학문을 못 이룬 두꺼비는 뒤도 돌아볼 재능이 없네. 한 명은 말 앞의 졸개가 되어 채찍을 맞고 등에서 구더기가 생기나, 다른 한 명은 정승처럼 높은 벼슬을 얻고 고래등 같은 솟을대문 기와집에서 산다네.

금이나 구슬이 비록 귀중한 보물이나 너무 비싸 구하기 어렵고, 학문은 몸에만 지니어도 그 몸이 넉넉히 쓰고도 남아돈다네. 군자와 소인은 부모에 얽매인 신분이 아니라네. 그대는 보지 못했는가. 삼공과 재상이 농민으로부터 나오는 것을. 아뿔싸, 삼공의 후손들도 춥고 배고프며 나귀도 없이 다니는 것을.

문장이 어찌 귀하지 않을쏜가. 경서의 가르침은 곧 마음속의 밭 같은 것이라네. 고인 빗물은 근원이 없고, 아침에 찼다가 저녁엔 이미 말라 버린다네. 사람이 고금의 일에 달통하지 않으면, 소나 말에 옷을 입혀 놓은 꼴이라네. 자신의 행동거지가 도리에 맞지 않는데도, 하물며 명예까지 바라는가. 철은 가을이라서 장마도 그치었네. 산뜻한 가을바람 기운이 온 들판 온 마을에 가득하니, 등불 점점 가까이하여 책을 펼칠 만하네. 어찌 아침저녁으로 책이 떠오르지 않을쏜가, 그대를 위해 세월을 아껴야 하니. 은혜와 의리는 서로 어긋남이 있고, 시를 지어 모든 이들에게 학문을 권하네."[100]

이 시는 비록 사람들에게 학문을 권하는 게 주된 내용이지만, 순경과 역경이 같지 않다는 것을 알게 해줍니다. 요컨대 악한 자는 비록 가르쳐 주어도 그 방법을 알지 못하고, 선한 자는 가르쳐 주지 않아도 자연스럽게 그의 운명을 개척한다는 것입니다. 따라서 엄밀하게 얘기해, 이 세상에는 그 어떤 순경도, 그 어떤 역경도 없는 셈입니다.

만약 한 사람에게 뛰어난 지능이 있고, 게다가 끊임없이 노력한다면 그는 절대로 역경에 빠지지 않습니다. 역경이라고 하는 말이 없다면, 순경이라는 말도 사라질 것입니다. 스스로 역경을 초래했기에 그것과 대비되는 순경이라고 하는 말이 생겨나지 않았을까요?

가령 신체가 허약한 사람이 감기를 무조건 날씨가 추운 탓이라고만 한다든지, 복통에 걸린 사람이 날씨가 더운 탓만 하는 꼴입니다. 그런 사람들은 절대로 자신의 체질이 나쁘다는 말을 입 밖에 내지를 않지요. 만약에 평소부터 몸 건강에 유념해 신체를 단련했다면, 감기와 복통이 오기 전에 자연히 기후 변화로 인한 병을 얻는 우를 피할 수가 있습니다. 병을 얻은 후, 자신을 탓하지 않고 날씨만 탓하는 사람들은 역경을 스스로 조성한 죄를 하늘에 돌리고 탓하는 사람에 불과합니다.

맹자가 양혜왕에게 한 말이 있습니다.

"왕이 흉년을 핑계로 삼지 않으면, 천하의 백성들이 왕에게로 모여들 것입니다王無罪歲, 斯天下之民至焉."[101]

왕이 자신의 정치적 과오를 인정하지 않고, 백성들이 굶주리는 까닭을 흉년에만 돌린다면 큰 잘못이라는 뜻입니다. 만약에 백성들이 복종을 하지 않으면, 흉년이나 풍년은 중요하지 않습니다. 관건은 통치자가 온 힘을 다해 인정을 베풀지 않은 까닭입니다. 그런데도 민심의 이반을 흉년 탓으로만 돌리면 이것은 스스로 역경을 만드는 꼴이요, 자신의 덕이나 노력의 부족함을 묻지 않고 모든 죄를 하늘에만 돌리는 것과 같은 심보라는 뜻입니다.

이렇게 대부분의 사람들은 모두 이러한 병폐를 지니고 있습니다. 역경이 닥쳤을 때, 자신의 지능과 노력을 무시하는 것은 정말로 바보스런 짓입니다. 저는 한 사람이 만약에 자신의 지능 그리고 노력을 거기에 더한다면 흔히 세인들이 말하는 역경이 절대로 그 사람의 머리에는 떨어지지 않는다고 굳게 믿습니다.

저는 감히 단언하고 싶습니다. 세간에 절대 역경이란 없습니다! 하지만 그렇게 극단적으로 말할 수 없는 경우가 하나 있기는 하죠. 바로 재능과 재간을 겸비하고, 또 부지런하고 진취적이며 사람들의 사표로 존경을 받기에 부족함이 없는 인물이 정치계에서든 비즈니스계에서든 도리에 맞게 뜻을 펼쳤지만, 무슨 일을 하든지 간에 영문을 알 수 없을 정도로 아무런 까닭 없이 차질을 빚어 역경에 빠지는 사람이 있습니다. 이러한 사람의 역경이야말로 진짜 역경이 아닐까요.

▨성공은 단지 부산물일 뿐▨

　세상에는 역경에 빠진 적이 없는데도 불구하고 성공한 사람은 결코 없습니다. 단지 사람을 평가할 때 단순히 성공이라든지, 또는 실패로만 표준을 세우는 게 근본적인 잘못일 것입니다. 사람은 그 사람에게 맞는 직분으로 인생이라는 항로를 개척하는 게 마땅합니다. 이른바 실패라든지, 성공이라고 하는 것은 결코 문제의 관건이 아니지요. 가령 어떤 사람은 액운을 만났더라도 그것을 극복하고 성공을 합니다. 한편 또 어떤 사람은 운이 좋지 않아 실패를 하기도 합니다. 그렇다고 그것을 보고 비관하거나 실망만 할 필요는 없습니다. 사실 성공과 실패는 단지 전심전력을 이미 다한 사람의 몸에 남은 찌꺼기에 불과합니다.

　오늘날 수많은 사람들은 단지 성공과 실패만을 바라볼 뿐이지, 그것보다 훨씬 더 중요한 천지간의 도리를 보질 못하고 있습니다. 그들은 실질적인 것은 생명처럼 아끼지 못하면서 단순히 찌꺼기에 불과한 금전적 이득만을 중요시하지요. 기실 사람은 사람으로서 할 도리를 가슴 깊이 간직하면서 자신의 직분을 진정으로 다해야만 안심을 하는 존재입니다.

　광대한 세계에서 얼핏 성공인 것 같지만 본래는 실패인 게 적지 않습니다. 사실 참된 지자智者는 자신의 운명을 스스로 만들어 낼 줄 압니다. 게다가 운명이란 게 지자의 인생을 지배하지도 못하지요. 이렇게 지혜로운 사람만이 자신의 명운을 창조할 수 있습니다. 설령 선량한 군자일지라도 지력이 모자라면 관건이 되는 시기에 좋은 기회를 놓쳐 버려 성공의 싹을 스스로 싹둑 잘라 버릴 수가 있습니다. 도쿠가와 이에야스와 도요토미 히데요시를 비교하면 이 점이 명확해지지요.

만약에 도요토미 히데요시가 80세의 천수를 누린 반면에, 도쿠가와 이에야스가 60세에 일찍 죽고 말았더라면, 천하는 과연 어떻게 됐을까요? 어쩌면 천하는 도쿠가와씨에게 귀속되지 않고 도요토미씨에게 돌아갔을지도 모릅니다.

그런데 환영처럼 헤아릴 수가 없는 명운은 도쿠가와씨를 돕고, 도요토미씨는 뜻밖의 재앙을 맞고 말았지요. 그 까닭은 도요토미 히데요시가 너무 일찍 죽어 버린 탓이라든지, 도쿠가와 이에야스 밑에 운집한 명장지신들의 공로 때문만이 아니라, 도리어 도요토미 히데요시의 측실인 요도기미淀君가 정권을 농단하며 정치에 간여한 탓도 있습니다. 그녀는 아직도 미성년인 도요토미의 고아에게 한마음 한뜻으로 충절을 다하는 가타기리 가쓰모토(片桐且元, 1556년~1615년, 1583년 시즈가타케賤ヶ岳 전투에서 큰 공을 세우고 오사카 성을 지켰다. 도요토미 히데요시의 사후에 도요토미 히데요리豊臣秀頼를 보좌하며 도요토미 가문과 도쿠가와 가문의 대립을 피하고자 노력했다. 1614년 전쟁을 피하기 위해 도쿠가와 이에야스와의 평화 교섭에 나섰으나 도요토미 히데요리의 생모인 요도기미로부터 이에야스와 내통했다는 의심을 사 쫓겨났다. 옮긴이)에게 맡기지 않고, 오히려 간신배인 오노 하루나가(大野治長, 요도기미의 유모인 오쿠라 교노쓰보네大藏卿局의 아들로, 세키가하라關ヶ原 전투 이후 가타기리 가쓰모토를 실각하게 하고 도요토미 가문의 지도자적 위치에 올라섰으나, 오사카 여름 전투에 패한 후 요도기미, 도요토미 히데요리 등과 함께 자살했다. 옮긴이)에게 맡겨 버리고 말았습니다.

이 밖에 이시다 미쓰나리(石田三成, 도요토미 히데요시가 죽은 후 서군을 조직해 도쿠가와 이에야스의 동군과 1600년에 세키가하라 전투를 벌였으나 참패당한 후 참수됐다. ^{옮긴이})의 관동정벌도 도요토미의 자멸을 부르는 악재로 작용했습니다.

하여튼 저는 도요토미 히데요시는 미련했고 도쿠가와 이에야스는 현명했지만, 도쿠가와 이에야스가 3백 년의 패업을 이룰 수 있었던 것은 그의 명운이 그렇게 움직인 덕분이라고 판단합니다. 비록 제가 이렇게 말하지만, 명운을 두 손에 꽉 쥐고 그것을 쥐락펴락하기란 매우 어려운 일입니다. 보통 사람들은 명운을 쥐락펴락하며 운명을 뒤바꿀 지력이 없습니다. 하지만 도쿠가와 이에야스는 이러한 지력을 갖고 있었기 때문에 시기를 잘 파악하며 그의 명운을 스스로 개척할 수가 있었습니다.

요컨대 한 개인이 단지 착실하게 노력하고 분투하기만 하면 자신의 운명을 개척할 수 있고, 그렇게 하는 게 가장 좋은 방법일 것입니다. 만일 실패하더라도 자신의 지력이 부족함을 인정하고, 만약에 성공하면 자신의 지혜를 잘 활용한 결과라고 생각하는 게 좋습니다. 여하튼 성공을 하든, 실패를 하든, 모든 일을 전부 하늘에 맡길 일이지 결코 하늘을 원망하거나 남 탓을 할 게 아닌 것이지요.

설령 실패를 하더라도 계속해서 노력을 해나간다면, 또 명운을 바꿀 역전의 기회는 찾아오는 법입니다. 인생이란 형형색색이라서, 때로는 선인이 악인에게 패하지만, 시간이 오래 흘러 마지막에 이르면 응당 그에 따르는 보답과 징벌이 있기 마련입니다. 때문에 성패의 시비선악을 논하는 것보다는 우선 착실하게 노력하며 땀을 흘리는 게 더 중요하지요. 만약에 이렇게만 한다면, 공평무사한 푸른 하늘도 반드시 복을 줄 것이고, 명운을 개척하도록 할 것입니다.

도리란 해와 달처럼 광명정대하여, 시종일관 진상을 백일하에 낱낱

273

이 드러나게 하지, 결코 음지에만 내버려 두지 않습니다. 때문에 도리에 순종하며 따르는 이는 반드시 영광을 볼 것이고, 도리에 어깃장을 놓으며 이득에만 급급한 자는 반드시 멸망을 자초할 것입니다. 기나긴 인생의 세월 속에서 한때의 실패는 거품에 지나지 않습니다. 그런데도 이러한 거품만 물고 일순간의 성공만을 동경하는 이들은 목전의 성패에만 눈을 돌리지요. 그런 사람만 넘쳐난다면 정말로 국가의 발전과 진보는 암흑 속에 빠지고 말 것이기에, 염려스럽기 그지없을 뿐입니다. 가장 좋은 길은 이러한 천박한 생각을 전부 내다버리고, 도리를 좇으며 초지일관하는 것입니다. 그러면 더 이상의 높은 가치가 없는 생애를 누릴 수가 있겠지요.

하물며 성공은 단지 인생의 책임을 완성한 후에 따르는 술지게미에 불과할진대, 어찌 그것에만 개의하면서 만족스러워 하겠습니까?

11 어질고 후덕한 풍속이 있는 마을에 살라

『논어』 강의

사람이란 자신의 몸을 생각하면 곧바로 자신의 집을 떠올리고, 자신의 집을 생각하면 곧바로 자신의 고향을 떠올립니다. 이것은 자연스런 인지상정입니다. 이 고향을 생각하는 인정이 발달해 애국 심이 되고, 게다가

한층 더 커져 세계 인류까지 미치면 박애야고 말합니다. 세계 인류를 위해 애를 쓰고, 또는 국가와 동포를 위해 쓰겠다고 생각하면 우선 근원을 거슬러 올라가, 자신의 고향을 사랑하고 자신의 집을 사랑하지 않으면

안 됩니다. 가까운 데서 시작해 멀리까지 다다르는 게 자연의 질서이고 인간의 상식입니다. 저는 이러한 정신을 품은 이후 고향을 위해 미력이나마 애를 쓰고 있습니다. 가능한 인후仁厚의 풍속이 오랫동안 고향에서

꽃피기를 바라기에, 농사를 짓고 있는 조카들에게 마을에서 솔선수범하여 순박한 풍속을 지켜 주라고 가르치고 있습니다. 고향에서는 저희 집이 중심이고, 조카들이 마을 분들의 보살핌을 받고 있기 때문에 솔선수범

해서 순박한 풍속을 지키면 마을 인부가 자연스레 이것을 배울 것입니다. 부디 저의 희망이 실현되도록, 다른 촌락과 싸우는 폐해도 없이 고향 마을 사람들이 서로 친하게 지내며 순박하고 어진 풍속을 지켜내

를 간절히 바라고 있습니다. 하지만 미풍양속으로만은 부족합니다. 미풍양속과 더불어 세계의 신지식을 항상 받아들여 자신의 직업에 응용하며 문명개화를 하지 않으면 안 됩니다. 그러기 위해서는 학교 교육이 중요

하지요. 소학교 교장과 선생님들에게 그런 사람을 얻는 게 가장 중요하다며 실제로 그들의 힘을 빌리고 있습니다. 마음은 환경에 따라 변한다고 한린자이臨濟 스님의 말처럼 사람은 경우에 따라 마음이 변하기 마련입

니다. 맹모삼천의 가르침도 공자의 가르침도 바로 이용했습니다. 공자의 깊은 가르침을 다시 밥바하지만, 언덕을 자신의 마음에 안주하게 하는 마음에 살아야 합니다.

﹅어떠한 경우라도 절차탁마切磋琢磨하라﹅

자공이 여쭈었습니다. "가난해도 아첨하지 않고, 부유해도 교만하지 않으면 어떻겠습니까?" 공자께서 말씀해 주셨습니다. "괜찮겠지. 허나 가난하지만 삶을 즐거워하고, 부유하면서 예를 좋아하는 이만 못하지." 자공이 여쭈었습니다. "시에 말하기를 절차탁마라 하는 데, 바로 이를 두고 한 말입니까?" 공자께서 말씀했습니다. "사야, 비로소 너와 더불어 시를 논할 수 있겠구나! 과거를 말해 주면 미래를 아니 말이다." 子貢曰, 貧而無諂, 富而無驕, 何如? 子曰, 可也. 未若貧而樂, 富而好禮者也. 子貢曰, 詩云, 如切如磋如琢如磨, 其斯之謂與? 子曰, 賜也, 始可與言詩已矣. 告諸往而知來者.[102]

이 구절은 자공의 질문을 통해 현자의 행동과 학문 도리의 심오함을 말하고 있습니다. 세 부분으로 나눌 수가 있습니다. 제1절은 빈부에 관한 문답입니다. 제2절은 자공이『시경』을 통해 학문의 끝없음을 감탄하고 있고요. 제3절은 공자가 자공의 올바른 이해를 칭찬하며 격려하고 있습니다.

자공이 질문했지요.

"흔히 사람은 가난할 때는 자연스럽게 비굴해져 다른 사람들에게 알랑거리고, 부유해지면 제멋대로 굴며 사람을 깔보고 교만해지기 십상입니다. 그런데 가난해도 사람에게 아첨하지 않고, 부유해도 교만하지 않는 것은 어떻습니까?"

분명히 자공은 빈부에 동요하지 않는 자질이 있습니다. 게다가 스스로 부유하지만 잘난 체 하지 않고, 대단히 우쭐거릴 만한 면이 있어도 공자에게 이렇게 질문했던 것입니다.

아첨하는 일도 없고 교만한 일도 없는 것은 보통 사람의 경지를 뛰어넘는 훌륭한 면모이지만, 이것은 단지 비굴하고 교만한 결점이 없는 것에 불과하지 빈부에 대한 도를 얻었다고는 말할 수가 없습니다. 때문에 공자는 '괜찮겠지'라며 자공의 견고한 자세를 받아들이면서도 더 나아가 최선의 방법을 이렇게 제시해 줍니다.

"가난할 때에도 도를 즐기며 마음을 넓게 갖고 살아가고, 부유할 때에도 예를 좋아하고 착한 마음으로 의를 좇는 레벨이 한 걸음을 더 나아가는 것이다."

이렇게 도와 예를 좋아하고 즐기며, 타고난 자질에 안분지족할 때 부귀에 대해서도, 빈천에 대해서도 스스로 깨달을 수가 있는 것이지요. 공자는 이것을 자공이 행한 방법과 비교하고, 더 나아가 한층 더 높은 방법을 가르쳐 주며 자공의 미숙함을 지적했습니다.

자공은 알랑거리는 일도, 교만한 일도 없으면서 부귀를 대해 충분히 좋은 생각을 갖고 있음에도 공자의 가르침을 듣고 배움에는 끝이 없다면서, 점점 더 궁리를 하지 않으면 안 된다는 것을 깨닫지요. 그리고『시경』「위풍衛風」에 있는 〈기오淇澳〉편을 인용하며 자신의 생각을 말합니다.

"짐승의 뼈와 뿔을 세공하는 직인이 그 형태를 잘라 낸 다음에도 다시 줄질로 다듬고, 옥과 돌을 세공하는 직인이 그 형태를 쪼고 나서도 다시 모래와 돌로 갈아 낸다는 '절차탁마切磋琢磨'라는 시구가 있는데, 바로 이것이 그런 의미입니까?"

자공은 공자의 가르침을 받고 부귀의 도 이외에도 학문의 도 또한 크게 깨달았기에 그렇게 말한 것입니다. 공자는 자공의 말을 듣고, 그의 기민한 지혜를 칭찬했고요.

"사(자공)야! 너와 더불어 『시경』을 논할 수 있다는 것을 처음으로 알았다. 너의 총명함과 깨달음은, 가령 지난 일을 가르쳐 주어도 그것에서 유추하여 말하지도 않은 것을 알아낼 수가 있구나."

▨ 무리하게 용을 써 눈을 홀리지 말라 ▨

공자께서 말씀하셨습니다. "남들이 나를 몰라준다고 걱정하지 말고, 내가 남을 모르는 것을 걱정하라."子曰, 不患人之不己知, 患不知人也.[103]

학문은 자신을 수양하기 위해서지 다른 사람에게 인정받기 위해서 하는 허영심이 아닙니다. 자신의 학문이 진보하고 인격이 드높아지는 걸 사람들이 알아주지 않더라도 걱정할 필요가 없습니다. 남들이 자신을 인정해 주지 않는 걸 끙끙 앓으며 걱정하는 것보다 다른 사람의 참된 가치를 못 보는 자신의 낮은 능력을 번민하는 사람이 되어야 합니다.

물론 "남들이 나를 몰라준다고 걱정하지 말라"는 생각은 공자가 살았던 시대의 소극적 처세 방법이었습니다. 오늘날에도 이런 처세로는 성공하기가 힘들지요.

"이왕 의지할 바에는 든든한 사람에게 의지하라"는 속담도 있습니다. 정치가는 세력이 있는 사람에게, 공무원은 상사에게, 회사원은 회사 중역의 눈에 차지 않으면 성공하기가 힘듭니다. 자신의 직무에 40년 동안 근속을 해서 영년근속永年勤續 상을 받더라도 약삭빠르게 움직여 성공한 사람의 발밑에 있는 것에 불과합니다.

그래서 조금은 뻔뻔스럽게 움직여, 당나라의 한퇴지(韓退之, 당송팔대가의 한 명인 한유韓愈)와 송나라의 소노천(蘇老泉, 소동파의 아버지인 소순蘇洵)이 "나와 같은 사람을 등용하지 않은 게 군주의 잘못이다"라며 스스로를 천거한 것처럼, 적극적으로 자신을 칭찬하지 않으면 안 되는 세상이라는 의견도 있습니다.

하지만 자신의 실력 이상으로 자신을 평가하는 풍조는 꼴불견입니다. 금은 땅속에 파묻혀도 금이고, 납은 비단 주머니에 담겨도 납일 뿐이지요. 굳이 자기선전을 하지 않아도 언행을 성실하게 하면 자연스럽게 세간의 신용을 얻기 마련입니다. 잘 알지도 못하는 것은 아는 체하지 않고, 말한 것은 틀림이 없고, 행동에 잘못이 없고, 언행일치를 하면 남들의 신용을 받지 못할 사람이 없지요. 신용이 두터우면 자신이 판로를 넓히지 않더라도 반드시 누군가가 자신을 위해 언로를 넓혀 주기 마련입니다. 상사에게 조금이라도 알랑거리지 않아도, 중역에게 아부하지 않아도 무겁게 쓰일 수가 있습니다.

저의 경험으로 보건대, 신용을 얻기 위해 노력하고 자신이 바라지 않는 것은 남에게도 강요하지 않고, 늘 향상심向上心을 잃지 않고, 요상한 기운을 펼치지 않고 자기반성을 철저하게 하고, 무턱대고 자기선전을 하지 않도록 항상 노력을 아끼지 말아야 할 것입니다.

▨ 월급을 올리는 공자의 비결 ▨

자장이 녹봉을 구하는 법을 묻자 공자께서 말씀하셨습니다. "많이 듣되 의심되는 것을 제쳐 두고, 그 나머지를 신중하게 말하면 말실수가 없을 것이고, 많이 보되 위태로운 것을 제쳐 두고 그 나머지를 신중하게 실천하면 뉘우침을 줄인다. 말에 허물이 적고 행동에 뉘우침이 적으면 녹봉은 절로 있게 마련이다."子張學干祿, 子曰, 多聞闕疑, 愼言其餘, 則寡尤, 多見闕殆, 愼行其餘, 則寡悔. 言寡尤, 行寡悔, 祿在其中矣.[104]

자장이 스승인 공자에게 벼슬아치가 되어 급료를 받는 도에 대해 여쭈었습니다. 그러자 공자는 이렇게 대답했지요.

"벼슬아치가 되고 싶거들랑 스스로 수양을 해 실력을 충실하게 쌓도록 하라. 그 수양 방법은 많이 듣고 넓게 도리를 깨우쳐도 자신이 확신하지 못하는 일은 뒤로 미루고, 틀림이 없다고 믿는 일만 사람에게 말하며, 많이 듣고 넓게 사물을 알아도 괜찮다고 생각하지 않는 일은 그만두고, 도의에 반하지 않고 확신할 수 있는 일만 하면 비난받지 않고 또한 스스로 후회를 하는 일도 없다. 이렇게 말과 행동에 뉘우침이 없으면 세간의 평판도 좋고, 윗사람도 알아주며 자신이 힘써 자신을 팔지 않아도 반드시 등용이 된다. 그러면 급료는 마땅히 딸려서 오기 마련이다."

앞으로

　물론 공자의 말이 오늘날에는 통용되지 않는다면서 이렇게 말하는 이들이 많습니다.

　"이렇게 말과 행동을 조심하는 소극적인 삶은 생존경쟁이 치열한 사회에서는 성공할 가망이 없습니다. 적극적으로 자신을 세간에 알리지 않으면 도태되기 마련입니다."

　하지만 오늘날에도 자신을 선전하기에만 여념이 없는 사람은 동료들의 미움을 받고, 사회에서도 따돌림을 받기 마련입니다.

　언행이 독실하면 관계에서든 민간에서든 반드시 신용을 받기 마련이지요. 80년에 걸친 저의 삶의 경험이 바로 그렇습니다. 많이 듣고 의심나는 것은 버리고, 그 나머지 분명한 것들만을 이야기하는 것은 어지간한 겸손가가 아니라면 하기 힘든 처세입니다. 많이 보고, 위험한 일이라고 생각되어지는 것을 버리고 자제하는 일은 경솔하고 생각이 얕은 사람이 하기 어렵습니다. 모르는 일을 아는 체 하지 않고, 말에 틀림이 없고, 하는 일에 잘못이 없으며 시종일관 언행일치를 하면 신용받지 못할 이유가 없지요. 세상의 신용이 두터운 사람이라면, 설령 자기선전을 않을손 치더라도 반드시 크게 쓰임을 받기 마련입니다.

　급할수록 돌아가라고 했습니다. 지름길이 도리어 위험할 수 있습니다. 옛날 센고쿠戰國 시대의 명장인 고바야카와 다카카게(小早川隆景, 1533년~1597년)가 비서에게 편지를 쓰게 할 때, 이렇게 주의를 주었습니다.

　"이 편지는 매우 급한 용건이기에, 마음을 가라앉히고 차분하게 쓰도록 하라."

　곧 '급할수록 돌아가라'는 말의 좋은 실례입니다.

▧ 양화가 악화를 내쫓는 인간학 ▧

노나라의 군주 애공이 물었습니다. "어떻게 하면 백성이 따릅니까?" 공자께서 말씀하셨습니다. "정직한 사람을 등용하고 정직하지 못한 사람을 버리면 백성들이 따르고, 정직하지 못한 자를 등용하고 정직한 사람을 버리면 백성들이 복종하지 않습니다."哀公問曰, 何爲則民服?

孔子對曰, 擧直錯諸枉, 則民服, 擧枉錯諸直, 則民不服.[105]

곧은 목재를 휘어진 목재 위에 두면, 아래에 있는 휜 목재도 곧은 목재에 눌려 곧게 펴집니다. 이처럼 현명하고 바른 사람을 등용해 사람들의 위에 두면 백성들과 부하들은 저절로 바른 심복이 되기 마련이지요.

고금의 예를 들어 볼까요. 명군이던 순임금은 현인이던 법률가 고요皐陶를 등용해 천하를 다스렸지만, 은나라 폭군이던 주왕紂王은 악한 무리들을 중용한 탓에 순식간에 망하고 말았습니다. 일본에서도 미나모토 요리토모源賴朝가 1185년경에 가마쿠라鎌倉 막부를 열었지만 현명한 인재들을 등용하지 않고 오로지 인척이던 호죠씨北條氏 사람들만을 믿다가 결국 1333년 호죠씨에게 멸망당하고 말았습니다.

도쿠가와 이에야스는 이와 반대로 대대로 그를 섬겨오던 후다이譜代의 현명한 인재들(사카이 다다쓰구酒井忠次, 혼다 다다카쓰本多忠勝, 사카키바라 야스마사榊原康政, 이이 나오마사井伊直政 등의 사천왕)을 등용하고 천태종의 덴카이天海와 임제종의 스덴崇傳이라는 걸출한 승려들을 고문으로 앉혔습니다. 게다가 한학자인 후지와라 세이카藤原惺窩, 하야시 라잔林羅山을 등용해 문교文敎를 흥성하게 하며 문무겸치를 꽃피우면서 제반의 제도를 용의주도하게 개혁하여 에도 300년의 태평시대를 열었습니다.

아토베 가쓰스케跡部勝資, 나가사카 조칸長坂調閑을 중용한 다케다씨武田氏는 망하고, 다하라 조닌田原紹忍을 총애한 오오토모씨大友氏는 무너졌습니다. 독일의 빌헬름 1세는 비스마르크를 써서 번영을 이루었지만 독일제국의 3대 황제였던 빌헬름 2세는 비스마르크를 해임했다가 퇴위를 당한 후 망명했습니다. 설령 국가의 최고 주권자로 군림하더라도 현명한 인재를 등용하지 않고 둔재와 악인들을 등용했다가 큰코다친 경우는 동서고금에 숱합니다.

저는 사람을 쓸 때에 재승박덕한 사람은 채용하지 않고 역시나 성실하고 정이 따뜻한 사람을 채용합니다. 안심하고 일을 맡길 수가 있기 때문입니다. 또한 세간과의 교제에도 불안하지가 않습니다.

▓ 신뢰야말로 도덕과 경제의 중심이다 ▓

공자께서 말씀하셨습니다. "사람이 믿을 만한 점이 없다면 그 사람이 할 수 있는 일이란 거의 없을 것이다. 이를 수레에 비유하자면, 큰 수레에 소를 연결하는 데 중요한 역할을 하는 끌채가 없거나, 작은 수레에 말을 연결하는 데 중요한 역할을 하는 쐐기가 없다면 그것이 어떻게 앞으로 나아갈 수 있겠는가?"子曰, 人而無信, 不知其可也. 大車無輗, 小車無軏, 其何以行之哉?[106]

신뢰信는 도덕의 중심입니다. 그런고로 공자는 「안연顏淵」편에서 "백성들이 믿지 않으면 정치는 성립될 수 없다民無信不立"고 가르쳤고, 그

밖에도 '신뢰'에 대해 말한 게 『논어』 안에 15군데입니다. 우거牛車에는 '끌채輗', 마차에는 '쐐기軏'라고 하는, 수레와 그것을 끄는 동물을 연결하는 중요한 도구가 있습니다. 만약에 끌채와 쐐기가 없다면 그 아무리 좋은 수레일지라도 달릴 수가 없는 무용장물에 불과합니다.

신뢰는 사람에게 마치 끌채와 쐐기 같습니다. 만약에 사람에게 신뢰가 없다면 여하한 재능이 있다손 치더라도, 여하한 기량이 있을지라도 끌채와 쐐기가 없는 수레처럼 무익한 사람이 되고 말지요. 인간의 행동에서 신뢰는 마치 쥘부채의 사북과 같습니다. 신용이 없으면 그 어떤 직위에 있더라도, 그 어떤 사업을 하더라도 세상에 바로 설 수가 없을 것입니다.

맹자는 "부자유친父子有親, 군신유의君臣有義, 부부유별夫婦有別, 장유유서長幼有序, 붕우유신朋友有信"의 순서로 오륜五倫를 말한 바 있는데요. 물론 맹자는 '신信'을 가장 뒷자리에 두었지만 이것은 인류 진보의 경로에 지나지 않습니다. 원시시대에는 우선 서로 사랑하고 친근하게 지내는 부자, 부부, 형제의 정의가 나왔고, 그 다음으로 군신의 관계가 싹텄습니다. 그리고 차츰차츰 사회조직이 진보함에 따라 친구 등의 사이에 싹튼 교의가 두터워지며 사회를 유지하기 위해 스스로를 속이지 않고, 사람을 기만하지 않고 서로가 도덕적인 연쇄를 강하게 할 필요가 생겨났던 것이지요.

효제충신孝悌忠信도 그렇고, 인의예지신仁義禮智信도 역시 '신信'을 가장 끝자리 두었지만 이것은 신을 가볍게 보는 의미가 아니라, 다른 네 가지 덕과 더불어 '신'도 여하튼 인간 사회에 꼭 필요한 덕목임을 말하고 있는 것일 뿐입니다.

신뢰의 효용은 사회가 진보해 감에 따라 점점 그 가치가 커지고 그에 상응하는 범위도 넓어지고 있습니다. 한 개인으로부터 한 마을로, 한 마을로부터 한 지방으로, 한 지방으로부터 한 나라로, 한 나라로부터 전 세계로 '신뢰의 위력'은 그야말로 국가적, 세계적 가치로 확장됐습니다. 회사 경영도, 상업 거래도, 행정 운영도, 재판 효능도, 외교 행사도 죄다 신뢰에 기반하고 있다고 해도 과언이 아니지요.

그러나 '믿을 신信'자는 '의로울 의義'자와 서로 어울려야, 행동으로 옮겨도 진정한 의미를 가질 수가 있습니다. 「학이學而」편 제13장에서 공자는 "다른 사람과의 약속이 올바른 도리에 가까워야 말한 대로 실천할 수 있다信近於義, 言可復也"고 가르치고 있습니다. 여하튼 신뢰가 중요하지만, 그것이 의로움을 벗어난 약속이라면 지킬 필요가 없습니다. 가령 다른 사람과 나쁜 일을 저지르자는 약속은 의롭지 않기 때문에 지킬 수가 없는 것이지요.

덴쇼(天正, 1573년~1593년) 10년 6월, 아케치 미쓰하루明智光春가 백부인 아케치 미쓰히데明智光秀의 반역에 동조하기로 한 약속을 지킨 것은 불의의 약속 이행이기에 칭찬할 수 없습니다. 한편 도리이 스네에몬(鳥居強右衛門, 1540년~1575년)은 나가시노長篠 전투 때 다케다 가쓰요리武田勝頼의 포위망을 뚫고 오다 노부나가織田信長와 연락을 취하며 도요가와豊川 강의 급류를 헤치고 성으로 돌아가다, 바로 그 직전에 적에게 잡히어 책형(磔刑, 기둥이나 판자에 묶고 창으로 찔러 죽이는 형벌)을 당했습니다. 이것은 조금도 굴하지 않고 사명을 완수하고자 한 신의의 좋은 귀감입니다.

저는 메이지 6년 5월부터 은행을 경영하면서 여러 가지 회사 사업에 관계를 맺고 있지만, 신용 하나만큼은 철저하게 지키면서 큰 잘못없이 일을 하고 있습니다.

법학박사 호즈미 노부시게穗積陳重씨는 지인의 아들에게 '신노스케信之助'라는 이름을 지어 줄 때 '명명命名의 사辭'를 대신해 도덕 진화론을 말하며 신뢰의 중요성을 이렇게 설명했던 적이 있습니다.

"믿음信은 원래 어머니가 아들에게 젖을 먹일 때 모자간에 싹튼 '친밀감' 즉 '친親' 자가 바로 그것의 시초다. 모자간의 친밀감이 넓어져 어버이와 자식 간의 친밀감이 되고, 게다가 동족의 친밀감으로까지 넓어졌는데, 사회가 진보해 감에 따라 그 범위가 확장되어 온 것이다. 친밀감은 또 그 형식이 변화해 '신信'이라고 하는 고유명사가 됐다. 사회가 점점 진화하고 그 범위가 넓어지면 넓어질수록 신도 더욱더 커져 사회 결속을 위해서는 없어서는 안 될 아주 큰 요소가 됐다. 믿음은 도덕 중에서도 가장 진보한 형식을 갖추었기에, 오늘날처럼 각국이 대치하면서 교류, 조약, 무역을 하기 위해선 단 한순간이라도 없어서는 안 될 중요한 덕목이다."

시부시게씨의 이 말에 저는 전적으로 동의합니다. 제가 80년의 삶 동안 '신뢰' 하나만큼은 끝까지 지켜 나간 것도 이 말과 같은 의견이기 때문입니다.

▒ 어질고 후덕한 풍속이 있는 마을에 살라 ▒

공자께서 말씀하셨습니다. "어질고 후덕한 풍속이 있는 마을에 사는 것은 아름답다. 스스로 인에 머물기를 마다한다면 어찌 지혜롭다 하겠는가."子曰, 里仁爲美. 擇不處仁, 焉得知.[107]

맹자는 이 구절을 인용하며 "인仁이란 하늘이 내린 높은 벼슬이고 사람의 편안한 집이다夫仁, 天之尊爵也, 人之安宅也"라고 말했습니다. 시골 마을은 도회지와는 다르게 인이 두터운 풍습이 있습니다. 만약에 이런 마을이 있다면, 아침저녁으로 만나는 사람들 모두가 후덕하고 보고 듣고 하는 모든 풍습이 어질기 때문에 노인이든 젊은이든 어질고 후덕한 풍습을 몸소 자연스럽게 실천하고 있을 것입니다. 만약 살 곳을 고른다면 이렇게 아름다운 풍속을 지니고 있는 시골 마을에서 사는 게 좋겠지요.

물론 옛날의 학자는 이렇게 말하고 있지만 저는 이러한 해석으로만은 부족하다고 생각합니다. 때문에 이것을 조금 확장시켜 광의적으로 해석하고 싶습니다. 공자의 정신은 필시 어디에 산들 상관없기 때문에 '인의'를 자기 마음의 근거로만 하면 문제가 없다는 것일 겁니다. 공자가 「자한子罕」편 13장에서 "군자가 살게 되는 데 어찌 누추함이 있겠는가君子居之, 何陋之有"라고 말씀한 것을 보아도, 어떤 곳이든, 어떤 땅이든 그곳에 군자가 살면 자연히 어질고 후덕한 문화에 젖어들기에, 상스럽고 누추한 일이라곤 없다는 의미를 지니고 있는 듯합니다.

인덕에 정착해, 즉 인덕을 자신의 마음속 마을로 꾸려 나가는 사람은 훌륭한 인격을 갖춘 심신이 풍요로운 사람일 것입니다. 만약 마음을 명리에 빼앗겨 그것을 진종일 좇는 사람은 사실 딱하기 그지없습니다. 인덕을 마음에 안주시키지 못하고, 몸을 화택(火宅, 고뇌에 찬 세계)에 둔 사람은 결코 지혜로운 사람이라고 말할 수 없습니다. 정말로 지혜로운 사람은 반드시 인에 살고, 덕에 살기 마련입니다. 덕을 떠난 지혜는 없고, 인을 떠난 지혜도 없는 게 마땅합니다.

저는 무사시국(武藏國, 지금의 사이타마 현과 도쿄 도東京都 대부분을 차지한 나라) 후카야 역深谷驛에서 북쪽으로 1리가 떨어진 치아라이지마血洗島라고 하는, 56여 가구밖에 없는 작은 시골에서 태어났습니다. 분쿄(文久, 1861년~1863년) 3년 11월 8일, 제가 24세 때 마을을 떠난 것은 막부를 무너뜨리고, 저의 뜻을 천하에 펼치는 정치가가 되겠다는 의기가 충만했기 때문이었습니다. 그래서 당시에 저의 머릿속에 마을의 일이라곤 전혀 없었지요. 메이지 3년 도쿄에서 혼자서 살면서부터 『논어』에서 말한 공자의 가르침을 이해하기 시작했습니다. 그리고 제가 태어난 고향을 위해 살고 싶다는 마음이 얼마간 솟아났지요. "어질고 후덕한 풍속이 있는 마을에 사는 것은 아름답다里仁爲美"라고 가르쳐 준 공자의 교훈을 실천하고 싶었기 때문입니다.

사람이란 자신의 몸을 생각하면 곧바로 자신의 집을 떠올리고, 자신의 집을 생각하면 곧바로 자신의 고향을 떠올립니다. 이것은 자연스런 인지상정입니다. 이 고향을 생각하는 인정이 발달해 애국심이 되고, 게다가 한층 더 커져 세계 인류까지 미치면 박애라고 말합니다. 세계 인류를 위해 애를 쓰고, 또는 국가와 동포를 위해 애쓰겠다고 생각하면 우선 근원을 거슬러 올라가, 자신의 고향을 사랑하고 자신의 집을 사랑하지 않으면 안 됩니다. 가까운 데서 시작해 멀리까지 다다르는 게 자연의 질서이고 인간의 상식입니다.

저는 이러한 정신을 품은 이후, 고향을 위해 미력이나마 애를 쓰고 있습니다. 가능한 인후仁厚의 풍속이 오랫동안 고향에서 꽃피기를 바라기에, 농사를 짓고 있는 조카들에게 마을에서 솔선수범하여 순박한 풍속을 지켜 주라고 가르치고 있습니다.

고향에서는 저희 집이 중심이고, 조카들이 마을 분들의 보살핌을 받고 있기 때문에 솔선수범해서 순박한 풍속을 지키면 마을 사람 전부가 자연스레 이것을 배울 것입니다. 부디 저의 희망이 실현되도록, 다른 촌락과 싸우는 폐해도 없이 고향 마을 사람들이 서로 친하게 지내며 순박하고 어진 풍속을 지켜 내기를 간절히 바라고 있습니다.

하지만 미풍양속으로만은 부족합니다. 미풍양속과 더불어 세계의 신지식을 항상 받아들여 자신의 직업에 응용하며 문명개화를 하지 않으면 안 됩니다. 그러기 위해서는 학교 교육이 중요하지요. 소학교 교장과 선생님들에게 그런 사람을 얻는 게 가장 중요하다며 실제로 그들의 힘을 빌리고 있습니다.

"마음은 환경에 따라 변한다"고 한 린자이臨濟 스님의 말처럼 사람은 '경우에 따라' 마음이 변하기 마련입니다. 맹모삼천의 가르침도, 공자의 가르침도 바로 이렇습니다.

공자의 깊은 가르침을 다시 반복하지만, 인덕을 자신의 마음에 안주하게 하는 마을에 살아야 합니다. 바꿔 말하면 몸을 어질고 후덕한 마을에 두는 게 유형의 일이라면, 마음을 어질고 후덕하게 즐기는 게 무형의 일입니다. 유형의 일은 두 말할 나위 없이 무척이나 유익하지요. 한 걸음 더 나아가 무형의 마음도 간직하고 있으면 그 이익은 더더욱 커집니다. 무형의 마음이 어질고 후덕한 마을에 안주하면 일거수일투족이 두터운 자애의 마음에서 우러나옵니다. 이것이 바로 "어질고 후덕한 풍속이 있는 마을에 사는 것은 아름답다里仁爲美"는 말의 궁극적인 경지일 것입니다.

풍요 속의 검소야말로 진짜 즐거움

공자께서 말씀하셨습니다. "어질도다, 회여! 한 그릇의 밥과 한 표주박의 물을 가지고 누추한 거리에 살고 있으니, 보통 사람들이라면 그런 근심을 견뎌 내지 못하겠지만, 회는 그 즐거움이 변치 않는구나. 어질도다. 회여!"子曰, 賢哉回也! 一簞食, 一瓢飮, 在陋巷, 人不堪其憂, 回也不改其樂. 賢哉回也! [108]

공자가 제자 안회顔回의 현명함을 몹시 칭찬하면서 한 말입니다. 안회는 집안이 가난해 단지 한 대그릇의 밥을 먹고 한 표주박의 물을 마시면서 좁고 누추한 거리에서 살고 있었습니다. 보통 사람이라면 이렇게 궁핍한 삶을 참지 못하겠지요. 하지만 안회는 조금도 이것을 괴로워하지 않으면서 즐겁게 사는 태도를 바꾸지 않았습니다. 천명을 믿지 않으면 그럴 수가 없지요.

그런데 이것을 두고 공자가 사람들에게 빈곤한 생활을 권하면서, 부자들을 공격했다고 해석하는 것은 크나큰 오해입니다. 사람은 금전을 갖고 있지 않으면 백성을 넓게 도와줄 수도 없습니다. 공자도 이쯤이야 알고 있습니다. 공자는 사람들에게 가난한 삶을 살라고 권하는 게 아니라, 단지 안회가 부귀의 유혹에 빠지지 않고 빈궁한 삶에 만족하면서, 의지를 꺾지 않고 위세에도 굴복하지 않고 부귀를 탐닉하지 않으면서 일류 인물의 식견을 지닌 채 도를 추구하는 생활을 계속하고 있음을 칭찬했던 것뿐입니다. 어진 안회는 물질적, 육체적으로 불편하지만 그러한 가난한 삶을 벗어나기 위해 '도를 추구하는 즐거움安貧樂道'을 포기하고 시류에 영합하지 않았다는 말입니다.

보통 사람은 그 무엇보다 부귀를 중히 여기고 권세에 알랑거리면서 금전력을 쌓는 것을 처세의 비결이라고 생각하지만, 저는 그렇게 생각하지 않습니다. 현명하게 보이는 사람일지라도 부귀를 위해 의지를 꺾어 버리는 사람은 결국 부귀를 위해서라면 그 어떤 악한 일을 저지를지도 모릅니다. 또는 몸을 더럽힐지도 모르지요. 그러나 그렇게 야비한 사람은 정직한 세상에서는 통하지 않습니다.

도쿄 시 양육원에 수용되어 있는 의지할 데 없는 노인들이 갖고 있는 공통된 성질은 신기하게도 이기적이란 사실입니다. 이것은 저뿐만 아니라 양육원 관계자들이 모두 느끼고 있는 바입니다. 이기심 하나만을 마음속에 간직하면 양육원에 수용되는 노인이 되지 않고 부귀와 영달을 자기 맘대로 얻을 수 있을 거라고 생각하기 십상인데, 결과는 사실 정반대입니다.

자신의 이득만을 생각하는 사람은 여하튼 자신밖에 모르는 마음을 억지로 통하게 하려고 하지만, 도리어 세상은 이것을 알아주지 않습니다. 결국 세간으로부터 이해와 동정을 받지 못하면 홀로 설 수가 없게 되어 버리는 처지에 빠지고 맙니다. 마침내 스스로 먹는 것조차도 힘겨워하면서 양육원에 수용되어 버리고 말지요. 때문에 사람은 부귀를 초월한 사람이 되기 위해 두루두루 마음을 쓰지 않으면 안 됩니다.

궁핍해도, 곤란에 빠져도 언제나 조금의 굴절도 없이, 안회처럼 안빈낙도하는 거야말로 중요한 자세입니다.

▨ 주입식 교육을 하지 말라 ▨

공자께서 말씀하셨습니다. "배우려는 열의가 없으면 이끌어 주지 않고, 표현하려고 애쓰지 않으면 일깨워 주지 않으며, 한 모퉁이를 들어 보였을 때 나머지 세 모퉁이를 미루어 알지 못하면 반복해서 가르쳐 주지 않는다." 子曰, 不憤不啓, 不悱不發, 擧一隅不以三隅反, 則不復也.[109]

이 구절은 스승이 제자를 어떻게 가르쳐야 하는지를 시사해 주고 있습니다. 제자가 스스로 연구에 몰입할 때에야 비로소 그 장애를 제거해 주고, 또 의미를 조금쯤은 알고 입으로 질문을 내던질 때에야 비로소 도와준다고 합니다. 또한 공부를 하는 쪽이 열심히 하지 않으면 가르침이란 아무런 쓸모가 없다고 하고, 깨우쳐 줄 때도 일부분만 가르쳐 주면서 나머지는 학생이 스스로 깨우치게 해야 한다는 교수법인 것이지요.

가령 사각형의 한 모서리만을 가르쳐 주고 나머지 세 모서리는 가르쳐 주지 않은 채 스스로 알게 합니다. 만약 그 한 모서리를 가르쳐 주었는데도 스스로 나머지 세 모서리를 알지 못하는 학생에게 다시 또다시 가르쳐 줄 필요는 없다고 하는군요. 학문을 열심히 닦지 않는 학생에게 주입식 교육을 해보았자 아무런 효과도 없다는 말입니다.

일본의 교육도 한때는 주입식 교육에 치우쳤지만 그 효과는 작았기 때문에 요즈음에는 창의적 계발교육을 권하고 있습니다. 이런 창의적 교육은 이미 공자가 2천 년 전에 주장했던 바입니다. 주입식 교육만을 하게 되면 학생들 스스로 궁리를 할 수 없게 됩니다. 벼락치기로 익힌 벼락 지식은 여차할 때 아무런 도움이 되지 않습니다.

오오카 다다스케(大岡忠相, 에도 중기의 다이묘, 1677년~1752년)는 에도 시대가 열린 이후, 아주 유명한 마치부교(町奉行, 행정, 재판 사무 등을 담당하는 에도 막부의 신하)로 지혜가 풍부한 인물이었습니다. 도쿠가와 요시무네德川吉宗는 에도 막부의 8대 쇼군 자리에 오르자 우선 다다스케를 야마다부교(山田奉行, 이세 신궁伊勢神宮을 지키고 유명한 신사와 사원 근처에 형성된 마을을 지배하는 관직)에서 마치부교로 전직하도록 했습니다. 다다스케는 이렇게 막중한 임무를 완벽하게 맡고 싶어서 당시에 대학자였던 오규 소라이荻生徂徠를 야마다부교 관사에 초청해 이렇게 말했죠.

"나는 이번에 천하의 고을 사람들을 관리하라는 쇼군의 분부를 받았습니다. 맡은 바 임무에 한 점의 오차가 있더라도 막부에 면목이 서지 않을 것이기 때문에, 꼭 선생의 문하에 들어가 가르침을 받고 싶습니다."

하지만 오규 소라이는 이렇게 말하며 단호하고도 쌀쌀맞게 거절했습니다.

"별안간 배운 학문은 벼락 지식일 뿐이고, 모름지기 학문이란 배짱으로만 체득하는 게 아닙니다. 당신은 기지가 풍부해서 재판장에서 시비를 잘못 가릴 염려가 없다는 평가를 받고 있습니다. 그런데 지금 별안간에 학문을 하면 오히려 화를 자초하고 큰 임무를 맡는 데 판단력만 둔하게 할 수 있습니다. 혹은 대의명분을 잃어버리지 않을까 걱정이 됩니다. 그 어떤 것이든 별안간 익힌 벼락 지식은 금물입니다. 그 어떤 일이 벌어질지라도 반드시 학문을 할 요량이라면 우선 벼슬에서 은퇴하고 노후 보양을 겸하여 느긋이 하는 게 좋을 것입니다."

오오카 다다스케도 역시나 수긍을 하고 제자 입문을 포기했다고 합니다. 실제로 학문의 세계에 발을 담그더라도 공부를 게을리하면 학문의 진짜 맛은 도저히 알 수 없습니다. 오규 소라이는 과연 한 시대의 대학자로서 교육의 폐해를 정말로 잘 간파하고 있었던 셈이지요.

▨태산은 흙 한 줌도, 하해는 작은 물줄기라도 가리지 않네▨

공자께서 말씀하셨습니다. "부가 만약 추구해서 얻을 수 있는 것이라면, 비록 채찍을 드는 천한 일이라도 나는 하겠다. 그러나 구해서 부당한 것이라면 내가 좋아하는 일을 하겠다." 子曰, 富而可求也, 雖執鞭之士, 吾亦爲之. 如不可求, 從吾所好.[110]

공자 말씀의 뜻은 이렇습니다.

"부富를 내가 멸시하거나 싫어하는 게 아니다. 부를 바라여 얻을 수 있다면 높은 사람이 길을 갈 때 수레 앞에서 채찍을 들고 길을 트는 천한 마부라도 개의치 않고 그 직책을 맡아 부를 쌓기 위해 노력하겠다. 하지만 부라고 하는 것은 천명에 의한 것이기 때문에, 스스로 얻고자 한다고 반드시 얻을 수 있는 게 아니다. 하므로 천한 일도 얻을 수 없다면 내가 좋아하는 옛 성인의 도道를 좇고 싶다. 도는 스스로 구하고자 한다면 반드시 얻을 수 있는 것이기에, 부귀처럼 천명에 좌지우지되는 게 아니다."

공자는 부와 지위를 깔보지 않고 정당한 부귀라면 그것을 얻기 위해서 여하한 고생도 억지로 마다하지 않았지만, 그것을 위해서 도리

294

를 왜곡하고 자존심에 상처를 입히는 일은 도저히 참을 수 없었던 것
이지요. 그것보다 차라리 자신이 목표로 삼는 옛 성인의 도를 좇는 길
에 맹진하지, 부귀 등은 안중에도 없다는 기백을 보여 준 것입니다.
부귀를 얕보아야만 하는 걸로 생각한 게 아니라, 그것을 구하는 정신
과 수단의 천함을 한탄하고 있는 것입니다.

　저는 애초부터 부를 쌓고자 사회 진출을 한 게 아니기 때문에 지금
도 부자가 아닌 게 당연할 것입니다. 부를 구하지 않는 데도 부가 올
리 만무하지요. 부를 쌓기 위해 세상에 나온 사람이 부를 얻는 것도
당연하고요. 이것은 어진 이가 인仁를 구하고자 해 인을 얻은 것과 다
를 점이 없습니다. 하지만 부를 얻고자 하더라도 그 재능이 없으면 부
는 결코 얻을 수가 없습니다.

　부호인 오쿠라 기하치로(大倉喜八郎, 1837년~1928년, 오쿠라 재벌大倉財
閥 창립자), 모리무라 이치자에몬(森村市左衛門, 모리무라 재벌森村財閥 창립
자, 1839년~1919년), 야스다 젠지로(安田善次郎, 1838년~1921년, 야스다
재벌安田財閥 창립자), 아사노 소이치로(淺野總一郎, 1848년~1930년, 아사노
재벌淺野財閥 창립자, 시부사와는 1883년 민간에 이관되는 관영 시멘트 공장을
아사노 기업에게 무상으로 불하해 줌 옮긴이) 등은 저와 근원적으로 정신이
다르고, 그들은 애초부터 부를 쌓고자 한 인물들입니다. 그리고 그들
은 결국 자신들이 얻고자 한 부를 쌓았지요. 애초의 목적을 달성했기
에 모두 다 대성공자로서 존경을 해도 좋습니다. 또 처음에는 부를 구
하고자 한 마음이 없었는데, 국가의 이익을 생각해 국사에 분주하다
보니 자연스럽게 부를 쌓고 언제인가 모르게 심정이 변해 부를 얻기
위해 일하게 된 사람도 있습니다.

　"태산太山은 흙 한 줌도 양보하지 않았기에 그렇게 높아질 수 있었

고, 하해河海는 제아무리 작은 물줄기라도 가리지 않았으므로 그렇게 깊어질 수 있었다泰山不辭土壤, 河海不擇細流"[111]라는 옛말이 있습니다. 하찮은 작은 물줄기라도 엄청나게 모이면 강이 되고 바다가 되며, 흙도 쌓이고 쌓이면 구름도 막아서는 큰 산이 되는 것처럼, 거만금의 부도 원래는 푼돈을 쌓은 것이지요.

푼돈을 설다루어서는 결코 부자가 될 수 없습니다. 수억의 부를 쌓고 있는 부호가 1엔이 아까워 1엔을 벌기 위해 땀을 흘리는 것을 신기하게 생각하면 부와는 인연이 없는 마음을 갖고 있는 것입니다. 부호의 입장에서는 1엔의 무게가 지금의 거만금을 쌓게 했기 때문에, 여하튼 1엔은 푼돈일지라도 결코 그것을 가볍게 보지 않는 게 부호의 마음이지요.

이것은 학자가 지식을 쌓기 위해 급급해 하고, 그 어떤 하찮은 지식일지라도 아까워하며 이것을 버리지 못하는 이치처럼 인간의 향상심向上心을 엿보게 해줍니다.

※ 공자의 생활 감각-중용의 씀씀이를 지켜라 ※

공자께서 말씀하셨습니다. "사치스럽게 하다 보면 공손함을 잃게 되고, 검소하게 하다 보면 고루하게 되지만, 공손함을 잃기 보다는 차라리 고루한 것이 낫다."子曰, 奢則不孫, 儉則固. 與其不孫也, 寧固.[112]

분에 넘치는 사치를 하면 화려함에 빠져 거드름을 피우고, 검약도 도가 지나치면 완고해지기 마련이지요. 그 어느 쪽이든지 곤란하지만 불손하고 거드름을 피우는 것보다는 차라리 고루해지는 편이 낫습니다.

공자는 양쪽 모두 여하튼 좋지 않지만 굳이 말하자면 사치를 하며 오만불손한 것보다는 도리어 검약해서 자린고비가 되는 게 더 낫다고 말합니다. 그러나 그 참뜻을 찾자면, 극단적으로 되지 말고 중용을 지키면서 살아가는 게 이상적이라는, 그런 뉘앙스가 담겨져 있습니다.

호사 즉 사치는 무익한 일에 낭비를 하는 일입니다. 인색함은 당연히 돈을 써야 함에도 불구하고 돈이 아까워 쓰지를 않는 것이고요. 무익한 일에 일절 낭비를 하지 않고, 지출해야 할 데는 즐겁게 돈을 쓰는 게 중용의 도입니다. 단 검약과 인색은 실제로 구별하기가 매우 어렵습니다.

오타 긴조(大田錦城, 1765년~1825년, 에도 시대 유학자, 시인)의 『오창만필梧窓漫筆』에 오다 노부나가(織田信長, 1534년~1582년, 도쿠가와 이에야스와 동맹을 맺고 가장 먼저 교토에 진출하여 실권을 장악한 후, 곡창지대였던 오하리와 미노 지방의 경제력과 다량의 철포, 기동성이 뛰어난 군대로 다케다 신겐과의 전투에서 승리해 천하를 호령했다. 그러나 혼노지本能寺에서 부하인 아케치 미쓰히데의 습격을 받고 자결했다. 그의 부하였던 도요토미 히데요시가 아케치 미쓰히데를 정벌하고 정권을 장악했다. 옮긴이), 도요토미 히데요시, 도쿠가와 이에야스를 비평하는 대목이 있습니다.

"히데요시는 천성이 사치스러워 개국 창업의 도를 알지 못했지만 노부나가와 다르게 대도관용이 있었다. 노부나가는 사치스럽지 않고 몹시 검약했지만 도요토미와 다르게 편협한 구석이 있었다. 이에야스는 이 두 가지 결점이 없었다. 히데요시처럼 사치에 빠지지도 않았고, 또 노부나가처럼 고루하고 편협하지 않으며 중용을 지켰다…"

센코쿠 시대의 다이묘인 구로다 요시타카(黑田孝高, 1546년~1604년,

도요토미 히데요시의 군사)는 엄청난 검약가였습니다. 당시에 버선은 매우 진귀한 상품 중에 하나였기에 신분이 낮은 사람들은 좀처럼 이것을 신을 수가 없었지요. 맏아들 구로다 나가마사黑田長政가 세키가하라 전투에서 가장 큰 공을 세워 53만 석의 봉록을 받는 치쿠젠(筑前, 지금의 후쿠오카 현福岡縣)의 번주가 되자 구로다 요시타카는 은거를 해 세인들의 존경을 받았습니다. 그런데도 그는 이따금 자신의 낡은 버선을 경매에 붙여 팔았다고 합니다. 어떤 사람이 요시타카에게 이렇게 말했습니다.

"이런 낡은 버선쯤이야, 하인이나 시동에게 주는 게 어떻습니까?"

그러자 요시타카가 이렇게 훈계하며 타일렀다고 합니다.

"싫다. 사람은 각자 하는 일에 따라 각자의 급료를 받기 때문에, 설령 하찮은 물건일지라도 아무런 까닭도 없이 주면 안 된다. 또 받는 쪽의 입장에서 말하자면 다른 사람으로부터 아무런 까닭도 없이 받지 말아야 한다. 티끌 모아 태산이 아니냐. 그 어떤 자그만하고 보잘것없는 일일지라도 허술하게 하면 절대 안 되니라."

❰지知, 인仁, 용勇의 밸런스를 갖춘 인물❱

공자께서 말씀하셨습니다. "지혜로운 사람은 미혹되지 않고, 인한 사람은 근심하지 않으며, 용기 있는 사람은 두려워하지 않는다."子曰, 知者不惑, 仁者不憂, 勇者不懼.[113]

이 구절은 지知, 인仁, 용勇 삼덕을 말하고 있습니다. 지혜가 있으면 모든 사물의 도리를 알 수가 있고, 그것의 옳고 그름과 바르고 틀림을 판단할 수 있기에 일이 닥쳐도 갈피를 못 잡는 경우가 없습니다. 이것이 지자知者의 덕이지요.

인자仁者는 제가 여러 차례 말한 것처럼, 『논어』는 어떤 경우에는 극히 좁은 의미로 해석하고 어떤 경우에는 매우 넓은 의미로 말하고 있습니다. 어떨 때는 사람을 사랑하는 정이고, 어떨 때는 재난과 가난으로 인해 당하는 고생을 구해 주는 행위를 인이라고 합니다. 또 어떤 경우에는 천하와 국가를 잘 다스려 만백성을 편안히 안주하게 하는 게 인의 극치라고도 말합니다.

다시 말해 인자는 천명을 알고 한 점의 사심도 없이 자신의 직분을 다하고 인간으로서의 도를 지키기 때문에 조금의 번민도 없이 모든 사물을 걱정하는 바가 없습니다. 마음에는 늘 드넓은 봄의 바다와 같은 기분이 가득 차 있습니다. 이것은 거만금의 부를 쌓아도 돈으로는 절대 살 수 없는 인자의 덕입니다.

용자勇者는 마음이 크고 강하며 늘 도의에 맞는 허심탄회가 있기에 무슨 일이 닥쳐도 두려워하지 않습니다. 이것이 용자의 덕입니다. 이 세 가지 덕을 갖추면 인간으로서 완전하다고 말할 수 있을 것입니다. 사람으로서의 전형이자 귀감이지요. 우리들은 이 경지를 오르기가 어렵지만 그렇저렁 이 삼덕의 가까이에 다가서고자 노력하는 정신을 갖고 싶어 합니다.

사람은 단지 지와 용만을 갖추면 바람직하지 않습니다. 지혜를 갖춘 사람, 용기를 갖춘 사람은 물론 소중하지만 지와 용은 성격의 일부로 단지 이것만으로 완전한 사람이 되기 힘듭니다. 인을 겸비해야 비로소 인간으로서의 가치가 탄생합니다. 때문에 인이 최상의 덕이지요.

그런데 옛날의 영웅호걸, 위인, 철인의 삶을 조사해 보면 지知, 인仁, 용勇 삼덕을 골고루 갖춘 인물이 매우 적습니다. 대부분이 한쪽으로만 치우쳐, 지자는 인덕이 없습니다. 또는 인자는 용기가 부족합니다. 혹은 용자가 지혜를 갖추지 못했습니다. 이렇게 삼덕을 모두 겸비한 사람은 적습니다.

머릿속에는 지가 있지만 이른바 간지奸智나 악한 지혜이고, 용감할지라도 만용이나 무모한 용기에 불과한 경우도 있습니다.

지, 인, 용 삼덕을 고루 갖춘 인물은 매우 보기 드물지만, 우선 아메리카 초대 대통령 조지 워싱턴이 바로 세 가지 덕을 모두 갖춘 사람인 듯합니다. 일본에서는 다소의 결점이 있지만 도쿠가와 이에야스인 듯싶고요. 나폴레옹, 표트르 대제, 알렉산더 대왕, 도요토미 히데요시 등은 죄다 비범한 영걸들임에는 틀림없지만, 대체로 한 가지 덕이나 두 가지 덕에만 머무는 게 사실이지요.

무엇에 즐거워하는가가 그릇의 크기

공자께서 말씀하셨습니다. "군자는 섬기기는 쉬워도 기쁘게 하기는 어렵다. 그를 기쁘게 하려 할 때 올바른 도리로써 하지 않으면 기뻐하지 않는다. 그러나 군자가 사람을 부릴 때에는 그 사람의 역량에 따라 맡긴다. 소인은 섬기기는 어려워도 기쁘게 하기는 쉽다. 그를 기쁘게 하려 할 때는 올바른 도리로써 하지 않더라도 기뻐한다. 그러나 소인이 사람을 부릴 경우에는 능력을 다 갖추고 있기를 요구한다."子曰. 君子易事而難說也. 說之不以道, 不說也, 及其使人也, 器之. 小人難事而易說也. 說之雖不以道, 說也,

及其使人也, 求備焉.[114]

그 사람이 군자라면 섬기기는 쉽지만 대신에 기쁘게 하기는 어렵습니다. 군자는 사람의 재능을 가늠하여 그 사람의 장점을 발휘하게 해주기 때문에 무척 섬기기가 쉽습니다. 무리한 일을 하게 하지 않기 때문에 손쉽게 능률을 높이는 일이 가능한 것이지요. 하지만 군자를 기쁘게 하기란 몹시도 어렵습니다. 군자는 신념을 갖고 있고, 부정이나 아첨을 물리치며, 뇌물을 준다고 기뻐하지 않습니다. 모든 일이 도리에 어긋나면 만족하지 않죠.

이에 반해 소인은 섬기기가 까다롭고 기쁘게 하기에는 손쉽습니다. 소인은 사심이 많아 도리를 좋아하지 않습니다. 하는 일이 도리에 어긋날손 치더라도 아첨하고 선물을 주면 쉽게 기쁘게 할 수 있습니다. 하지만 사람을 사랑하는 마음이 없고 사리사욕밖에 없기에 섬기는 일은 어렵습니다.

에도 막부의 제5대 쇼군이던 도쿠가와 쓰나요시德川綱吉는 범용한 소인이었지요. 때문에 야나기사와 요시야스(柳澤吉保, 도쿠가와 쓰나요시의 총애를 받은 쇼군의 최고 보좌관인 다이로大老)가 쇼군의 비위를 맞추며 자기 맘대로 막부를 농락했습니다. 쓰나요시는 한 해에 15, 16회에 걸쳐 요시야스의 저택에 놀러 갔는데, 돌아오는 것도 잃어버릴 정도였다고 합니다. 쓰나요시는 자신의 생각대로 되지 않는 일을 싫어하고, 미신을 깊이 믿어 섬기기가 무척이나 까다로운 쇼군이었습니다.

1701년 아사노 나가노리(淺野長矩, 1667년~1701년, 아코 번赤穗藩의 3대 번주. 관명 때문에 아사노 다쿠미노카미淺野內匠頭長矩라고도 불림. 할복을 당한 후 47명의 아코 사무라이들이 주군을 위해 복수를 한 이야기인 『주신구라忠臣

藏」로 유명함 옮긴이)가 덴추(殿中, 쇼군의 거처)에서 기라 고즈케노스케(吉良上野介, 막부의 최고 의전 담당관)에게 칼로 상처를 입힌 사건이 있었습니다. 기라가 뇌물을 바치지 않은 아사노를 심하게 모욕한 게 화근이었죠. 이 일을 목욕탕에서 야나기사와 요시야스로부터 들은 쓰나요시는 그 자리에서 요시야스의 의견대로 아사노 나가노리의 봉록 5만3천 석을 몰수하고 할복을 명했습니다.

적어도 한 성의 주인을 처분하는 일임에도 불구하고 각의를 열지도 않은 채, 단지 목욕탕에서 간신의 말에 따른 것은 극히 경솔한 짓임에 분명합니다.

이에 반해 제가 섬긴 도쿠가와 막부 15대 쇼군인 도쿠가와 요시노부德川慶喜는 군자였습니다. 신하들을 생각하는 마음이 깊어 부족한 저에게도 매우 깊은 배려를 베풀어 주었습니다. 섬기기에는 더할 나위 없이 좋은 분이었지만 기쁘게 하기에는 무척이나 어려웠지요.

야마우치 요도(山内容堂, 도사 번土佐藩의 번주)의 가신이던 고토 쇼지로後藤象二郎, 후쿠오카 다카치카福岡孝悌가 요시노부에게 대정봉환大政奉還을 건의할 때, 공은 천하의 제후들에게 이에 대한 의견을 물어보았습니다. 당시의 정사총재(政事總裁, 에도 막말에 신설된 쇼군의 후견직이자 교토 수호를 맡은 에도 막부 삼대 요직 중의 하나)였던 마쓰다이라 가쿠(松平春嶽, 에치젠후쿠이 번越前福井藩의 번주)를 시작으로 모든 번주들이 교토의 조정(천황)은 정치력이 없기 때문에 봉환을 반대했지만, 공은 결연히 다짐하고, 게이오慶應 3년(1867년) 10월 14일 권력을 교토의 천황에게 돌려주었습니다.

도쿠가와 미쓰쿠니(德川光圀, 미토 번水戶藩의 초대 번주)의 피를 이어받고 일찍부터 대의명분에 눈떠 쇼군 자리에 오르자마자 대정봉환을 할 마음이 있었다고 합니다만, 하여튼 공은 천하 제후들의 뭇 의견에는 기뻐하지 않고, 오로지 신하의 도리에만 어울리게 대정봉환을 받아들였던 것이지요. 진정한 군자가 아니라면 도저히 할 수 없는 일이었습니다.

▨ 인간의 품성이 가장 빛날 때 ▨

공자께서 말씀하셨습니다. "가난하면서도 원망하지 않기는 어렵지만, 부자이면서 교만하지 않기는 쉽다."子曰, 貧而無怨難, 富而無驕易.[115]

빈곤은 사람의 역경임에 분명합니다. 의식주가 빈궁한 걸 누구나 싫어하지요. 가난에 젖은 고생만한 것도 없다는 말이 있을 정도이니까요. 자본가와 노동자, 지주와 소작인의 싸움도 빈곤에서 싹트고, 부의 분배론이나 사회학설도 모두 여기에서 시작하고, 공산주의와 무정부주의도 모두 빈곤에서 싹이 틉니다.

빈곤하지만 원망하는 마음이 없는 것은 천명을 즐겁게 여긴 안연顔淵 같은 사람뿐입니다. 보통 사람들은 대체로 자신의 게으름이나 비운을 생각하지 않고 사람을 원망하고 세상을 원망하며 사회질서를 혼란에 빠트리고자 합니다.

반면에 부귀는 순경順境입니다. 의식주에 만족할 수 있으면 안정을 찾을 수도 있지요. 사마천은 "부라는 것은 사람의 타고난 본성이라 배우지 않고도 누구나 얻고 싶어 한다富者, 人之情性, 所不學而俱欲者也"[116]고 말했는데, 탁견이 아닐 수 없습니다.

학문에 매진해 입신양명을 바라는 것은 모두 부를 얻기 위해서입니다. 학자가 학문을 쌓고, 종교가가 포교에 힘쓰고, 의사가 병을 낫게 하고, 교사가 학생들을 가르치고, 공무원이 공무에 힘쓰고, 군인이 위험을 무릅쓰는 것도 모두 부를 얻어 의식주를 안정시키기 위해서입니다. 부귀를 쌓는 일은 아주 중요하지만 조금이라도 쌓이면 오만에 빠지기 십상입니다. 유명한 기노쿠니야 분자에몬(紀伊國屋文左衛門, 1669년?~1734년, 에도의 한 동네를 몽땅 사 사치를 누렸던 전설적인 목재상인 옮긴이) 등이 그랬습니다. 그러나 부를 쌓아도 교만하지 않고 스스로를 바르게 하는 일은 어렵지 않기에, 보통 사람들도 자공子貢이나 도쿠가와 이에야스를 본받을 수 있습니다.

요즈음에는 부를 얻으면 사치스러워지는 사람이 많이 있지만 이런 사람을 질시할 필요가 없습니다. 사치는 자신의 심신을 망가뜨리는 해악일 뿐입니다. 부귀해질 때야말로 삼가 신중하지 않으면 안 되는 것이지요.

공자의 천리마 보는 눈

공자께서 말씀하셨습니다. "천리마란 그 힘을 일컫는 것이 아니라, 그 덕을 일컫는 것이다."子曰, 驥不稱其力, 稱其德也.[117]

기驥란 우수한 말, 즉 천리마를 일컫습니다. 물론 그 힘이 강하지만, 사람들에게 귀하게 대접받는 것은 그 강한 힘에 있지 않고 승마 훈련을 하면 타기가 쉽고 성질이 온순하기 때문입니다.

공자가 살았던 춘추전국시대에는 덕을 가볍게 보고, 힘을 중시하는 경향이 있었습니다. 그래서 공자는 천리마를 비유하고 인용해 이것을 억제하고자 했던 것입니다. 인간이 사업에 성공하는 것은 재능입니다. 그러나 군자가 귀중하게 여기는 것은 재능이지 않고 덕입니다. 덕이 없는 재능은 왕왕 그것을 잘못 사용하곤 합니다. 말은 우선 힘이 세지 않으면 안 되지만, 조련하는 게 힘든 말은 발길질을 하거나 물거나 합니다. 말조차 이러하거늘, 하물며 사람은 얼마나 위험하겠습니까?

『공자가어孔子家語』(위魏나라의 왕숙王肅이 기록한 공자와 그 제자들의 언행에 관한 이야기책, 전10권 옮긴이)에 이런 글귀가 나옵니다. 노나라 애공哀公이 공자에게 '사람을 등용하는 법'을 묻자, 공자가 이렇게 말했습니다.

"'너무 빠른 사람捷捷'을 취하지 말고, '너무 경솔한 자鉗鉗'도 취하지 말고, '너무 말이 많은 사람啍啍'도 취하지 마십시오. 첩첩捷捷은 탐욕이고, 겸겸鉗鉗은 혼란이요, 톤톤啍啍은 속이는 것입니다. 그러므로 활이 고른 이후에 강함을 구하고, 말은 길들인 이후에 좋은 말이라 할 수 있고, 선비는 반드시 성실하고 거짓이 없고 정성스러우며 질박한 이후에 구해야 합니다. 재능은 있으나 순수하지 않은 이는 들개나 이리와 같기에, 가까이해서는 아니 됩니다無取捷捷, 無取鉗鉗, 無取啍啍. 捷捷, 貪也. 鉗鉗, 亂也. 啍啍, 誕也. 故弓調而後求勁焉, 馬服而後求良馬, 士必愨而後求智能者焉. 不愨而多能, 譬之豺狼不可邇."

이 말의 취지는 덕이 없는 재인才人은 몹시도 위험하다는 말입니다. 아시카가 다카우지足利尊氏, 아케치 미쓰히데明智光秀, 이시다 미쓰나리石田三成, 야나기사와 요시야스柳澤吉保, 가깝게는 에토 신페이(江藤新平, 막말 메이지 초의 사무라이), 호시 도오루(星亨, 메이지 시대 정치가) 등은 비록 재능이 넘치지만 덕은 부족해, 그들이 한 일은 무익할 뿐 이로움이 전혀 없었습니다.

요즘의 정치가들은 오로지 힘만을 중시하고 덕을 가볍게 여깁니다. 정당의 총재이면서 '정치는 힘'이라고 호언하기도 합니다. 정치 모리배를 최대한 규합하는 데에만 정력을 소비하면서 국가의 이익은 나중 문제로 치부하고, 자기 정당의 득실에만 몰입하면서 다른 당들을 압도하고자 합니다. 이런 악풍을 바르게 해 천하의 정도를 덕으로 돌아오게 하는 것은 청년 제군들의 각오에 달려 있다는 것을 명심해 주십시오.

자신의 안팎을 닦는 아홉 가지 급소

공자께서 말씀하셨습니다. "군자에게는 항상 생각하는 것이 아홉 가지가 있다. 볼 때에는 밝게 볼 것을 생각하고, 들을 때에는 똑똑하게 들을 것을 생각하며, 얼굴빛은 온화하게 할 것을 생각하고, 몸가짐은 공손하게 할 것을 생각하며, 말을 할 때는 진실하게 할 것을 생각하고, 일을 할 때에는 공경스럽게 할 것을 생각하며, 의심이 날 때에는 물어볼 것을 생각하고, 성이 날 때에는 뒤에 겪을 어려움을 생각하며, 이득될 것을 보았을 때에는 그것이 의로운 것인가를 생각한다." 孔子曰, 君子有九思, 視思明, 聽思聰, 色思溫, 貌思恭, 言思忠, 事思敬, 疑思問, 忿思難, 見得思義.[118]

생각한다는 것은 사려분별에 다름 아닙니다. 군자가 자성해야만 하는 항목에 대해 말하고 있습니다. 사물에는 법칙이 있고, 천지간의 일은 모두 하늘의 법칙을 따릅니다. 군자는 하늘의 법칙을 사려해 무리가 없이 행동해야 하지요.

그 항목에는 아홉 가지가 있습니다. ① 볼 때에는 확실하게 보고 싶다고 생각하고, ② 들을 때는 세심하게 들을 것을 생각하고, ③ 자신의 얼굴빛을 온화하게 할 것을 생각하고, ④ 몸가짐은 정중하게 할 것임을 생각하고, ⑤ 말은 성실하게 할 것임을 생각해야 합니다. 이것은 사람의 내면을 아름답게 하기 때문입니다.

또 ⑥ 일을 할 때에는 신중하게 하며 경솔하지 않을 것임을 생각하고, ⑦ 의문이 생기면 스승과 친구들에게 물어 바르게 해결할 것임을 생각해야 합니다. 게다가 ⑧ 노여움이 생겨, 그 일념으로 자신을 잃게 하면 그 결과에 대한 비난이 부모에게까지 미친다는 것을 생각하고, ⑨ 이익을 볼 때에는 그것이 도의에 어긋난 수단과 방법으로 얻은 게 아닌가를 생각하며 얻어야만 할 것은 얻되, 얻지 말아야 할 것은 얻지 말아야 하지요.

군자가 이렇게 모든 사물을 신중하고 사려 깊게 생각하기 위해선, 긴장을 늦추면 안 됩니다. 이상이 군자가 24시간 내내 생각해야만 하는 수양의 아홉 가지 급소로 우리들이 꼭 배워야 할 덕목이지요.

格言二十則
시부사와 에이치의 격언 20칙

1 언행은 군자의 지도리(樞機, 핵심)이다. 이것의 발동에 영예와 치욕이 달려 있다.

言行君子之樞機. 樞機之發, 榮辱之主. 『역경易經』「계사전繫辭傳 상」

2 말하는 사람은 뜰에 가득하나 실천하지 못하니, 길을 가지 않고 쟁론만 가득하면 어찌 길을 나아가고 그 허물을 누가 감히 책임질 것인가.

發言盈庭, 誰敢執其咎. 『시경詩經』「소아小雅」,「소민小旻」

3 말이 많다고 좋은 게 아니라, 그 취지를 명확하게 하는 게 중요하다.

言不務多, 而務審其所謂. 『대대예기大戴禮記』「애공문오의哀公問五義」

4 성무세불문, 행무은이물명.

聲無細不聞, 行無隱而不明. 『설원說苑』

(이 구절은 중국 한나라의 유향劉向이 편찬한 교훈적 설화집인 『설원說苑』에 나오지 않는다. 틀림없이 『순자荀子』 「권학勸學」에 나오는, "그러니 소리는 아무리 작다 하더라도 들리지 않는 것이 없고, 행동은 아무리 숨겨도 드러나지 않는 것이 없다故聲無小而不聞, 行無隱不形"는 구절을 잘못 인용한 걸로 보인다. 옮긴이)

5 뜻이 닦여지면 부와 지위는 문제가 아니고, 도의가 중후해지면 왕후장상의 권력에도 아부하지 않는다.

志意修則驕富貴, 道義重則輕王公. 『순자荀子』 「수신修身」

6 재능은 저마다의 직분에 따라 알맞게 쓰이는 적재적소가 있으나, 이것이야말로 때를 잘 타야 한다.

材有分而用有當, 所貴善因時而己耳. 당唐 왕사원王士元 엮음, 『항창자亢倉子』 「정도政道」

7 보통 사람들은 자신의 지혜로 하늘의 운행과 운명을 추측할 수 있지만, 그것을 토대로 일의 성사를 결정할 수 있는 것은 오직 하늘뿐이다.

衆人之智, 可以測天, 兼聽獨斷, 惟在一人. 『설원說苑』 「권모權謀」

8 곤궁한 상황에 처하게 되면 홀로 몸을 선하게 하고, 출세하게 되면 함께 천하 사람들을 선하게 해야 한다.

窮則獨善, 達則兼善天下. 『맹자』 「진심盡心 상」

9 공자께서 말씀하셨다. "인격을 수양하지 못하는 것, 배운 것을 익히지 못하는 것, 옳은 일을 듣고 실천하지 못하는 것, 잘못을 고치지 못하는 것, 이것이 나의 걱정거리이다."

子曰, 德之不修, 學之不講, 聞義不能徙, 不善不能改, 是吾憂也. 『논어』 「술이述而」119

10 자공이 여쭈었다.

"가난해도 아첨하지 않고, 부유해도 교만하지 않으면 어떻겠습니까?"

공자께서 말씀해 주셨다.

"괜찮겠지. 허나 가난하지만 삶을 즐거워하고, 부유하면서 예를 좋아하는 이만 못하지."

자공이 여쭈었다.

"『시경』에서 말하기를 절차탁마라고 하는 데, 바로 이를 두고 한 말입니까?"

공자께서 말씀해 주셨다.

"사야, 비로소 너와 더불어 시를 논할 수 있겠구나! 과거를 말해 주면 미래를 아니 말이다."

子貢曰, 貧而無諂, 富而無驕, 何如? 子曰, 可也. 未若貧而樂, 富而好禮者也. 子貢曰, 詩云, 如切如磋如琢如磨, 其斯之謂與? 子曰, 賜也, 始可與言詩已矣. 告諸往而知來者. 『논어』 「학이學而」120

11 군자는 언행에 신중해야 화를 피할 수 있고, 태도를 성심성의껏 해야 따돌림을 받지 않으며, 삼가 섬기는 마음이 있어야 부끄러움 과 욕됨을 멀리할 수 있다.

君子愼以禍辟, 篤以不掩, 恭以遠恥. 『예기禮記』「표기表記」

12 구하면 얻게 되고 내버려 두면 잃어버리게 되는 경우에 구하는 게 유익한 것은 사람의 착한 본성처럼 구하려는 것이 내 안에 있기 때문이다. 구하는 데 정해진 방법이 있고, 얻는 것이 하늘의 명에 달려 있는 경우에 구한다손 치더라도 이로움이 없는 까닭은 그것 이 부와 명예처럼 내 자신의 밖에 있는 탓이다.

求則得之, 舍則失之, 是求有益於得也, 求在我者也. 求之有道, 得之有命, 是 求無益於得也, 求在外者也. 『맹자』「진심盡心 상」

13 뜻이 있어야 말로 나타낼 수 있고 말은 신뢰를 지켜야 하고 신뢰 는 뜻을 이루니, 이 세 가지(지志, 언言, 신信)가 있어야 몸이 비로소 안정될 수가 있다.

志以發言, 言以出信, 信以立志, 參以定之. 『춘추좌씨전春秋左氏傳』 양공襄公 27년(기원전 546년)

14 날이 갈수록 모르던 것을 알게 되고, 달이 갈수록 할 수 있는 것을 잊지 않고 계속할 수 있다면, 배우기를 좋아한다고 말할 수 있을 것이다.

日知其所亡, 月無亡其所能, 可謂好學也已矣. 『논어』「자장子張」[121]

15 배움을 닦자고 생각해도 일이 바빠 짬이 없다고 하는 이는 설령 짬이 나더라도 배움을 구하지 않는다.

謂學不暇者, 雖暇亦不能學矣. 『회남자淮南子』「설산훈說山訓」

16 하늘의 도, 땅의 도, 신령神靈과 조령祖靈이 가득함을 싫어하면서, 그것이 있는 그대로 가득하지 않아도 겸손하게 부르면 재앙을 입지 않는다.

天地鬼神之道, 皆惡滿盈. 謙虛沖損, 可以免害. 『안씨가훈顏氏家訓』「지족止足」

17 하늘의 도는 봄을 먼저 오게 하고 나중에 가을을 두어 자연의 섭리를 이루고, 정치는 먼저 법령을 두고 나중에 벌을 주어 다스림이 이루어지도록 하는 것이다.

天道先春後秋, 以成歲. 爲政先令後誅, 以爲治. 『양자揚子』

(원래는 『양자법언揚子法言』「선지先知」에 나오는, "먼저 죽이고 나중에 가르치는 정치를 하다니, 하늘은 가을을 먼저 두고 봄을 나중에 두었는가? 봄을 먼저 두고 가을을 나중에 두었는가?爲政先殺后敎天先秋而后春乎? 將先春而后秋乎?"라는 구절에 이궤李軌가 주를 단 문장이다. "먼저 죽이고 나중에 가르치는 법가의 폐해가 이렇다爲政先殺后敎者, 法家之蔽有如此"는 것을 지적하는 말이다. '위치爲治'는 '성치成治'를 잘못 썼다. 옮긴이)

18 (농사란) 온 몸이 땀에 젖고 발로 진흙땅을 밟고 따가운 태양을 내리쬐며 전신의 사지로 온 힘을 다해 논밭에서 일을 하는 것이다.

論農曰, 霑體塗足, 暴其髮膚, 盡其四肢之力, 以從事於田野. 『국어國語』「제어齊語」

('논농왈論農曰'은 원래 원문에 없다. '력力' 자는 원문에서 '민敏'자로 나온
다. 옮긴이)

19 농업보다 공업이 벌이가 더 낫고, 공업보다 상업이 벌이가 더 낫
고, 손으로 옷을 짜는 것보다 그것을 시장에 내다 파는 상인의 벌
이가 더 낫다.

農不如工, 工不如商, 刺繡文不如倚市門. 『사기史記』「화식열전貨殖列傳」

20 (제왕이 농사꾼들을 토목공사에 부려) 농사를 망치면 굶주림을 부르
고, (제왕이 백성들의 옷이 아니라 호화로운 옷만 짜게 하면) 아녀자들
의 길쌈질이 부진해져 추위를 부른다.

農事傷則饑之本也. 女工害則寒之源也. 유협劉勰, 『신론新論』「귀농貴農」

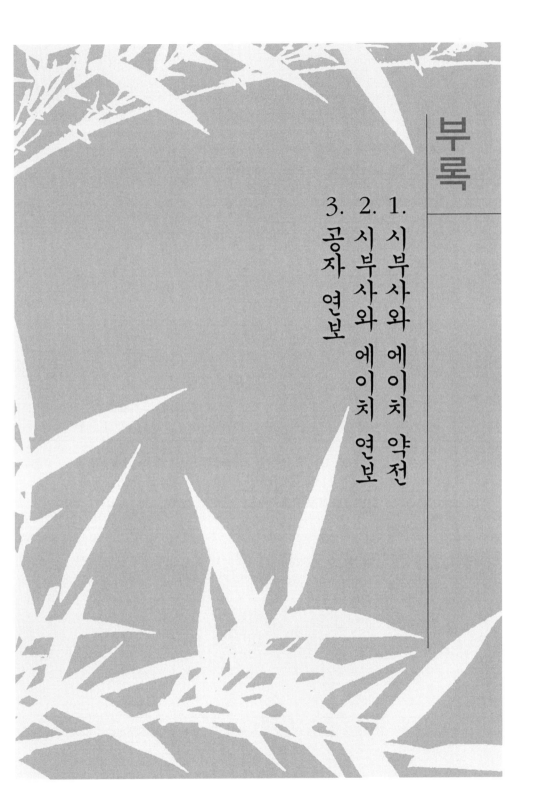

부록

1. 시부사와 에이치 약전

2. 시부사와 에이치 연보

3. 공자 연보

澁澤榮一略傳
1. 시부사와 에이치 약전

일본 근대 자본주의 아버지의 생애

시부사와 에이치澁澤榮一는 사이타마 현埼玉縣 후가야 시深谷市 치아라이지 마血洗島의 농가에서 1840년 2월 13일에 태어났다. 에도江戶, 메이지明治, 다이쇼大正, 소화昭和 등 네 시대에 걸쳐 산 그는 일본 기업계의 영수로 일본 근대화의 여정에 참여하여 크나큰 공헌을 남겼다. NHK스페셜 〈지금, 메이지에서 무엇을 배울 것인가〉에서 '일본 자본주의의 아버지'라고 불린 시부사와 에이치는 평생 동안 『논어』를 손에서 놓지 않고 '『논어』로 사업을 경영하는 법'을 보여 주었다. 또한 '일본 금융의 왕' '일본 근대 경제의 최고 영도자' '일본 현대 문명의 창시자'로 불리기도 한다.

시부사와 집안은 남옥(藍玉, 쪽잎을 발효시킨 염료)의 제조, 판매와 양잠을 겸업하며 쌀, 보리, 야채도 키우는 대농가였다. 아버지 시부사와 이치로우에몬澁澤市郎右衛門 대에 이르러서는 수세미, 소쿠리, 비 등 주로 부엌세간 잡화 경영과 금융을 시작했다. 차츰차츰 상급 무사의 어용상인으로 크게 성공하여 지방의 토호 자본가로 두각을 나타냈다.

가정교육이 매우 엄격하여, 시부사와 에이치는 6세에 『삼자경三字經』을 읽기 시작한 연후에 계속해서 『효경孝經』『소학小學』『대학』『중용』『논어』 등을 읽었다. 7세 때에는 인근 마을의 종형제인 오다카 아쓰다다尾高惇忠를 따라 본격적으로 사서삼경과 『좌전』 『사기』 『한서』 『국사략國史略』 『일본외사日本外史』 등을 배웠다. 어릴 적부터 유학 지식을 몸에 익힌 것이다. 시부사와의 스승 오다카는 미토학(水戶學, 국가 의식과 유학을 결합한 미토 번의 국수주의 학파)을 계승한 청년 지사로 당시에 막부를 타도하고 천황을 옹립할 뜻을 품고 있었다. 그의 가르침은 자유주의적이고 현실참여적이어서 시부사와의 지식욕을 크게 진작시켰다.

시부사와는 12세 무렵에 이미 배양된 한문 실력으로 『통속삼국지』 『이견팔견전里見八犬傳』을 읽는 데 막힘이 없었다. 신도무넨류神道無念流 검도를 배우기도 했다. 1854년 14세부터는 아버지의 가업을 돕기 시작했다. 아버지를 따라 다른 지방을 다니며 소금, 기름, 남옥을 팔았다. 그는 평소에 주판을 튕겼기에 일찍부터 상업적 재능이 싹텄다. 단신으로 남옥을 매입하는 장사를 하기도 했는데, 이때의 경험이 나중에 유럽의 자본주의적 경제 시스템을 쉽게 흡수하는 기질로 발화됐다.

유년의 『논어』와 주판이 근대 자본주의 인식의 싹으로 발화

1853년 미국의 페리 제독이 이끄는 구로후네黑船가 우라가 만에 내항해 함포 외교를 펼치자, 쇄국과 개항이라는 두 가지 노선이 크게 대립했다. 막부와 사무라이들이 재정 궁핍으로 인해 농민들을 극심하게 수탈하자, 봉건 체제에 항거하는 농민항쟁이 전국적으로 격렬하게 일어났다. 한편으론 자본주의의 맹아인 공장제 수공업이 발생하던 차여서 이미 시대에 뒤떨어진 도쿠가와 막부의 운명은 기울어 가고 있었다. 또한 당시 막부 및 번주들은 세금만으로는 부족한 재정을 상인 자본의 기부금에 크게 의존했다. 상인 자본은 미쓰이三井나 스미토모住友처럼 막부와 번과의 거래를 통해 부를 쌓았다. 하지만 사농공상의 중세적 신분 질서가 엄격한 탓에 상인은 비천한 자이요, 상업은 악이라는 인식이 여전히 팽배해 상인들은 관리들에게 늘 비굴했다.

1856년 16세의 시부사와는 이러한 막부 정치의 부패와 사농공상 계급제도의 악랄함을 인식하고, 사회를 개혁하는 정치가가 되고자 에도 유학을 아버지에게 청했지만 아버지의 반대로 무산됐다. 1858년 6월 도쿠가와 이에모치德川家茂가 14대 쇼군으로 취임한 직후, 애로우호 사건이 터지고 청나라를 격파한 영국과 프랑스는 톈진조약天津條約을 체결한 후 그 여세를 몰아 일본으로 진격할 것이라는 소문이 돌았다. 그런데 막부의 중신인 이이 나오스케井伊直弼가 서양 오랑캐의 침략을 막기 위해 항구를 봉쇄하라는 천황의 지시를 무시한 채, 미국과 불평등조약인 '미일수호통상조약'을 체결하고 말았다. 막부의 굴욕적인 조약을 비난하는 전국의 유학자와 사무라이들은 서양 오랑캐들과 그 앞잡이들을 물리치고 막부를 타도하고 천황을 옹립하자는 존왕양이尊王攘夷 운동을 전개했다. 이런 와중에 시부사와 에이치는 스승 오다카의 사촌 여동생인 치요千代와 결혼했다.

1861년 3월 21세의 시부사와는 드디어 아버지의 허락을 받고 3개월간 에도에 가 가이호 교손(海保漁村, 서민 교육을 중시한 유학자)의 문하생이 됐다. 또 호쿠신잇토류北辰一刀流 도장에 다니며 검술 수행을 하는 근황지사들과 교류를 텄다. 이때 시부사와는 가업을 버리고 존왕양이 지사로서 목숨을 바칠 것을 결심했다. 1863년 23세의 시부사와 에이치는 다시 에도로 왔다. 이때 아버지는 시부사와에게 '아들 한 명이 죽었다'고 생각할 터이니, 가업일랑은 걱정 말고 자신의 뜻을 맘껏 펼치라고 격려했다. 당시 에도는 양이파와 개국파 간의 정치적 대립이 격렬했다. 영국, 프랑스 등 선진 자본주의 국가로부터 받은 차관은 이미 일본을 빚쟁이 국가로 만들었고, 개항 이래 서구의 공장제 제품들의 대량 유입으로 일본 국내의 토착 산업과 유통망이 파괴됐다. 물가는 폭등해 백성들은 생활고에 신음했다.

1863년 9월 다시 귀향한 시부사와는 오다카, 시부사와 기사쿠와 함께 존왕양이尊王攘夷 토막討幕운동을 일으켰다. 오다카를 지도자로 옹립하고 69명의 무사와 지사들을 비밀리에 규합한 후 아버지로부터 군자금 200냥을 받고 무기를 사들여 고향집에 숨겨 두었다. 다카사키 성高崎城을 탈취하고 요 코하마의 외국인 거류지에 화공을 펼칠 계획을 세웠다. 그러나 교토에 있 던 오다카의 동생인 오다카 나가시치로尾高長七郎가 이 계획을 듣고 급히 돌 아와 당시의 정세를 들려주면서 거사의 무모함을 주장했다. 결국 그의 설 득이 성공해 거사는 도중에 수포로 돌아갔다. 그런데 불발로 끝난 봉기가 누설되는 바람에 시부사와 에이치는 막부 관료에 의해 위험인물로 찍혀 체 포될 운명에 처했다. 시부사와는 막부의 가신인 히라오카 엔지로平岡円四郎의 도움으로 교토로 급히 피신했다.

농민의 아들에서 근왕지사로, 그리고 막부의 가신으로 변신

이듬해인 1864년 24세의 시부사와 에이치는 막부의 가신인 히라오카 엔 지로의 추천으로 히토쓰바시─橋 가문의 상속자인 도쿠가와 요시노부德川慶 喜의 가신이 됐다. 시부사와는 개혁파에 속하는 요시노부가 쇼군에 올라 자신의 뜻인 공무합체론(公武合體論, 천황 측과 막부 측의 제휴로 정국 안정을 꾀하는 정책)을 실현해 주기를 바랐다. 죽음을 피하기 위한 선택이었지만, 변신의 귀재로 비판받을 정도로 현실에 능동적으로 대처한 시부사와는 당 초 막부 타도를 외쳤지만 이제는 막부 체제를 위해 헌신하는 사람이 됐던 것이다.

우선 시부사와는 영내를 순회하며 농병을 모집했다. 1865년에는 도쿠가 와 요시노부 집안의 재정을 담당하는 직위로 진급하여 오사카, 효고兵庫 등 을 오가며 장사를 주관했다. 1866년 에도 막부의 제14대 쇼군인 도쿠가와 이에모치德川家茂가 병사하자 시부사와 에이치의 주군인 도쿠가와 요시노부 가 추천에 의해 제15대 쇼군의 자리에 올랐다. 시부사와 에이치는 다시 낭 인 신분으로 되돌아가기를 원하고 사직을 결심했다.

그런데 도쿠가와 요시노부가 시부사와 에이치에게 그의 동생 도쿠가와 아키타케德川昭武를 수행하여 파리 만국박람회에 가도록 명령했다. 히토쓰바시가의 재정 확충의 공을 인정받아 사절단의 경리 담당자로 참여하라는 것이었다. 시부사와의 인생을 근본적으로 바꾸는 크나큰 행운이었다. 사실 시부사와 에이치는 이미 막부 관리로 일하면서 직접 목격한 서양 국가의 우수한 군사력과 뛰어난 문명을 숭상하기 시작했다. 청년기의 격렬한 양이 사상은 이미 자취를 감추었다.

27세의 시부사와 에이치와 도쿠가와 아키타케를 포함한 일행 30명이 1867년 1월 11일 프랑스 기선을 타고 요코하마 항구를 출발했다. 결과적으로 이 첫 번째 서양 여행은 시부사와 에이치의 사상을 근본적으로 바꾸었다. 시부사와는 특히 서양 각국의 은행, 주식, 공채, 증권거래소, 공장 등의 경제 제도를 유심히 관찰했다. 사절단이 일본으로 돌아간 후에도 프랑스에 남아 근대적인 회계법과 금융과 주식회사의 구조를 직접 배웠다.

파리 만국박람회는 유럽 근대 자본주의 문명의 전시장이었다. 증기기관, 방적기계 등 구미 열강의 눈부신 자본주의 문명은 시부사와를 큰 충격에 빠트렸다. 여태껏 사농공상의 봉건적 신분제도가 존재하며 '상업은 유교에 반反하고 상공업은 비천한 자들의 몫'이라던 낡은 관념이 우세하던 일본과 달리, 연회 장소에서 정부 관리와 기업인이 평등하게 대화를 나누고, 신분적 차별도 관존민비의 풍조도 없으며 도리어 상공업자가 높은 사회적 지위를 누리면서 국가 발전에 기여하고 있다는 사실에 시부사와는 놀라움을 금치 못했다. 소년 시절 관리로부터 '더러운 장사꾼'이라는 수치를 당한 후 봉건적 신분제도에 깊은 반감을 가지고 있던 시부사와는 파리에서 서구의 부르주아 민주주의에 눈을 뜨기 시작한 것이다. 상공업자가 높은 사회적 지위를 누리면서 국가 발전의 최전선을 담당하는 그 자체가 충격이었다. 이때 시부사와는 '상공인의 실력을 길러 상공업을 발전시키지 않으면 일본의 부국강병은 없다'는 결론을 내렸다.

사절단의 자금을 관리하던 에이치는 돈을 은행에 예금하는 대신 국공채나 철도 주식을 산 후, 귀국할 즈음에 팔아서 생각지도 않은 돈을 벌기도 했다. 이때 그에게 어학을 가르쳐 주려고 동행했던 사람이 알렉산더 본 지볼트인데, 시부사와는 귀국 후에도 그와 교류를 계속 갖고 그의 동생 하인리히(오스트리아 외교관, 고고학자)는 나중에 시부사와 에이치가 일본적십자사를 세우는 데 크게 협력했다. 한편 파리 만국박람회에 참가해 유럽 여러 나라를 시찰한 도쿠가와 아키타케는 파리에서 유학을 하려고 했지만, 1867년 10월 14일 에도 막부가 권력을 교토의 천황에게 돌려준 대정봉환大政奉還으로 세워진 메이지 신정부가 그에게 귀국을 명하자 12월에 일본으로 돌아왔다.

열도의 촌놈을 모던 보이로 바꾼 파리 만국박람회

그러나 공적 업무를 마친 시부사와는 스위스, 네덜란드, 벨기에, 이탈리아, 영국 등 유럽 각지를 순방하며 서양 각 나라의 근대 자본주의 발달 사정을 직접 체험했을 뿐만 아니라, 유럽의 부강이 합리적 경제기구와 상공업의 존중에서 비롯됐다는 것을 명백하게 깨달았다. 벨기에에서는 국왕인 레오폴드 2세가 직접 나서서 국가의 부는 공업과 밀접한 관련이 있다며 벨기에 철강을 일본도 구매해 주기를 바란다는 세일즈 활동을 하는 것을 보고 상업을 중시하는 서양 국가의 흐름에 큰 깨달음을 얻었다. 프랑스의 나폴레옹 3세를 만나서도 황제의 세일즈 외교에 큰 감명을 받았다.

상인과 수공업자를 천시하는 일본의 전통을 일소하고 상공계급이 노력하지 않으면 일본은 부국강병을 이룩할 수 없다는 것을 뼛속 깊이 깨달은 것이다. 일본이 우물 안 개구리라는 것을 안 시부사와는 막부가 타도되어 본국으로부터 유학 자금 송금이 어려워지자 은행가 출신인 주프랑스 명예총영사 에럴의 도움으로 경제 지식을 쌓고 유가증권에 투자하여 체류 자금을 보충했다. 서구 자본주의의 기술, 자본, 제도를 도입하고, 사농공상의 봉건적 신분제와 관존민비의 사회의식을 개혁하여 근대적 상공업 윤리를 정착시켜야 일본의 미래가 밝다는 것을 확신한 시부사와는 메이지 원년인 1868년 12월 3일 2년 만에 귀국, 요코하마 항에 도착했다. 존왕양이 근왕 지사는 이미 근대 계몽가로 변신해 있었다.

1868년 28세의 시부사와 에이치는 프랑스에서 귀국한 직후, 시즈오카靜岡에 근신하고 있던 도쿠가와 요시노부의 배려로 번의 재정 책임자로서 시즈오카에서 머물렀다. 이때 프랑스에서 배운 경험을 살려, 1869년 2월에 일본 최초의 법인이자 주식회사인 시즈오카상법회소靜岡商法會所를 설립했다. 메이지 정부로부터 대여를 받은 지폐 50만 냥으로 교토, 에도, 오사카 등지에서 비료와 쌀 등을 구매해 번 내에 판매 혹은 대여하고 시즈오카 특산물인 차, 양잠 산업을 진흥시켰다. 또한 상인들에게 사업이나 개간의 자금을 대부하고 예금 업무도 취급했다. 금융업과 상업을 혼합한 조직체로 유럽에서 배운 주식회사 제도의 첫 번째 실험이었다.

그런데 시부사와가 29세가 되자, 다시 인생의 항로를 바꾸는 일이 기다리고 있었다. 서양 자본주의 경제 지식과 탁월한 경영 능력을 인정받은 그가 오오쿠마 시게노부(大隈重信, 1838년~1922년, 제8대, 제17대 내각 총리대신, 와세다 대학 창립자)의 설득으로 10월에 대장성에 입성한 것이다. 조세정(租稅正, 조세 담당 국장)으로 첫 관료 생활을 시작한 것이다. 비록 어린 나이였지만 이렇게 높은 직책을 맡은 까닭은 만국박람회 사찰단의 일원으로 얻은 다양한 해외 견문과 경리 업무 지식이 높은 평가를 받은 덕분이었다.

이때 시부사와는 개정괘改正掛(현재의 구조개혁국)를 이끌며 개혁안을 기획, 입안해 도량형, 조세, 화폐은행 제도를 개혁하는 데 큰 업적을 남겼다. 대장소보사무차관大藏少輔事務次官까지 승진한 그는 유럽에서 배운 서양 문명의 정수를 실천하고자, 1870년에 전문적으로 농업, 공업, 광업 발전을 촉진하는 보원국實源局 설립하여 실업·기술 교육을 진행하자고 주장했다. 또한 박물관, 식물원, 동물원, 양육원, 직업소개소 등의 설립과 특허법, 저작권법을 세우자고 주장했다. 일본의 산업 개발과 문명 촉진, 국가의 부강을 위해서였다. 하지만 이러한 그의 제의는 대장성의 토론을 얻지 못했다. 7월에 정부 조직이 개편되고, 8월에 시부사와는 대장소좌大藏少佐에 올라 서열 6위가 됐다. 이때 최초로 요코하마로부터 도쿄 신바시 간의 철도 부설을 입안하기도 했다.

1871년 31세에 대장권대승大藏權大丞에 오른 그는 7월에 정부 최고회의의 서기관이 됐다. 폐번치현廢藩置縣을 할 때는 결의안을 기초했다. 8월 13일에는 대장대승大藏大丞에 오르고, 대장성 관직 제도와 사무장정事務章程을 기초하라는 명을 받고 사흘 밤낮 동안 침식을 잊을 채 임무를 완성했다. 8월 19일 그가 기초한 대장성 관직 제도와 사무장정이 반포됐다. 이 장정은 관청의 출납 제도에 대한 규정인데, 모든 지출과 납입을 할 때 금액이 적든 많든 반드시 대장경과 관계자의 인가를 받은 증거가 있어야만 영수領收와 지불을 가능하게 했다. 이것은 미국식을 모방한, 일본이 아직까지 시행해 보지 않은 근대식 재정회계 제도였다. 1872년에는 국립은행 조례를 입안했다.

벼슬을 버리고 실업계에 투신한 까닭

그런데 1873년 33세의 시부사와 에이치는 예산 편성을 둘러싸고 오쿠보 도시미치(大久保利通, 사이고 다카모리西鄕隆盛와 기도 다카요시木戶孝允와 더불어 메이지 유신 삼걸)와 군비 문제를 둘러싸고 대립의 각을 세우다, 이노우에 가오루井上馨 대장대보大藏大輔와 함께 관직에서 은퇴했다. 그리하여 5년 6개월간의 관료 생활을 마친 그는 다시는 벼슬을 영원히 하지 않겠다고 다짐하고, 관계를 떠나 민간으로 내려왔다. 이후 시부사와 에이치는 60년 동안 오직 일본의 경제 발달만을 위해 헌신했다.

1875년에는 상법강습소를 세웠다. 나중에 고등실업학교, 또 상과대학으로 발전해 일본의 상업 발전에 크나큰 기여를 했다. 관료 시대에 미쓰이 재벌과 아사노 재벌이 다투면서 독점적으로 은행을 설립하려던 것을 저지하며, 다른 기업과 일반인들의 자본을 모아 1873년에 사립은행인 제일국립은행(第一國立銀行, 현 미즈호은행의 전신)을 세워 총재에 취임했다. 미야기 현宮城縣 센다이 시仙台市에 본점을 둔 지방은행 시치주시치은행(七十七銀行, The 77 Bank) 창립도 지도했다. 1880년에는 도쿄은행집회소를 조직하는 등, 은행사무 강습소를 설치해 은행 업무의 교육과 보급에도 노력했다. 단지 은행 설립뿐만 아니라, 최초로 금융 제도 그 자체를 일본에 이식시킨 업적을 세운 것이다. 1881년 41세에는 도쿄은행집회소를 만들고 회장직을 역임하며 서구의 은행 제도를 모방해 일본은행조례를 제정해 공포했다. 이렇게 근대적인 은행 제도의 정착에 노력했기에 '일본 근대 은행 제도의 창시자'로 불렸다.

더불어 시부사와는 보험업의 창시자였다. 당시 사람들에게 보험은 국가에 유익한 정당한 영리 사업이란 것을 인식시키고 1878년 12월에 해상보험회사를 열었다. 이전에 일본인들이 듣도 보도 못한 사업이었다. 1880년 40세의 시부사와 에이치는 신부기법新附記法 등을 세상에 전파해 상인의 사회적 지위를 높이고, 훗날 상업이 비약적으로 발전하는 원동력을 제공했다. 1880년에는 미쓰이와 함께 도쿄풍선회사를 설립해, 미쓰비시와 경쟁했다. 1881년 또 일본철도를 설립하여 1891년 도쿄 - 아오모리 사이에 철도를 부설했다. 1882년에는 민영 오사카방직大阪紡績을 설립해, 다음해 개업했다. 오사카방직은 증기력을 도입하고 저임금의 여성 노동력을 이용해 야간에도 작업을 해 엄청난 생산성을 보인 일본 최초의 방직공장이었다. 덕분에 일본은 세계적인 근대 방적기술을 갖게 됐다.

1883년 43세에 국립은행의 조례를 수정해, 국립은행이 인가 허가를 받은 20년 동안 영업을 하다 만기가 지나면 지폐발행특권을 없애고 사립은행으로 바꾸는 규정을 세웠다. 현재 사용되는 '은행'이라는 명칭도 시부사와 에이치가 '내셔널 뱅크National Bank'를 번역해 '국립은행'이란 이름을 쓴 후부터 보급됐다. 1887년 47세에는 정부 동의 아래 수표 조례를 반포해, 수표가 상업 교역의 주요한 방법으로 쓰이도록 했다. 이후 15곳의 대은행과 협상해 도쿄수표교역소를 창립했다. 1891년 3월에는 수표교역소를 조직하고,

1896년 수표교역소를 은행 내에 두도록 해 기업 활동이 더더욱 활발해지도록 했다. 수표는 오늘날의 관점으로는 매우 보편적인 것이지만 당시에는 시부사와 에이치가 선구자적으로 노력하지 않았으면 생겨나지 못한 중요한 상업 제도였다.

1887년에는 도쿄인조비료회사를 창립해 농업 진흥에 큰 도움을 주었다. 청일전쟁 후 일본의 국제화를 위해 해운업 발전이 필요함을 뼈저리게 느끼고 정부에 해운업 보호 육성책을 건의하여 1896년 항해장려법, 조선장려법을 제정하게 했다. 이시카와지마조선소石川島造船所를 창립해 조선업의 발전에도 크게 기여했다. 요코하마선거회사橫濱船渠會社와 하코다테선박회사凾館船會社의 건설에도 관여했다.

일본 근대 자본주의에서 '최초'라는 수식어의 향연

이렇게 시부사와 에이치는 일본 근대 자본주의의 발전 과정에서 '최초'라는 수식어를 쓸 수밖에 없는 최초의 사업과 제도를 수없이 만들어 나갔다. 니혼유센日本郵船, 도쿄가스東京ガス, 도쿄해상화재보험東京海上火災保險, 일본 제1위의 제지회사인 오지제지王子製紙, Oji Paper Company, 치치부시멘트(秩父セメント, 지금의 태평양시멘트), 데이코쿠帝國호텔, 치치부철도秩父鐵道, 게이한전기철도京阪電氣鐵道, 도쿄증권거래소, 기린麒麟맥주, 삿포로맥주, 일본우선회사日本郵船會社, 세키스이淸水건설, 도쿄제철, 도쿄전력 등등 500개 이상의 다양한 기업의 설립에 관여했다. 그는 자신이 설립했거나 관여한 기업이 일정한 궤도에 오르면 다른 사람에게 맡기고 자신은 새로운 사업을 개척하는 데 힘을 쏟았다.

다른 상인이나 재벌과 다르게 단순한 사적인 영리 추구 차원이 아니라 국가 경제라는 공적인 차원에서 일본 근대 실업계의 방향을 이끌었다. 이렇게 공익을 전제로 한 사익 추구는 개인만의 부가 아니라 다수의 부라는 합본주의合本主義 전통을 세웠기에 '일본 경제의 아버지'라고 불렸다. 합본주의는 회사를 한 사람이 소유하는 것이 아니라 많은 사람이 자본금을 갹출하여 창업하고, 회사를 완전히 소유하지 않는 경영자를 고용하여 운영하는 방식이다. 시부사와 에이치는 이렇게 질서와 협조를 강조하며 함께 투자하여 함께 이익을 얻는 합본주의를 바탕으로 관민 협조와 연공서열, 종신고용이라는 일본의 전통적인 경영 모델을 세웠다. 이와 반대로 이와사키 야타로(岩崎彌太郎, 미쓰비시三菱 재벌 창립자)는 서구식 개인주의와 자유방임주의만을 바탕으로 총수가 모든 것을 관할하는 재벌 체제를 세웠다.

62세이던 1902년 5월 15일 시부사와 에이치는 가네코兼子 부인과 함께 다시 한 번 서양 사회 시찰의 길을 떠나, 미국의 시어도어 루스벨트 대통령을 접견해 미일 양국 경제계의 긴밀한 교류를 부탁했다. 보스턴, 필라델피아, 뉴욕 등을 방문하여 재계 지도자들과 만나 일본 경제계의 대표자로 민간 경제교류를 활발하게 펼쳤다. 〈뉴욕 헤럴드〉는 당시에 시부사와 에이치를 '일본의 모건Morgan'이라고 불렀다. 1902년 10월에는 미국을 거쳐 영국을 순방해 런던 상업회의소로부터 특별한 예우를 받았고, 프랑스, 이태리를 경유해 10월 31일에 귀국했다.

그런데 1909년 6월 무렵부터 세월의 무게를 이기지 못한 시부사와의 몸이 점점 더 쇠약해졌다. 이미 69세 고령인 그는 하는 수 없이 그가 관여하고 있던 61곳의 회사를 일괄적으로 사임하고, 이후 은행업과 사회공공사업에만 매진하겠다는 뜻을 밝혔다. 같은 해 8월 미국의 초청으로 일본 실업계를 대표하는 인물로 미국을 방문해, 미국 제27대 대통령 태프트와 회견하는 등 미국의 53개 도시에서 '미국통'으로서 민간 경제외교를 펼치다 12월 1일에 돌아왔다. 1912년 72세 때에는 메이지 신궁 조성을 위한 위원회의 위원장으로 지금의 요요기代代木에 메이지 신궁이 들어서도록 크게 기여했다.

시부사와 에이치는 젊을 적에는 고집스러운 내셔널리스트였지만, 1912년 미국에서 일본인 이민배척운동이 벌어지면서 미일 관계가 악화되자, 일본에 대한 이해도를 높이기 위해 미국의 매스미디어에 일본 뉴스를 보내는 통신사를 세우자고 주장했지만 성공하지는 못했다. 하지만 나중에 오늘날의 지지통신사時事通信社, 교도통신사共同通信社의 기원이 됐다.

1916년 76세의 시부사와 에이치는 실업계에서 은퇴했지만 그 후에도 이런저런 공익사업과 사회복지사업에 분주했다. 실제로 공공사회사업에 관계된 그의 직책은 약 600여 개로 기업 관련 업적보다 더 두드러졌다. 메이지 정부 초기에 빈곤층의 구제를 목적으로 설립한 복지시설인 도쿄양육원 원장을 39세 때부터 50년 넘게 맡으며 어린이를 위한 학교 설립에 매진했다. 이 밖에 일본결핵협회 회장, 일본국제아동친선회 회장 등등 사회사업에 관련한 그의 업적은 이루 헤아릴 수 없을 정도다. 도쿄자혜회東京慈惠會, 일본적십자사, 한센병예방협회 설립을 주도하고, 재단법인 세이루카국제병원(聖路加國際病院, St. Luke's International Hospital) 초대 이사장, 사단법인 다키노가와학원(瀧乃川學園, 일본 최초의 지적 장애자 복지시설) 초대 이사장, YMCA 환태평양연락회의 일본 측 의장을 역임했다. 1920년에는 미일유지협의회를 개최하고, 일화실업협회 회장, 국제연맹협회 회장을 역임했다. 83세였던 1923년 도쿄 대지진 때에는 대진재선후회大震災善後會 부회장이 되어 기부금을 모으느라 여념이 없었다. '조선인들이 우물에 독을 뿌렸다'는 유언비어가 퍼져 아쿠다카와 류노스케 등이 참가한 자경단이 조선인들을 학살하자, 재해는 단지 사치스러운 생활을 하는 도회지 사람에 대한 "하늘의 분노"라는 입장을 견지했다.

거대한 부를 사회에 환원한 노블레스 오블리주

한편 당시까지도 상인에게 고등교육이 필요 없다는 선입견이 지배적이었지만 시부사와 에이치는 상업교육에도 온 힘을 기울이며 도쿄상법강습소(商法講習所, 현 히토쓰바시 대학 一橋大學), 오오쿠라상업학교大倉商業學校(현 도쿄게이자이 대학東京經濟大學) 설립에 협력했다. 와세다 대학, 니소가큐샤 대학二松學舍大學, 도시샤 대학同志社大學을 설립하기 위해 기부금을 모으기도 했다. 도쿄상법강습소를 모체로 설립된 도쿄상과대학을 비롯하여, 도쿄고등상업학교, 이와쿠라철도학교 등의 창설에도 노력했다. 여성 교육의 필요성도 절감해 이토 히로부미, 가쓰 가이슈勝海舟 등과 더불어 여자교육장려회女子敎育獎勵會를 창립해 일본여자대학日本女子大學, 도쿄여학관東京女學館의 설립에 관여했다.

1927년에는 일본국제아동친선회日本國際兒童親善會를 설립해 일본 인형과 아메리카 인형을 교환하면서 미일 민간교류를 폭넓게 하는 데 전력했다. 미국 내 반일감정을 없애며 일본이 세계의 강대국으로 인정을 받으려면 산업 경제의 육성뿐만 아니라 외교력도 요구됐다. 때문에 시부사와 에이치는 이렇게 국제 친선외교활동의 중요성을 인식하고 민간경제 차원의 풀뿌리 외교활동을 활발하게 전개했다. 아시아와의 민간외교에도 힘을 쏟아, 1903년에 이미 일–인도협회를 창설했다. 1914년에는 '아시아와의 협력 없이 일본의 번영은 없다'며 중국을 방문해 경제외교 활동을 벌였다. 이러한 공로들로 일본 자본주의 발달에 혁혁한 공을 세운 시부사와 에이치는 1900년 60세에 마침내 화족華族의 반열에 올라 남작男爵 칭호를 받았고, 80세인 1920년에는 자작子爵에 올랐다. 1926년과 1927년에는 노벨 평화상 후보에 올랐다. 1931년에는 중국에서 터진 수해 피해를 돕기 위해 중화민국수재동정회中華民國水災同情會 회장으로 의원금을 모집하는 등 민간외교의 선구자적인 면모를 보여 주었다.

특히 시부사와 에이치가 미쓰이 다카요시三井高福, 이와사키 야타로, 야스다 센지로우安田善次郎, 스미토모 도모이토住友友純, 후루가와 이치베에古河市兵衛, 오오쿠라 기하치로우大倉喜八郎 등등의 메이지 시대 재벌과 크게 다른 점은 '독특한 시부사와 재벌澁澤財閥'을 만든 점이다. 재계에서 은퇴한 후 시부사와 에이치는 그가 죽은 후의 재산 분쟁을 방지하기 위해 편의적으로 특수회사 '시부사와동족주식회사澁澤同族株式會社'를 창설해, 시부사와동족주식회사가 보유하는 주식은 전체 회사 주식의 2할 이하, 대부분의 경우에 몇십 퍼센트를 넘지 못하게 했다. "사익을 추구하지 않고 공익을 도모한다"는 모토 아래 생애를 초지일관하게 보낸 그는 후계자인 시부사와 케이죠(澁澤敬三, 1896년~1963년, 시부사와 에이치의 손자)에게도 이 원칙을 지키도록 다짐해 두었다.

물론 일본 근대 자본주의 요람기에 거의 모든 산업 육성에 관여한 시부사와 에이치가 미쓰이三井, 미쓰비시三菱, 스미토모住友와 같은 재벌을 만들려고 했으면 가능했을 것이다. 그는 아들 시부사와 히데오澁澤秀雄에게 이렇게 말한 적이 있었다.

"내가 만약 내 한 몸과 내 집안의 이익만을 궁리했다면, 미쓰이와 이와사키에 지지 않았을 거야. 이것은 분명히 졌으면서도 억지를 부리는 게 아니지."

물론 결과적으로 시부사와 집안이 미쓰이나 미쓰비시에 비해 작은 재벌이 됐지만 그렇게 된 까닭은 시부사와 에이치가 대재벌이 되고 싶다는 바람을 갖지 않고, 도덕·경제 합일설을 평생 동안 주창하며 영리추구이든 자본 축적이든 도의에 맞고 인애의 정이 깃들여 있지 않으면 안 된다면서 600여 개의 교육·복지 단체 등에 다양한 형태로 기부를 했기 때문이다. 시부사와 에이치는 모든 사업을 독점적으로 꿈꾸는 이와사키와는 반대로 소수의 기업 독점을 원칙적으로 반대했다. 흔히 미쓰이나 이와사키처럼 재벌 창업자들이 남작 칭호를 받는 것에 비해 시부사와 에이치가 자작 칭호를 받을 수 있었던 이유는 바로 사회 공헌이 크고 윤리 경영을 몸소 실천했기 때문이다. 재계의 실력자로 존경을 한 몸에 받던 시부사와 에이치의 손도장을 현금화하지 않고 갖고 있는 것을 당시 실업가들은 큰 자랑거리로 삼았다.

만년까지도 시부사와 에이치는 항상 『논어』를 품에 지니고 다녔는데 점점 낡아지자 새로『논어』를 구입해 읽었다고 전해진다. 연설, 강연, 좌담 등에서 그는 항상 관존민비 타파, 도덕과 경제의 합일, 서구적 합리주의를 창도했다. 이러한 사상이 담긴 『청연백화靑淵百話』『논어와 주판論語と算盤』『논

어강의論語講義』『경제와 도덕經濟と道德』『논어처세담實驗論語處世談』『아마요가타리雨夜譚』 등등의 책을 저술했다. 특히『논어와 주판』은 "동양의 유교 문화와 서양의 관리 과학을 절묘하게 결합한 유가 경영학의 고전"이자, "지고한 유상儒商 정신의 경지로, 아시아 비즈니스계의 성경이 된 작품"이라는 평가를 받고 있다. 실제로 2006년 중국의 CCTV에서 방영한 프로그램〈대국굴기大國崛起〉는『논어와 주판』은 "한 손에는『논어』, 한 손에는 주판을 들고 일본을 굴기시킨 비결"이 담긴 저서라며, "서양의 경영학에는 피터 드러커, 동양의 경영학에는 시부사와 에이치"가 있다고 논평했다.

유상儒商 정신으로 비즈니스계의 성경이 된 '논어와 주판'

1931년 11월 11일, '도덕과 경제는 하나'라는 진리를 몸소 실천하던 시부사와 에이치는 일반 백성, 근왕지사, 에도 막부 관리, 메이지 유신 정부 관료, 재계의 지도자, 사회활동가로 거듭 변신을 하며 91세의 나이로 세상을 떠났다. 시부사와 에이치가 메이지 27년(1894년)에 출간한『아마요가타리雨夜譚』를 보면 그가 자손에게 남긴 유훈은 이렇다.

"마음에 부끄럼이나 몸을 더럽히는 일일랑은 추호도 없기를!"

그의 인생관을 한마디로 요약하자면 그의 저서의 타이틀인 '논어와 주판'이다. 현재 일본 금융산업의 중심지인 도쿄 역과 니혼바시日本橋 사이의 도키와바시常盤橋 주변인 일본은행 맞은편에는 시부사와 에이치의 청동 조상이 우뚝하게 솟아 있다. 한편 일본 역사를 대표하는 경제인으로서 일본은행권(지폐)의 주인공으로 등장한 후보자들은 과거에 여러 명이 있었지만 실현되지는 못했다. 그런데 1963년 11월 1일에 발행된 일본은행 천 엔권 초상의 최종 후보자로 시부사와 에이치가 선택됐다. 하지만 결국 이토 히로부미가 주인공이 됐다. 당시에는 위조 방지를 위해 수염이 있는 인물만이 화폐의 얼굴 주인공이 될 수 있었던 탓이다. 일본에서 시부사와 에이치는 지폐의 주인공이 되지 못했지만 1902년에서 1904년까지 대한제국에서 발행된 제1은행권의 1엔, 5엔, 10엔 권에는 당시 경영자였던 시부사와 에이치의 초상이 그려져 있었다고 한다.

물론 메이지 시기 일본의 자본가와 상인들은 일본 제국주의 경제 침략의 선봉장이었다. 시부사와 에이치도 민간 경제계 차원에서 일찍부터 일본 자본의 한국 침략을 적극 권장하고 추진했다. 1878년 6월 개설한 제일국립은행 부산 지점을 발판으로 한국에서의 일본 화폐 유통을 추진했다. 서울과 인천 등지에도 지점과 출장소를 두었다. 제일국립은행은 1902년 은행권을 발행하여 조선의 화폐 주권을 장악하고 러일전쟁 땐 한국 중앙은행 구실을 했다. 1909년 제일국립은행 주요 업무를 조선은행으로 이관시켜 조선의 금융을 지배했다. 경부선 철도 부설 등에도 앞장섰다. 1904년 7월에는 황해도 황주군 겸이포 일대 3천 정보의 토지를 헐값에 사들여 설립 자본금 100만 원의 한국흥업주식회사(1910년 조선흥업주식회사로 바뀜)를 발기인으로 설립했다. 이 농업척식회사는 동양척식주식회사와 더불어 한국 농업 침탈의 첨병이었다. 시부사와가 일본의 조선 식민지 정책과 관련이 있었다는 것은 유감이지만, 그렇다고 그의 '도덕·경제 합일설'에도 문제가 있다는 식의 주장은 논리적 비약일 것이다.

현재 사이타마 현에서는 시부사와 에이치의 공적을 기리기 위해 건전한 기업 활동을 하면서 사회 공헌을 하는 전국의 기업경영자를 대상으로 '시부사와 에이치상'을 수여하고 있다. 1873년 일본에서 최초로 공원으로 지정된 도쿄 기타구北區의 아스카야마공원飛鳥山公園에는 시부사와 에이치의 저택이던 난의촌장暖依村莊이 중요문화재로 지정되어 있다. 시부사와 사료관과 정원이 함께 있다.

澁澤榮一 年譜
2. 시부사와 에이치 연보

서력 西曆	일본력 和曆	연령	주요 활동	역사적 사건
1840	덴보天保 11년	0	2월13일 사이타마 현 후카야 시에서 태어남	스페인전쟁 발발
1847	고카弘化 4년	7	종형 오다카 아쓰타다에게 한학을 공부	
1854	안세이安政 1년	14	가업인 밭농사, 양잠, 염료에 전념	
1858	안세이 5년	18	치요(오다카 아쓰타다의 누이)와 결혼	미일수호통상조약
1863	분쿄文久 3년	23	막부를 무너뜨리기 위해 다카사키 성을 탈취하고 요코하마를 화공하려고 했지만 계획을 멈추고 교토로 도망	이이다이로 암살 사건井伊大老暗殺, 1860
1864	겐지元治 1년	24	도쿠가와 요시노부德川慶喜를 모심	서양 함대가 시모 노세키下關에 포격
1865	게이오慶應 1년	25	히토쓰바시가一橋家의 영내를 순시	
1866	게이오 2년	26	도쿠가와 요시노부 쇼군에 올라, 막부의 신하가 됨	조슈정벌長州征伐, 삿초동맹薩長同盟
1867	게이오 3년	27	도쿠가와 아키타케를 따라 프랑스로 출국(파리 만국박람회 사절단)	대정봉환大政奉還, 왕정 복고
1868	메이지明治 1년	28	메이지 유신으로 프랑스에서 귀국 시즈오카에서 요시노부를 만남	무진전쟁戊辰戰爭, 1868 ~1869
1869	메이지 2년	29	시즈오카 번에 상법회소商法會所 설립 메이지 정부 관료로 민부성(대장성) 조세정租稅正과 개정괘괘장改正掛掛長 겸임	도쿄로 천도 도쿄·요코하마 전신 개통

1870 메이지 3년	30 관영 도미오카제사장富岡製絲場, Tomioka Silk Mill 설치 주임	평민에게 성씨 사용 허가
1871 메이지 4년	31 『입회약칙立會略則』 발간	폐번치현廢藩置縣
1872 메이지 5년	32 대장성 소보少輔 초지抄紙 회사 설립 출원	신바시新橋, 요코하마 철도 개통
1873 메이지 6년	33 대장성 사직 제일국립은행 개업하고 총감을 맡음 초지 회사 창립(나중에 오지제지회사王子製紙會社, 이사장)	국립은행 조례 반포 지세 개정조례 포고
1875 메이지 8년	35 제일국립은행 은행장 상법강습소 창립	
1876 메이지 9년	36 도쿄회의소 회장 도쿄부 양육원 사무장(후에 원장)	사립 미쓰이은행三井銀行 개업
1877 메이지 10년	37 택선회擇善會 창립해 나중에 도쿄은행집회소 회장 오지니시가하라王子西ヶ原에 별장 세우기 시작함	서남전쟁西南戰爭
1878 메이지 11년	38 도쿄상법회의소 창립, 회장 역임(후에 도쿄상업회의소 회장 역임)	
1879 메이지 12년	39 그랜트 장군(제18대 미국 대통령) 환영회 도쿄 접대위원장	
1880 메이지 13년	40 박애사博愛社, 나중에 일본적십자사) 창립	
1882 메이지 15년	42 부인 치요 사망	일본은행 개업
1883 메이지 16년	43 오사카방직회사 공장 준공, 발기인(후에 상담역) 이토 카네伊藤かね와 재혼	외국사절 접대를 위한 로쿠메이칸鹿鳴館 개관식
1884 메이지 17년	44 일본철도회사日本鐵道會社 이사위원(후에 이사)	화족령華族令 제정
1885 메이지 18년	45 일본우선회사日本郵船會社 창립(후에 이사) 도쿄양육원東京養育院 원장 도쿄와사회사東京瓦斯會社 창립, 창립위원장(후에 이사장)	내각제도 제정
1886 메이지 19년	46 출판사 용문사龍門社 창립 도쿄전등회사東京電燈會社 설립	

1887	메이지 20년	47	일본연와제조회사日本煉瓦製造會社 창립, 발기인(후에 이사장) 제국호텔 창립, 발기인 총대표(후에 이사장)	
1888	메이지 21년	48	삿포로맥주회사札幌麥酒會社 창립, 발기인 대표(후에 이사장) 도쿄여학관(東京女學館, 지금의 도쿄여학관대학東京女學館大學) 개교, 회계감독(후에 관장)	
1889	메이지 22년	49	도쿄이시카와지마조선소東京石川島造船所 창립, 위원(후에 이사장)	대일본제국헌법 공포
1890	메이지 23년	50	귀족원 의원	제1회 제국회의
1891	메이지 24년	51	도쿄교환소東京交換所 창립, 위원장	
1892	메이지 25년	52	일본저축은행東京貯蓄銀行 창립, 이사(후에 이사장)	청일전쟁 발발 (1894)
1895	메이지 28년	55	호쿠에쓰철도회사北越鐵道會社 창립, 감사(후에 고문)	청일강화조약 조인
1896	메이지 29년	56	일본정당회사日本精糖會社 창립, 이사 제일국립은행 영업 만기로 제일은행第一銀行이 된 후 은행장 역임 일본권업은행日本勸業銀行(미즈호은행みずほ銀行 전신) 설립위원	
1897	메이지 30년	57	시부사와창고부澁澤倉庫部 개업(후에 시부사와창고회사 발기인)	금본위제 시행
1900	메이지 33년	60	일본흥업은행(日本興業銀行, 현재의 미즈호코포레토은행Mizuho Corporate Bank, Ltd.) 설립위원 남작男爵이 됨	
1901	메이지 34년	61	일본여자대학교 개교, 회계감독(나중에 교장) 도쿄 아스카산저(飛鳥山邸)를 본집으로 함	
1902	메이지 35년	62	가네코 부인兼子夫人 함께 미국 시찰 루즈벨트 대통령과 회견	영일동맹 협정 조인
1904	메이지 37년	64	감기에 더치어 장기간 요양	러일전쟁 발발
1906	메이지 39년	66	도쿄전력회사東京電力會社 창립, 이사 게이한전기철도회사京阪電氣鐵道會社 창립, 창립위원장(나중에 고문)	철도국유법 공포

1907 메이지 40년	67	제국극장회사帝國劇場會社 창립, 창립위원장 (후에 이사장)	공황, 주식 폭락
1908 메이지 41년	68	아메리카 태평양 연안 기업가들을 초대	
1909 메이지 42년	69	많은 기업 단체의 임원을 사임 도미실업단渡美實業團을 조직해 도미, 윌리엄 하워드 대통령과 회견	
1910 메이지 43년	70	정부자문기관인 생산조사회生産調査會 창립, 부회장	한일합방
1911 메이지 44년	71	사회 기여 공로로 즈이호쇼瑞寶章훈장 받음	
1912 다이쇼大正 1년	72	뉴욕일본협회협찬회 창립, 명예위원장 귀일협회歸一協會 성립	
1913 다이쇼 2년	73	일본결핵예방협회日本結核子防協會 창립, 부회장(후에 회장) 일본실업협회日本實業協會 창립, 회장	
1914 다이쇼 3년	74	중일 경제계 제휴를 위해 중국 방문	제1차 세계대전 발 발
1915 다이쇼 4년	75	파나마 운하 개통박람회를 위해 도미 우드로 윌슨 대통령과 회견	
1916 다이쇼 5년	76	제일은행 은행장 등을 사퇴하며 실업계에서 은퇴 미일관계위원회美日關係委員會 발족, 상임위원	
1917 다이쇼 6년	77	미일협회 창립, 명예부회장	사실상 금본위제 정지
1918 다이쇼 7년	78	『도쿠가와 요시노부 공전德川慶喜公傳』(龍門社) 간행	
1919 다이쇼 8년	79	협조회協調會 창립, 부회장	베르사유 조약 조 인
1920 다이쇼 9년	80	국제연맹협회國際連盟協會 창립, 회장 자작子爵을 수여받음	주식 폭락, 전후 공황
1921 다이쇼 10년	81	배일문제 대책을 강의하기 위해 도미 미국 제29대 대통령 웨렌 하딩과 재회	
1923 다이쇼 12년	83	대진재선후회大震災善後會 창립, 부회장	관동 대지진

1924 다이쇼 13년	84 일본과 프랑스의 문화 교류를 위한 일불회관 日佛會館 개관, 이사장 도쿄여학관東京女學館 관장	미국 배일이민법 제정
1926 다이쇼 15년	86 일본태평양문제조사회日本太平洋問題調査會 창립, 평의원 회장 일본방송협회日本放送協會 창립, 고문	
1927 쇼와昭和 2년	87 일본국제아동친선회日本國際兒童親善會 창립, 회장 미일친선인형환영회美日親善人形歡迎會 주최	금융 공황 발발
1928 쇼와 3년	88 일본항공수송회사日本航空輸送會社 창립, 창립위원장 일본여자고등상업학교日本女子高等商業學校 발기인	
1929 쇼와 4년	89 중앙맹인복지협회中央盲人福祉協會 창립, 회장 역임	세계대공황 시작
1930 쇼와 5년	90 해외식민학교海外植民學校 고문	
1931 쇼와 6년	91 11월 11일 영면	만주사변

孔子年譜
3. 공자 연보

기원전 551년	노나라 창평향昌平鄉 추읍(郰邑, 지금의 산동성 곡부시 동남쪽)에서 태어남
기원전 549년 3세	부친 숙량흘叔梁紇이 세상을 떠남
기원전 533년 19세	송나라 출신 기관씨丌官氏와 결혼함
기원전 532년 20세	아들 공리孔鯉가 태어남. 노소공魯昭公이 잉어를 선물로 주어서 아들 이름을 공리로 지음
기원전 531년 21세	소와 양 등 제사 제물로 쓰이는 가축을 관리하는 말단 벼슬인 승전乘田에 오름
기원전 528년 24세	모친 안징재顏徵在가 세상을 떠남
기원전 525년 27세	담자郯子에게서 고대의 관직 제도를 배움
기원전 522년 30세	제경공齊景公을 처음 만남
기원전 518년 34세	주나라 수도 낙읍에 가서 노자에게 예를 묻고 장홍萇弘에게 음악에 대해 물음
기원전 517년 35세	노소공이 삼환대부三桓大夫에게 쫓겨나는 내란이 터지자 제나라로 감. 제나라 상국인 안영의 반대로 중용되지 못함
기원전 516년 36세	제나라에서 소韶 음악을 듣고 3개월 동안 고기 맛을 잊음
기원전 515년 37세	다시 노나라도 돌아와 제자들을 가르침
기원전 505년 47세	양호가 노나라의 권력을 잡음

기원전 502년 50세　공산불뉴가 사람을 시켜 공자를 초빙했지만 자로가 반대해 가
　　　　　　　　　지 않음. 노나라의 세 집안이 양호의 권력을 무너뜨림

기원전 501년 51세　중도(中都, 지금의 산동성 문상현汶上縣)의 재(宰, 최고 책임자)가 됨

기원전 500년 52세　노나라의 사구司寇가 됨. 노나라와 제나라의 협곡夾谷 회맹 때에
　　　　　　　　　노정공魯定公을 수행해 노정공을 협박하는 제경공을 예악으로
　　　　　　　　　꾸짖어 제나라에게 빼앗겼던 운鄆, 문양汶陽, 구음龜陰 땅을 되찾
　　　　　　　　　음

기원전 497년 55세　노나라의 대사구가 됐으나 계환자가 제나라에서 보낸 여악女樂
　　　　　　　　　에 현혹되어 3일 동안 정사를 돌보지 않은 채 제사 때 쓴 구운
　　　　　　　　　고기를 내려 주지 않자 위衛나라로 감. 이후 14년간의 유랑 생
　　　　　　　　　활을 함. 처음 위나라에서 10개월여를 머물다가 진晉나라로 떠
　　　　　　　　　났는데 이때 광匡 지방에서 큰 곤혹을 치름

기원전 496년 56세　다시 위나라로 돌아온 후 위나라 군주 영공靈公을 만남

기원전 495년 57세　노나라 정공이 죽고 애공哀公이 즉위한 후, 잠시 노나라에 돌아
　　　　　　　　　와 머뭄

기원전 493년 59세　다시 노나라를 떠나 위나로로 가서 머물다가 조趙나라를 거쳐
　　　　　　　　　송나라로 감

기원전 492년 60세　송나라의 사마 환퇴가 공자를 죽이려 함. 송나라를 떠나 정鄭나
　　　　　　　　　라를 거쳐 진陳나라로 감

기원전 491년 61세　노나라의 계환자가 죽고 계강자가 대를 이음. 공자는 진나라를
　　　　　　　　　떠나 채蔡나라로 감

기원전 490년 62세　채나라를 떠나 섭葉 지방에 가서 섭공과 만남. 섭 지방을 떠나
　　　　　　　　　채나라로 돌아오는 도중에 장저長沮, 걸닉桀溺, 하조장인荷蓧丈人
　　　　　　　　　등 은자들을 만남. 필힐佛肹이 중모中牟 지방을 거점으로 반란을
　　　　　　　　　일으켜 공자를 초빙했으나 가지 않음

기원전 489년 63세　초나라로 가는 도중에 진陳나라와 채나라 사이에서 식량이 떨
　　　　　　　　　어져 고생함. 초나라에서 위나라로 돌아옴

기원전 488년 64세　위나라에서 제자 자로와 정명正名에 대한 대화가 이루어짐. 67세 때까지 위나라에 계속 머묾

기원전 484년 68세　제자 염유가 계씨의 가신이 되어 공을 세우고 이것이 계기가 되어 노애공과 계강자가 공자를 국로國老의 예로 초빙하여 노나라로 귀국함

기원전 483년 69세　아들 공리가 50세의 나이로 공자보다 먼저 죽음. 공리는 유복자 공급(孔伋, 즉 자사子思)을 둠

기원전 482년 70세　제자 안회가 죽음. 『서경』의 차례를 잡음. 이후 제자 양성과 교육에만 전념

기원전 481년 71세　서쪽에서 기린을 잡았다는 소식을 듣고 『춘추』를 지음

기원전 480년 72세　위나라에 정변이 일어나 제자 자로 사망

기원전 479년 73세　세상을 떠나 사수泗水 부근에 장례를 지냄. 제자들이 모여 3년 동안 공자의 묘를 지킴. 자공만은 홀로 6년 동안 상을 지냄. 현 산동성 곡부시 북쪽에 공림孔林과 공자묘가 있음

옮긴이 주

1. 『논어』「태백泰伯」 7장. Scholar-apprentices(士) cannot but be strong and resolved, for they bear a heavy charge and their way(道) is long. Where they take authoritative conduct(仁) as their charge, is it not a heavy one? And where their way ends only in death, is it not indeed long?

2. 『논어』「옹야雍也」 28장. Authoritative persons establish others in seeking to establish themselves and promote others in seeking to get there themselves. Correlating one's conduct with those near at hand can be said to be the method of becoming an authoritative person.

3. 자공이 물었다. "자장과 자하 중에서 누가 더 현명합니까?" 공자께서 말했다. "자장이라면 재주가 넘치고 자하라면 재주가 모자란다." 이에 자공이 되물었다. "그렇다면 자장이 더 현명한 것입니까?" 이에 공자께서 말해 주었다. "지나친 것은 모자란 것과 같다." 子貢問, 師與商也孰賢? 子曰, 師也過, 商也不及. 曰, 然則師愈與? 子曰, 過猶不及. 『논어』「선진先進」 15장. Zigong inquired, "Who is of superior character(賢), Zizhang or Zixia?" The Master replied, "Zizhang oversteps the mark, and Zixia falls short of it." "Does this make Zizhang better?" asked Zigong. "One is as bad as the other," replied Confucius.

4. 안연이 인仁에 관하여 물었다. 공자께서 대답하셨다. "자기를 이겨 내고 예禮로 돌아감이 인이다. 하루라도 자기를 이겨 내고 예로 돌아가면 천하가 인에게로 돌아온다. 나로부터 인을 이룩함이니 남에게 의존할 것이겠느냐!" 안연이 여쭈었다. "그 구체적인 방법을 여쭙고자 합니다." 공자께서 대답하셨다. "예가 아니면 보지 말고, 예가 아니면 듣지 말며, 예가 아니면 말하지 말고, 예가 아니면 거동하지 말라." 顏淵問仁. 子曰, 克己復禮爲仁. 一日克己復禮, 天下歸仁焉. 爲仁由己, 而由人乎哉! 顏淵曰, 請問其目. 子曰, 非禮勿視, 非禮勿聽, 非禮勿言, 非禮勿動. 『논어』 「안연顏淵」 1장. Yan Hui inquired about authoritative conduct(仁). The Master replied, "Through self-discipline and observing ritual propriety(禮) one becomes authoritative in one's conduct. If for the space of a day one were able to accomplish this, the whole empire would defer to this authoritative model. Becoming authoritative in one's conduct is self-originating—how could it originate with others?" Yan Hui said, "Could I ask what becoming authoritative entails?" The Master replied, "Do not look at anything that violates the observance of ritual propriety ; do not listen to anything that violates the observance of ritual propriety ; do not speak about anything that violates the observance of ritual propriety ; do not do anything that violates the observance of ritual propriety."

5. 『논어』 「팔일八佾」 25장. The Master said of the shao music that it is both superbly beautiful(美) and superbly felicitous(善). Of the wu music he said that it is superbly beautiful but not superbly felicitous.

6. 『논어』 「팔일八佾」 13장. A person who offends against tian(天) has nowhere else to pray.

7. 『논어』 「양화陽貨」 19장. Does tian(天) speak? And yet the four seasons turn and the myriad things are born and grow within it. Does tian speak?

8. 『논어』 「술이述而」 22장. Tian(天) has given life to and nourished

excellence(德) in me—what can Huan Tui do to me?

9. 『맹자』 「이루離婁 상」

10. 『논어』 「위정爲政」 10장. Watch their actions, observe their motives, examine wherein they dwell content ; won't you know what kind of person they are? Won't you know what kind of person they are?

11. 『논어』 「태백泰伯」 13장. It is a disgrace to remain poor and without rank when the way prevails in the state ; it is a disgrace to be wealthy and of noble rank when it does not.

12. 『논어』 「위령공衛靈公」 38장. In instruction, there is no such thing as social classes.

13. 『논어』 「술이述而」 7장. I have never failed to instruct students who, using their own resources, could only afford a gift of dried meat.

14. 『논어』 「이인里仁」 25장. Excellence persons(德) do not dwell alone ; they are sure to have neighbors.

15. 『논어』 「학이學而」 16장. Don't worry about not being acknowledged by others ; worry about failing to acknowledge them.

16. 『논어』 「헌문憲問」 32장. Don't worry about not being recognized by others ; worry about not having any reason for them to recognize you.

17. 『논어』 「위령공衛靈公」 20장. Exemplary persons(君子) make demands on themselves, while petty persons make demands on others.

18. 『논어』 「향당鄕黨」 4장. On passing through the entrance way to the duke's court, he would bow forward from the waist, as though the gateway were not high enough. While in attendance, he would not stand in middle of the entranceway ; on passing through, he would

not stop on the raised threshold. On passing by the empty throne, his countenance would change visibly, his legs would bend, and in his speech he would seem to be breathless. He would lift the hem of his skirts in ascending the hall, bow forward from the waist, and hold in his breath as though ceasing to breathe. On leaving and descending the frist steps, he would relax his expression and regain his composure. He would glide briskly from the bottom of the steps, and returning to his place, would resume a reverent posture.

19. 『논어』 「향당鄕黨」 8장. In his staple cereals, he did not object to them being polished, and in his dishes, he did not object to the food being cut up fine. When the cereal was damp and mildewed, and tasted unusual, and when the fish and meat had spoiled and gone bad, he would not eat them. If the food was off in color or smelled strange, he would not eat it. When the food was not properly cooked or the dining hour had not arrived, he would not eat. He would not eat food that was improperly prepared, or that was lacking the appropriate condiments and sauces. Even when meat was abundant, he would not eat it in disproportionate amount to the staple foods. Only in his wine did he not limit himself, although he never got drunk.

20. 『논어』 「자한子罕」 18장. As in piling up earth to erect a mountain, if, only one basketful short of completion, I stop, I have stopped. As in filling a ditch to level the ground, if, having dumped in only basketful, I continue, I am progressing.

21. 『논어』 「위정爲政」 4장. From seventy I could give my heart-mind free rein without overstepping the boundaries.

22. 『논어』 「팔일八佾」 20장. 'The Cry of the Osprey' is pleasing without being excessive, is mournful without being injurious. 〈관저〉는 『시경』

에 나오는 시다. 음란함은 즐거움이 넘치는 것이고, 마음의 상처는 슬픔이 지나치게 넘쳐 중용의 덕을 잃은 탓이란 뜻이다. 『예기禮記』「악기樂記」에도 이런 말이 나온다. "악이 지나치면 방탕하고, 예가 지나치면 서로 멀어진다樂勝則流, 禮勝則離."

23. 『논어』「옹야雍也」16장. When one's basic disposition(質) overwhelms refinement(文), the person is boorish ; when refinement overwhelms one's basic disposition, the person is an officious scribe. It is only when one's basic disposition and refinement are in appropriate balance that you have the exemplary person(君子).

24. 『논어』「이인里仁」23장. It is rare indeed for someone to go wrong due to personal restraint.

25. 『논어』「위정爲政」4장. From fifteen, my heart-and-mind was set upon learning ; from thirty I took my stance ; from forty I was no longer doubtful ; from fifty I realized the propensities of tian(tianming, 天命) ; from sixty my ear was attuned ; from seventy I could give my heart-and-mind free rein without overstepping the boundaries.

26. 『논어』「자로子路」24장. Zigong inquired, saying, "What do you think about someone who is loved by everyone in his village?" "It is not enough," said the Master. "What if everyone in the village despises a person?" "It is not enough. It would be better that the best villagers love, and the worst despise, this person."

27. 『논어』「이인里仁」3장. The authoritative person(仁) alone has the wherewithal to properly discriminate the good person from the bad.

28. 『맹자』「진심盡心 상」

29. 『논어』「학이學而」2장. Exemplary persons(君子) concentrate their

efforts on the root, for the root having taken hold, the way(道) will grow therefrom.

30. 『맹자』「양혜왕梁惠王 상」

31. 『맹자』「공손추公孫丑 상」

32. 『맹자』「공손추公孫丑 상」

33. 『맹자』「이루離婁 하」

34. 『사기史記』「백이열전伯夷列傳」

35. 『논어』「공야장公冶長」6장. If the way(道) did not prevail in the land, and I had to take to the high seas on the raft, the person who would follow me I expect would be Zilu.

36. 『논어』「공야장公冶長」6장. With Zilu, his boldness certainly exceeds mine, but he brings nothing with him from which to build the raft.

37. 『논어』「선진先進」25장. Give me a state of a thousand chariots to govern, set me in among powerful neighbors, harass me with foreign armies, and add to that widespread famine, and at the end of three years, I will have imbued the people with courage, and moreover, provided them with a sure direction.

38. 『논어』「선진先進」25장. Give me a small territory of sixty or seventy- or even fifty or sixty-li square, and at the end of three years, I will have made the people thrive. As for observing ritual propriety(禮) and the playing of music(樂), these must wait upon an exemplary person(君子).

39. 『논어』「선진先進」25장. Not to say that I have the ability to do so, but I am willing to learn : in the events of the Ancestral Temple and in the forging of diplomatic alliances, donning the appropriate cere-

monial robes and cap, I would like to serve as a miner protocol officer.

40. 『논어』「선진先進」25장. At the end of spring, with the spring clothes having already been finished, I would like, in the company of five or six young men and six or seven children, to cleanse ourselves in the Yi River, to revel in the cool breezes at the Altar for Rain, and then return home singing.

41. 『논어』「선진先進」25장. I smiled at him because in governing a state you need to observe ritual propriety, and yet in what he said there was no deference(護) at all.

42. 『논어』「술이述而」22장. 영문 해석은 주 8 참조.

43. 『사기』「공자세가孔子世家」

44. 『논어』「팔일八佾」15장. Who said this son of a man from the Zou village knows about observing ritual propriety(禮)? On entering the Grand Ancestral Hall he asks questions about everything.

45. 『논어』「팔일八佾」15장. To do so is itself observing ritual propriety.

46. 『논어』「선진先進」24장. When Zilu sent Zigao to be the prefect of Bi, the Master said, "This is harming another man's son." Zilu replied, "The prefecture has people in it and has the altars to the soil and grain in it. Why is it that only by reading books one can be considered learned?" The Master said, "It is for this reason that I hate those with a glib tongue."

47. 『논어』「술이述而」3장. To fail to cultivate excellence(德), to fail to practice what I learn, on coming to understand what is appropriate(義) in the circumstances to fail to attend to it, and to be unable to reform conduct that is not productive—these things I

worry over.

48. 『논어』 「이인里仁」 5장. Wealth and honor are what people want, but if they are the consequence of deviating from the way(道), I would have no part in them. Poverty and disgrace are what people deplore, but if they are the consequence of staying on the way, I would not avoid them.

49. 『논어』 「술이述而」 11장. If wealth were an acceptable goal, even though I would have to serve as a groom holding a whip in the marketplace, I would gladly do it. But if it is not an acceptable goal, I will follow my own devices.

50. 『논어』 「학이學而」 1장. To have friends come from distant quarters—is this not a source of enjoyment?

51. 『논어』 「술이述而」 15장. To eat coarse food, drink plain water, and pillow oneself on a bent arm—there is pleasure to be found in these things. But wealth and position gained through inappropriate(不義) means—these are to me like floating clouds.

52. 『논어』 「태백泰伯」 13장. Be known when the way prevails in the world, but remain hidden away when it does not. It is a disgrace to remain poor and without rank when the way prevails in the state ; it is a disgrace to be wealthy and of noble rank when it does not.

53. 『논어』 「이인里仁」 5장. 영문 해석은 주 48 참조.

54. 도연명의 〈잡시雜詩 제1수其一〉로 전문은 이와 같다. "인생이란 뿌리 없이 떠도는 바람에 흩어지는 길섶의 먼지여라. 요리저리 바람에 뒹굴다 사라지는 무상한 몸이라네. 땅에 떨어지면 모두가 형제려니, 하필 친척만을 사랑하랴. 즐거우면 마땅히 노래 부르고, 술 빚으면 이웃을 부르네. 청춘은 다시 오지 않고 하루도 두 번 다시 오지 않으리니, 좋은 시절에

마땅히 힘써야 할터, 세월은 사람을 기다리지 않는다네_{人生無根蒂, 飄如陌上}_{塵, 分散逐風轉. 此已非常身. 落地爲兄弟, 何必骨肉親. 得歡當當作樂, 斗酒聚比隣. 盛年不重來,}_{一日難再晨, 及時當勉勵, 歲月不待人."}

55. 다음 구절은 이렇다. "연못가의 봄풀은 봄이 옴을 깨닫지 못했건만, 계단 앞 오동나무는 벌써 가을의 소리를 알리는구나_{未覺池塘春草夢, 階前梧葉已秋}_{聲."}

56. 『맹자』「양혜왕_{梁惠王} 상」

57. 『맹자』「등문공_{藤文公} 상」

58. 『논어』「이인_{里仁}」 12장. To act with an eye to personal profit will incur a lot of resentment.

59. 『맹자』「양혜왕_{梁惠王} 상」

60. 『논어』「이인_{里仁}」 2장. Those persons who are not authoritative(仁) are neither able to endure hardship for long, nor to enjoy happy circumstances for any period of time. Authoritative persons are content in being authoritative ; wise persons(知) flourish in it.

61. 『논어』「이인_{里仁}」 1장. In taking up one's residence, it is the presence of authoritative persons(仁) that is the greatest attration. How can anyone be called wise who, in having the choice, does not seek to dwell among authoritative people.

62. 『논어』「태백_{泰伯}」 14장. Do not plan the policies of an office you do not hold.

63. 『논어』「옹야_{雍也}」 18장. To truly love it is better than just to understand it, and to enjoy it is better than simply to love it.

64. 『논어』「안연_{顔淵}」 2장. In your public life, behave as though you are receiving important visitors ; employ the common people as though

you are overseeing a great sacrifice. Do not impose upon others what you yourself do not want, and you will not incur personal or political ill will.

65. 『논어』「위령공衛靈公」 23장. There is shu(恕) : Do not impose on others what you yourself do not want.

66. 『논어』「옹야雍也」 28장. Authoritative persons establish others in seeking to establish themselves and promote others in seeking to get there themselves. Correlating one's conduct with those near at hand can be said to be the method of becoming an authoritative person.

67. 『논어』「위령공衛靈公」 5장. If you do your utmost(忠) to make good on your word(信), and you are earnest and respectful in your conduct, even though you are living in the barbarian states of Man or Mo, your conduct will be proper. If, on the other hand, you do not do your utmost to make good on your word, and you are not earnest and respectful in your conduct, even if you never leave your own neighborhood, how can your conduct be proper?

68. 『논어』「위령공衛靈公」 23장. 영문 해석은 주 65 참조.

69. 당나라 시인 두목杜牧의 〈아방궁부阿房宮賦〉에 나오는 구절이다. 〈아방궁부〉의 대강은 다음과 같다.

"육국의 왕들이 망하니 천하는 하나로 통일되고, 우뚝 솟은 촉산처럼 아방궁이 높이 솟아나는구나. …황제 한 사람의 마음은 천만 사람의 마음이니, 진나라 황제가 그처럼 사치를 사랑할 때 백성들 또한 그 집의 부귀를 걱정하거늘, 어찌하여 진나라 황제는 재물을 거두는 데는 저울눈을 재더니, 쓰기에는 진흙이나 모래를 쓰듯 하는가. …가지가지 악기의 시끄러운 소리가 저자거리 사람들의 와자지껄보다 더 드세니, 천하의 백성들은 감히 말은 못하나 분노에 치를 떠는구나. 흉악한 폭군은 날로 더욱 교만해지더니, 변방의 수자리 군사들이 부르짖으매 함곡관이 무너지고,

초나라 사람의 한 자루 횃불에 가련하게도 아방궁은 초토가 됐도다. 아아, 육국을 멸한 이는 육국이지 진나라가 아니며, 진나라를 멸한 이는 진나라이지 천하의 육국이 아니었도다. 아아, 만일 육국이 서로를 사랑했다면 넉넉히 진시황의 진나라를 물리칠 수 있었을 것이요. 천하를 통일한 진나라가 다시 육국 사람을 사랑했다면 어이 이세 황제로만 멸망했겠는가 六王畢, 四海一. 蜀山兀, 阿房出. 覆壓三百餘里, 隔離天日. …一人之心, 千萬人之心也. 秦愛紛奢, 人亦念其家. 奈何取之盡錙銖, 用之如泥沙. …管絃嘔啞, 多於市人之言語. 使天下之人, 不敢言而敢怒. 獨夫之心, 日益驕固. 戍卒叫, 函谷擧, 楚人一炬, 可憐焦土. 嗚呼, 滅六國者 六國也. 非秦也. 族秦者秦也. 非天下也. 嗟夫, 使六國各愛其人, 則足以拒秦. 秦復愛六國之人, 則遞二世而至萬世而爲君. 誰得而族滅也."

70. 『논어』 「술이述而」 20장. The Master had nothing to say about strange happenings, the use of force, disorder, or the spirits.

71. 『논어』 「이인里仁」 16장. Exemplary persons(君子) understand what is appropriate(義); petty persons understand what is of personal advantage(利).

72. 『논어』 「이인里仁」 5장. 영문 해석은 주 48 참조.

73. 『맹자』 「공손추公孫丑 상」

74. 『논어』 「태백泰伯」 7장. 영문 해석은 주 1 참조.

75. 『논어』 「태백泰伯」 7장. 영문 해석은 주 1 참조.

76. 『논어』 「선진先進」 15장. 원문과 영문 해석은 주 3 참조.

77. 『논어』 「옹야雍也」 9장. A person of character(賢) is this Yan Hui! He has a bamboo bowl of rice to eat, a gourd of water to drink, and a dirty little hovel in which to live. Other people would not be able to endure his hardships, yet for Hui it has no effect on his enjoyment. A person of character is this Yan Hui!

78. 『논어』 「술이述而」 15장. 영문 해석은 주 51 참조.

79. 『논어』 「학이學而」 2장. As for filial and fraternal responsibility, it is, I suspect, the root of authoritative conduct(仁).

80. 『논어』 「위령공衛靈公」 23장. 영문 해석은 주 65 참조.

81. 『논어』 「술이述而」 20장. 영문 해석은 주 70 참조.

82. 『논어』 「선진先進」 11장. Zilu asked how to serve the spirits and the gods. The Master replied, "Not yet being able to serve other people, how would you be able to serve the spirits?"

83. 『논어』 「옹야雍也」 20장. Fan Chi inquired about wisdom(知). The Master replied, "To devote yourself to what is appropriate(義) for the people, and to show respect for the ghosts and spirits while keeping them at a distance can be called wisdom."

84. 『논어』 「위령공衛靈公」 35장. In striving to be authoritative in your conduct(仁), do not yield even to your teacher.

85. 『논어』 「양화陽貨」 6장. Zizhang asked confucius about authoritative conduct(仁). Confucius replied, "A person who is able to carry into practice five attitudes in the world can be considered authoritative." "What are these five attitudes?" asked Zizhang. Confucius replied, "Deference, tolerance, making good on one's word(信), diligence, and generosity. If you are deferential, you will not suffer insult ; if tolerant, you will win over the many ; if you make good on your word, others will rely upon you ; if diligent, you will get result ; if generous, you will have the status to emply others effectively."

86. 『논어』 「이인里仁」 5장. 영문 해석은 주 48 참조.

87. 당나라 시인 왕발王勃이 두보와 이별하며 지은 시인 〈송두소부지임촉주

(送杜少府之任蜀州, 두소부와 송별하다)〉에 나오는 구절로, 전문은 이와 같다. "장안성 궁궐은 삼진을 지키는데, 바람에 날리는 안개 낀 나루터가 멀리서 보이네. 그대를 떠나보내야 하는 이내 마음도 벼슬을 찾아 떠돌아야 하네. 세상에 나를 알아주는 이 있다면 하늘 끝도 이웃이라네. 부질없이 떠나가는 갈림길에 서서 아녀자처럼 손수건에 눈물 적시지 마시게城闕輔三秦, 風煙望五津. 與君離別意, 同是宦遊人. 海內存知己, 天涯若比隣. 無爲在岐路, 兒女共霑巾."

88. 『논어』「태백泰伯」9장. 공자 비판자들은 이 장을 근거로 공자가 우민정치를 지지했다고 하나, 사실 공자는 도덕, 명령, 교육으로 백성을 인솔할 수는 있어도 백성에게 일일이 그 이유를 알리기 어렵다는 현실 상황을 말한 것이다. The common people can be induced to travel along the way, but they cannot be induced to realize(知) it.

89. 『논어』「위정爲政」6장. Give your mother and father nothing to worry about beyond your physical well-being.

90. 『논어』「위정爲政」7장. Those today who are filial are considered so because they are able to provide for their parents. But even dogs and horses are given that much care. If you do not respect your parents, what is the difference?

91. 『논어』「학이學而」2장. It is a rare thing for someone who has a sense of filial and fraternal responsibility(孝悌) to have a taste for defying authority. And it is unheard of for those who have no taste for defying authority to be keen on initiating rebellion. Exemplary persons(君子) concentrate their efforts on the root, for the root having taken hold, the way(道) will grow therefrom. As for filial and fraternal responsibility, it is, I suspect, the root of authoritative conduct(仁).

92. 『논어』「학이學而」7장. As for persons who care for character much more than beauty, who in serving their parents are able to exert

themselves utterly, who give their whole person in the service of their ruler, and who, in interactions with colleagues and friends, make good on their word(信)—even if it were said of such persons that they are unschooled, I would insist that they are well educated indeed.

93. 『논어』「헌문憲問」 25장. Scholars of old would study for their own sake, while those of today do so to impress others.

94. 『맹자』「등문공滕文公 하」

95. 『논어』「양화陽貨」 19장. 영문 해석은 주7 참조.

96. 『논어』「자한子罕」 1장. The Master only rarely spoke about personal advantage(利), propensity of circumstances(命), authoritative conduct(仁).

97. 인간으로서 해야 할 일을 다 하고 나서 하늘의 뜻을 기다린다. 『삼국지三國志』의 '수인사대천명修人事待天命'이란 말에서 유래했다. '하늘은 스스로 돕는 자를 돕는다'는 서양 속담과 엇비슷하다. 적벽대전 때 관우는 제갈량에게 조조를 죽이라는 명령을 받았으나 화용도에서 살려 주었다. 제갈량은 관우를 참수하려 했으나 유비의 간청 때문에 살려 주었다. 제갈량은 유비에게 말했다. "천문을 보니 조조는 아직 죽을 운명이 아니므로 일전에 조조에게 은혜를 입었던 관우로 하여금 그 은혜를 갚으라고 화용도로 보냈습니다. 제가 사람으로서 할 수 있는 방법을 모두 쓴다 할지라도 목숨은 하늘의 뜻에 달렸으니, 하늘의 명을 기다려 따를 뿐입니다修人事待天命."

98. 『논어』「헌문憲問」 37장. I don't hold any ill will against tian(天) nor blame other people. I study what is near at hand and aspire to what is lofty. It is only tian who appreciates me.

99. 『논어』「자로子路」 17장. Don't try to rush things, and don't get dis-

tracted by small opportunities. If you try to rush things, you won't achieve your ends ; if you get distracted by small opportunities, you won't succeed in the more important matters of government.

100. 한유韓愈, 〈부독서성남符讀書城南〉. 원문은 다음과 같다.

木之就規矩, 在梓匠輪輿. 人之能爲人, 由腹有詩書. 詩書勤乃有, 不勤腹空虛. 欲知學之力, 賢愚同一初. 由其不能學, 所入遂異閭. 兩家各生子, 提孩巧相如. 少長聚嬉戲, 不殊同隊魚. 年至十二三, 頭角稍相疎. 二十漸乖張, 清溝映汙渠. 三十骨骼成, 乃一龍一豬. 飛黃騰踏去, 不能顧蟾蜍. 一爲馬前卒, 鞭背生蟲蛆. 一爲公與相, 潭潭府中居. 金璧雖重寶, 費用難貯儲. 學問藏之身, 身在則有餘. 君子與小人, 不繫父母且. 不見公與相, 起身自犁鋤. 不見三公後, 寒饑出無驢. 文章豈不貴, 經訓乃菑畬. 潢潦無根源, 朝滿夕已除. 人不通古今, 牛馬而襟裾. 行身陷不義, 況望多名譽. 時秋積雨霽, 新凉入郊墟. 燈火稍可親, 簡編可卷舒. 豈不旦夕念, 爲爾惜居諸. 恩義有相奪, 作詩勸躊躇.

101. 『맹자』「양혜왕梁惠王 상」. 앞 부분의 문맥을 좀 더 소개하면 아래와 같다.

"풍년에 양식이 넘쳐나서 개와 돼지가 사람이 먹을 양식을 먹는데도 거두어 저장해 둘 줄 모르고, 흉년에 양식이 부족해서 길에 굶주려 죽은 시체가 널브려져 있는데도 창고의 곡식을 풀어 나누어 줄 줄 모르다가, 사람이 굶주려 죽게 되면 '나 때문이 아니다, 흉년이 들었기 때문이다'라고 한다면, 이것이 사람을 찔러 죽이고도 '내가 죽인 것이 아니라 칼이 죽였다'고 하는 것과 무슨 차이가 있겠습니까? 왕이 흉년을 핑계로 삼지 않으면, 천하의 백성들이 왕에게로 모여들 것입니다狗彘食人食而不知檢, 塗有餓莩而不知發. 人死, 則曰, 非我也, 歲也. 是何異於刺人而殺之, 曰, 非我也, 兵也. 王無罪歲, 斯天下之民至焉."

102. 『논어』「학이學而」 15장. Zigong said : "What do you think of the saying : 'poor but not inferior ; rich but not superior'?" The master replied : "not bad, but not as good as : 'poor but enjoying the

way(道) ; rich but loving ritual propriety(禮)."' Zigong said : "*The Book of songs* states : Like bone carved and polished, Like jade cut and ground. Is this not what you have in mind?" The master said : "Zigong, it is only with the likes of you then that I can discuss the *Songs*! On the basis of what has been said, you know what is yet to come."

103. 『논어』 「학이學而」 16장. 영문 해석은 주 15 참조.

104. 『논어』 「위정爲政」 18장. Zizhang was studying in order to take office. The Master said : "If you listen broadly, set aside what you are unsure of, and speak cautiously on the rest, you will make few errors ; if you look broadly, set aside what is perilous, and act cautiously on the rest, you will have few regrets. To speak with fews errors and to act with few regrets is the substance of taking office."

105. 『논어』 「위정爲政」 19장. Duke Ai of Lu inquired of Confucius, asking : "What does one do to gain the allegiance of the people?" Confucius replied : "Raise up the true and place them over the crooked, and the allegiance of the people will be yours ; raise up the crooked and place them over the true, and the people will not be yours."

106. 『논어』 「위정爲政」 22장. The Master said, "I am not sure that anyone who does not make good on their word(信) is viable as a person. If a large carriage does not have the pin for its yoke, or a small carriage does not have the pin for its crossbar, how can you drive them anywhere?"

107. 『논어』 「이인里仁」 1장. 영문 해석은 주 61 참조.

108. 『논어』 「옹야雍也」 9장. 영문 해석은 주 77 참조.

109. 『논어』 「술이述而」 8장. The Master said, "I do not open the way for students who are not driven with eagerness ; I do not supply a vocabulary for students who are not trying desperately to find the language for their ideas. If on showing students one corner they do not come back to me with the other three, I will not repeat myself."

110. 『논어』 「술이述而」 11장. 영문 해석은 주 49 참조.

111. 『사기』 「이사열전李斯列傳」

112. 『논어』 「술이述而」 35장. The Master said, "Extravagance leads to immodesty ; frugality leads to miserliness. But it is better to be miserly than immodest."

113. 『논어』 「자한子罕」 28장. The Master said, "The wise(知) are not in a quandary ; the authoritative(仁) are not anxious ; the courageous are not timid."

114. 『논어』 「자로子路」 25장. The Master said, "Exemplary persons(君子) are easy to serve but difficult to please. If one tries to please them with conduct that is not consistent with the way(道), they will not be pleased. In employing others, they use them according to their abilities. Petty persons are difficult to serve but easy to please. If one tries to please them with conduct that is not consistent with the way, they will be pleased anyway. But in employing others, they expect them to be good at everything."

115. 『논어』 「헌문憲問」 11장. The Master said, "To be poor without feeling ill will is much more difficult than to be wealthy without being arrogant."

116. 『사기』 「화식열전貨殖列傳」

117. 『논어』 「헌문憲問」 35장. The Master said, "A fine steed is praised for

its excellence(德), not for its strength."

118. 『논어』「계씨季氏」 10장. Confucius said, "Exemplary person(君子) always keeping nine things in mind : in looking they think about clarity, in hearing they think about acuity, in countenance they think about cordiality, in bearing and attitude they think about deference, in speaking they think about doing their utmost(忠), in conducting affairs they think about due respect, in entertaining doubts they think about the proper questions to ask, in anger they think about regret, in sight of gain they think about appropriate conduct(義)."

119. 『논어』「술이述而」 3장. 영문 해석은 주 47 참조.

120. 『논어』「학이學而」 15장. 영문 해석은 주 102 참조.

121. 『논어』「자장子張」 5장. A person can be said to truly love learning(好學) who, on a daily basis, is aware of what is yet to be learned, and who, from month to month, does not forget what has already been mastered.

지은이 시부사와 에이치澁澤榮一

에도 막부 말기에 농업과 상업을 겸한 집에서 태어난 시부사와 에이치는 어려서부터 '왼손에는 『논어』, 오른 손에는 주판을 들고', 선비적 문제의식과 상인적 현실감각을 익혀 나갔다. 1867년 27세의 그는 파리 만국박람회 시찰을 계기로 선진 자본주의 국가의 산업 제도가 얼마나 우수한지를 몸소 체득한 후 1869년 메이지 정부의 조세국장, 구조개혁국장을 맡고 일본의 조세·화폐·은행·회계 제도를 근대적으로 개혁했다.

1873년 33세에 '상업이 부흥해야 나라가 선다'는 신념으로 관직을 버리고 실업계에 투신했다. 미즈호은행, 도쿄가스, 도쿄해상화재보험, 태평양시멘트, 데이코쿠호텔, 치치부철도, 도쿄증권거래소, 기린맥주, 세키스이건설 등등 500개의 기업 설립에 관여하며 일본에서 '최초의' 사업과 제도를 수없이 벌여 나갔다. 상인에게 고등교육이 필요 없다는 당시의 편견을 깨고 히토쓰바시, 도쿄게이자이, 와세다, 도시샤 대학 등의 설립에 관여했다. 도덕·경제 합일설을 평생 동안 주창하며 실업계에서 은퇴한 후에도 부를 사회에 환원했다. 도쿄양육원, 일본적십자사, 세이루카국제병원 등등 600여 개의 공익단체를 주도하고 미국, 중국, 인도 등과 민간외교 활동을 활발하게 펼쳤다. 이러한 공로들로 자작 칭호를 받고 1926년, 1927년에는 노벨 평화상 후보에 올랐다. 때문에 그는 '일본 경제의 아버지' '일본 금융의 왕' '일본 근대 자본주의의 최고 영도자' '일본 현대 문명의 창시자'라고 불린다.

저서로는 『청연백화』 『논어와 주판』 『논어강의』 『경제와 도덕』 『논어처세담』 『아마요가타리』 등등이 있다. 특히 1927년에 낸 『논어와 주판』에서 '공자는 부귀를 악'이라고 했다는 주자학파의 해석을 오류라고 단언했다. 그리고 정당한 부는 부끄럽지 않고 지속 가능한 부라며 기업의 사회적 책임을 역설했다. 왼손에는 건전한 부의 윤리를 강조하는 『논어』, 오른 손에는 화식貨殖의 '주판'을 들고 당당하게 경제 활동을 하라는 메시지를 던진 이 책은 일본 상인의 나침반, 일본을 굴기시킨 비즈니스의 상경商經으로 불리며 끊임없이 읽히고 있다. 공익을 전제로 한 부는 만인의 부라는 합본주의合本主義 전통을 세웠기에 "서양의 경영학에는 피터 드러커, 동양의 경영학에는 시부사와 에이치"라는 칭송을 듣는다.

옮긴이 노만수

대학 시절 연작시 〈중세의 가을〉로 경향신문 신춘문예에 당선됐다. 성균관대 정치외교학과를 졸업하고, 경향신문 기자 생활을 하다 동아시아를 공부하기 위해 일본에 체류한 후 중국에 건너가 베이징대에서 수학했다. 현재는 서울디지털대 문창학부 초빙교수로 재직하고 있고 성균관대 동아시아학술원에서 공부를 계속하며 동아시아권 전문 번역가로 활동하고 있다. 역서로는 『헤이안 일본』 『신비한 여인 효장태후』 『도해圖解 사기史記』 『다산 산문모음집』 등이 있다.

논어와 주판

■■■■
초판 1쇄 발행 2009년 11월 10일
초판 2쇄 발행 2009년 11월 25일

■■■■
지 은 이 시부사와 에이치
옮 긴 이 노만수

■■■■
펴 낸 이 최용범
펴 낸 곳 페이퍼로드
출판등록 제10-2427호(2002년 8월 7일)
        서울시 마포구 연남동 563-10번지 2층

■■■■
기   획 노만수, 고왕근
편   집 양석환, 김남희
마 케 팅 윤성환
관   리 임필교
디 자 인 장원석(표지), 이춘희(본문)
출   력 스크린그래픽센터
종   이 태경지업사
인   쇄 천광인쇄
제   책 (주)상지사 P&B

■■■■
이 메 일 paperroad@hanmir.com
Tel (02)326-0328, 6387-2341 | Fax (02)335-0334

■■■■
Copyright ⓒ 페이퍼로드, 2009, *Printed in Korea.*
I S B N 978-89-92920-34-6 03320